이후락과
그의 시대

이후락과 그의 시대

발행일	2025년 2월 25일

지은이	정주진		
펴낸이	손형국		
펴낸곳	(주)북랩		
편집인	선일영	편집	김현아, 배진용, 김다빈, 김부경
디자인	이현수, 김민하, 임진형, 안유경, 신혜림	제작	박기성, 구성우, 이창영, 배상진
마케팅	김회란, 박진관		
출판등록	2004. 12. 1(제2012-000051호)		
주소	서울특별시 금천구 가산디지털 1로 168, 우림라이온스밸리 B동 B111호, B113~115호		
홈페이지	www.book.co.kr		
전화번호	(02)2026-5777	팩스	(02)3159-9637

ISBN	979-11-7224-499-6 03340 (종이책)		979-11-7224-500-9 05340 (전자책)

(주)북랩 성공출판의 파트너

북랩 홈페이지와 패밀리 사이트에서 다양한 출판 솔루션을 만나 보세요!

홈페이지 book.co.kr • **블로그** blog.naver.com/essaybook • **출판문의** text@book.co.kr

작가 연락처 문의 ▶ ask.book.co.kr

작가 연락처는 개인정보이므로 북랩에서 알려드릴 수 없습니다.

이 책은 2023년 대한민국 교육부와 한국학중앙연구원(한국학진흥사업단)의 한국학대형기획총서사업의 지원을 받아 수행된 연구임(AKS-2023-KSS-1120005)

이후락과
그의 시대

정주진 지음

이후락은 이승만 정부 말기 우리나라 최초의 해외 정보기관이었던 중앙정보부(대외명칭 '79부대)의 수장을 지내고, 장면 정부 때는 국가 최고정보기관인 「중앙정보연구위원회」의 실무책임을 맡았으며, 5·16 군사정변 뒤에는 국가재건최고회의 공보실장, 대통령 비서실장, 중앙정보부장(약칭 '중정부장')을 역임했던 인물이다. 그의 발자취는 곧 한국 국가정보의 역사이다.

특히, 그가 중앙정보부장으로 재임하던 1970년 12월 22일부터 1973년 12월 3일까지 한국 현대사의 흐름을 바꾼 많은 일들이 일어났다.

박정희와 김대중이 경합한 제7대 대통령 선거가 있었다. 박정희의 편에 서서 이후락은 이 선거를 기획하고 지휘했다. 그리고 박정희를 당선시킴으로써 박정희의 장기집권 가도를 열었다. 이 책 1장과 3장에서 그 구체적 내용을 살펴본다.

해외에서는 미국이 아시아에서 발을 빼기 시작했다. 베트남전을 종결짓고 중공과 화해했다. 주한미군도 감축했다. 월남에 이어 한국도 패망할 수 있다는 공포감이 팽배해졌다. 그러한 시기 이후락은 평양을 비밀리 방문해서 김일성을 만나고 돌아왔다. 남북대화의 시대가 열렸다. 이 책 2장과 4장의 중심 내용이다.

남북대화로 통일의 기운이 높아지자 이후락은 이것을 박정희의 장기집권에 접목했다. 유신이라는 박정희 종신집권의 시대를 연 것이다. 정치보다는 통치가 앞서는 시대가 열렸다. 5장에서 보다 구체적 경과를 고찰해본다.

박정희 중심의 통치구조를 원활히 가동하기 위해서는 그 구조를 떠받치는 조직의 맹목적 충성이 필요했다. 그러나 중앙정보부를 장악한 이후락과 수도권 군권을 장악한 윤필용이 연합하는 모습을 보였다. 윤필용이 이후락을 박정희 후임으로 옹립하려는 기세였다. 그 순간 박정희는 이를 놓치지 않고 윤필용을 거세했다. 이후락까지 내치려 했으나 권력의 누수를 우려한 주변의 만류로 거둬들였다. 윤필용의 숙청에 겁을 먹은 김형욱은 해외로 달아났다. 6장과 7장에서 역학관계의 변화를 진단한다.

윤필용-이후락 커넥션으로 대통령의 신임에 금이 간 이후락은 이제 대통령의 신임을 회복하기 위한 카드가 필요했다. 그 카드로 해외에 머무르던 박정희의 정적 김대중을 강제로 연행하는 방법을 동원했다. 하지만 고심 끝에 둔 이 악수가 이후락을 나락으로 몰아넣는 단초가 됐다. 그 악수가 부메랑이 되어 이후락은 중앙정보부장에서 물러났다. 이 책 8장과 9장의 줄거리다.

그가 중정부장에 재임하던 시기 권력암투만 있었던 것은 아니다. 미국의 일방적인 주한미군 감축에 대응해 자주적으로 국방력을 키우려는 노력이 있었다. 북한의 게릴라전에 대응해 지역 단위 대게릴라 체계를 구축하는 과정에서 새마을운동이 일어났다. 미국 몰래 핵폭탄 개발을 추진했으나 미국에 발각되어 미국의 견제로 핵폭탄 개발을 중단해야 했다. 미국 행정부에 비해 상대적으로 영향력이 커가던 미 의회를 움직여 더 많은 군사원조를 받아내려는 노력도 있었다.

이처럼 이후락 중정부장 시대에는 국가안보, 정치제도의 측면에서 큰 변화가 있었다. 다른 시대와는 다른 접근과 분석이 요구되고 있다. 그러나 당대는 물론 신군부가 집권하던 1980년대 중반까지 그 시대를 적나라하게 언급하는 것은 '반정부행위'였다. 그와 같은 금기는 1987년 민주화 과정을 거치며 풀렸다.

금단의 영역이 열리자 민주화세력이 먼저 '민주'의 잣대로 이후락 중정부장의 시대를 재단했다. 5공까지 금서였던 김형욱 회고록도 불티나게 팔렸다.

민주의 잣대로 그 시대를 재단하던 바람이 지나가자 이번에는 산업화의 잣대로 그 시대를 보아야 한다는 반론들이 일어났다. 거기에 힘입어 그 시대 박정희 측근에서 일하던 고위 관료, 정치인들이 긍정의 기록을 남겼다.

한국과 미국 간에 비밀리 오가던 정부 문서들이 비밀시효가 지나 해제되기 시작되면서 이러한 논쟁들은 더욱 가열됐다.

민주화와 산업화의 대논쟁이 거쳐 간 후 이번에는 박정희의 정적이었던 김대중, 김영삼의 자서전이 출간됐다. 박정희 사후 '3김 시대'를 열었던 김종필도 증언록을 남겼다. 3김의 증언은 특정 진영논리에서 벗어나 이후락 중정부장 시대를 보다 균형 있게 관찰할 수 있도록 시각의 폭을 넓혀줬다.

이제 이후락 중정부장 시대 주역들도 대부분 이승을 떠났다. 그리고 그 시대를 평가한, 다양한 기록들만 남아있다. 그 기록을 객관적이고도 중립적인 입장에서 교차 검증해볼 시간에 이르렀다.

이 책은 그러한 수요에 부응하기 위해 기획됐다. 당대를 주름잡았던 사람들의 시각, 그리고 진영논리를 벗어나 가급적 가치중립적 입장에서 그 시대를 기록하려는 의도에서 구상됐다. 그 시대에 대한 다양한 기록 가운데 비교적 정확하고 사실에 가깝다고 생각되는 사료들을 선별해서 시계열적으로 적었다.

그러나 사료의 부족으로 많은 부분에 공백이 있을 것으로 보인다. 미진한 부분은 추가로 사료를 발굴해서 보완해나갈 것을 약속드리며 출간 인사에 갈음하고자 한다.

이 책이 나오기까지 성원해주신 분들에 대한 인사를 빠뜨릴 수 없다. 바쁜 시간을 쪼개어 흔쾌히 추천사를 써주신 안광복 전 국정원 기조실장님, 최용환 전 주이스라엘 대사님, 최현철 전 국가정보대학원장님, 그리고 과분한 서평을 남겨주신 채성준, 최성규 교수님과 김건연, 변경석 후배님, 김민상 기자님께 이 자리를 빌려 감사 인사를 드린다. 또한, 평소 아둔한 만학도에 대해 후원과 배려를 아끼지 않으시는 연세대 국가관리연구원의 홍순만 원장님과 조화순, 이정욱 전임 원장님에게도 사의의 인사를 드린다.

이후락은 누구인가?

이후락은 1955년에서 1957년까지 주미 한국대사관 무관을 역임하고 돌아와, 1958년 여름 국방부 장관 직속으로 중앙정보부가 창설될 때 중앙정보부장을 맡았다. 이때 창설된 중앙정보부는 1961년 5·16 정변 뒤 창설된 중앙정보부와 조직 명칭이 같았으나 그 성격이 다른 조직이다.

정부수립 시기인 1948년 11월 30일 공포된 〈국군조직법〉에도 대통령 직속으로 최고국방위원회와 그 소속 중앙정보국을 둔다고 규정하고 있었으나 실제로 설치되지는 않았다. 이승만 정부 때인 1958년 창설된 중앙정보부는 미국 중앙정보국(CIA)과의 협력을 위해 미 CIA의 요청으로 창설된 기구이다.

이후락은 이 조직의 대외명칭을 「79부대」라고 명명했다. 비밀정보기관으로서의 정체를 위장하기 위한 이름이었다. '79'는 이후락의 군번인 '10079'의 끝자리 두 자에서 따온 것이다.

79부대는 육·해·공군에서 장교 20명과 하사관 20명, 총 40명을 선발해서 조직됐다. 미 CIA 측에 북한 정보를 제공하고 미 CIA 로부터는 동구 공산권 정보 등을 지원받는 방식으로 정보협력이 이뤄졌다.

  조직이 안정되어나가자 79부대가 창설될 때 국방부장관이었던 김정렬은 매주 두 번 열리던 국무회의에 이후락 부대장이 참석해 10분 정도 해외 정보를 대통령에게 보고하도록 조치했다. 이 정보 브리핑은 1960년의 4·19 혁명 직후 허정 과도정부를 거쳐 민주당 정권 때까지 이어졌다.

  4·19 혁명으로 이승만 정부가 무너지고 제2공화국이 출범했다. 의원내각제 헌법을 채택하고 있던 2공화국의 행정부 수반은 국무총리였다. 대통령은 외교에 책임을 지고, 행정의 실권은 국무총리가 갖는 구조였다. 1960년 8월 19일 국무총리에 선임된 장면 총리는 총리 직속기구로 「중앙정보연구위원회」를 조직했다. 1960년 11월 16일 제정된 〈중앙정보연구위원회규정〉은 이 기구의 임무에 대해 '행정각부, 처의 국가안전에 관련되는 내외정보를 종합적으로 연구, 검토하기 위하여 국무원에 중앙정보연구위원회를 둔다.'(제1조)고 규정하고 있다.

  국무원은 국무총리의 권한에 속한 중요 국가정책을 의결하는 행정기관이었다. 3공화국부터 국무회의로 개칭됐다. 중앙정보연구위원회는 국무총리를 위원장으로 두고, 외무·내무·재무·법무·국방장관과 국무원 사무처장을 위원으로 구성됐다. 1급 상당의 연구실장과 이사관 직위의 부실장을 두고 비공개로 운영됐다.

이후락은 육군 소장 예편과 함께 이 조직의 실무 책임자인 연구실장으로 1961년 1월 임용됐다. 이 조직이 창설될 때 미 CIA 한국 지부장이었던 피어 드 실바(Peer de Silva)는 장면 총리에게 조직운영에 필요한 자금을 CIA에서 제공하는 조건으로 이후락을 이 조직의 실무 책임자로 앉혀달라고 요구했다. 그만큼 이후락은 미 CIA의 신임을 받고 있었다.

중앙정보연구위원회는 남산 북쪽 숭의여고 근처 일제 강점기 통신부대가 있던 자리에 사무실을 차렸다. 대외 위장 간판으로 '예장동 4번지'라는 문패를 달았다. 행정구역상 주소를 그대로 위장 명칭으로 썼다. 이후락은 서울대에만 한정해서 영어, 독어, 불어 등 외국어에 능통한 졸업생 40명을 추천받아 최종 20명을 임용했다. 이들을 주축으로 몇 명의 대령급 장교들을 충원해서 조직을 가동했다.

1961년 5월 16일 군사정변이 일어났다. 정변 주도자인 박정희와 김종필은 장면 정부의 모든 기능을 정지시키고 「국가재건최고회의」라는 새로운 통치기구를 만들어 군정을 실시했다. 그리고 새로운 정보기구인 「중앙정보부」를 창설했다. 국가안보관련 모든 정보수사기관을 조정·감독하고 수사권까지 가진 강력한 기구였다. 이후락의 중앙정보연구위원회도 신설 중앙정보부에 흡수됐다.

5·16 직후 공포된 포고문 제4호는 "장면 정권의 전 국무위원과 정부위원은 체포한다."고 포고했다. 이후락도 정변 직후인 5월 21일 체포됐다. 김종필로부터 중앙정보부 창설을 지시받은 육사

8기 동기생인 최영택 중령이 5월 19일 이후락에게 전화를 걸어 중앙정보연구위원회를 인계해달라고 요청하자 이후락은 그에 흔쾌히 응했다.

다음 날(5.20) 최영택은 이후락을 만나 인수 문제를 협의했다. 이후락은 "우리는 사실 그동안 본격적으로 활동하지 못했어요. 현재까지는 미 CIA와 정보를 교환하는 일만 했습니다. 다 인계해 드리겠습니다. 내일 오후 3시에 우리 사무실에서 만나자"고 제안했다.

이후락과의 약속에 따라 다음 날(5.21) 최영택은 남산에 있는 중앙정보연구위원회 사무실로 업무를 인수하러 갔다. 그런데 이후락은 보이지 않고 육군 소장인 차장과 해군 대령인 국장이 업무를 인계해주겠다고 나섰다. 그 사이 이후락이 체포되어간 것이다. 미 CIA 요원이라고 신분을 밝힌 두 미국인이 나타나 지켜보는 가운데 최영택은 인계인수서에 도장을 찍었다. 이런 과정을 거쳐 중앙정보연구위원회는 신설 중앙정보부의 해외파트로 흡수됐다.

5·16 이후 한 달쯤 지난 1961년 6월 초 김종필 중앙정보부장은 이후락이 구속되어 있는 사실을 알게 됐다. 이병희 중앙정보부 서울분실장이 이후락을 잡아둘 필요가 없다며 석방을 건의했다. 김종필은 6·25 전쟁 중이던 1951년 이후락이 육군본부정보국 차장으로 근무할 때 이후락을 상관으로 모신 인연이 있었다.

김종필은 이후락을 석방 시켜주기로 결심하고 이후락을 만나 "격동기가 되다 보니까 일이 잘못되어 고통을 드린 것 같다."고

사과하고 대한공론사 사장을 맡았다. 대한공론사는 당시 정부투자기업체로서 「코리안 리퍼블릭」이란 영자신문을 발간하고 있었다.

이후락은 대한공론사 사장에 부임한 지 몇 달 지나지 않아 1961년 12월 8일 다시 국가재건최고회의 공보실장에 발탁됐다. 장면 정부의 사람에서 박정희 정부의 사람으로 변신한 것이다. 5·16 군사정부의 정책을 국민들에게 효율적으로 알려야 하는 요직이었다. 이후락은 국가재건최고회의 내부에서 진행되고 있는 일들을 국민들에게 자세히 알린다는 방침을 세우고 국가재건최고회의 내부의 의결사항, 심의내용 등을 모두 언론에 공개해 국민들로부터 호평을 받았다.

1962년 3월 22일 윤보선 대통령이 사임했다. 그에 따라 박정희 국가재건최고회의 의장이 대통령 권한대행을 겸임하게 됐다. 당시 국가재건최고회의 비서실장을 맡고 있던 박태준 이외 대통령 권한대행 비서실을 관장할 비서실장이 필요했다. 그때 박정희는 이동원을 대통령 권한대행 비서실장으로 임용했다. 이동원은 함경도 출신으로 연세대 정외과 재학시절 '연세대 반탁학생회'를 조직하여 서울대 박용만, 고려대 이철승 등과 반탁운동을 전개하고, 영국 옥스퍼드대에서 박사학위를 받고 귀국하여 대학 강단에서 강의하던 37세의 젊은이였다. 이동원은 박정희의 측근에서 일하며 박태준, 이후락과 교분을 쌓았다.

1963년 3월 16일 박정희 의장이 갑자기 군정 4년 연장을 선언했다. 그에 불만을 품은 이동원은 사표를 냈다. 박정희가 "우리는 지금 같은 배를 타고 있다."며 사임을 만류했으나 뜻을 굽히지 않았다. 그러자 박정희는 적당한 후임자를 물었다. 그에 이동원은 망설임 없이 이후락을 추천했다. 훗날 이동원은 이후락을 추천한 이유에 대해 가까이 지내며 지켜본 이후락은 영리하고 솔직하며 배짱 있고 다정했던, 인간적인 매력이 있는 사람이라고 호평했다.

이렇게 해서 박정희 대통령 권한대행의 비서실장이 된 이후락은 박정희 의장이 제5대 대통령 선거(1963.10.15.)에서 당선된 이후에도 대통령 비서실장 자리를 지키며 대통령의 최측근에서 일했다.

이후락이 대통령 비서실장에서 물러난 것은 3선 개헌으로 여야 대립이 극심하던 1969년 10월 20일이었다. 6년 7개월간 대통령 곁을 지켰다. 1970년 1월 주일 대사로 잠시 나갔다가 1970년 12월 22일 중앙정보부장으로 다시 대통령의 최측근으로 돌아왔다. 그리고 1973년 12월 3일까지 3년여간 중앙정보부장을 지냈다.

남북대화의 개척자

안광복 전 국정원 기조실장(행정학 박사)

이후락 전 중앙정보부장은 남북대화를 통한 평화통일의 길을 개척한 인물이다. 남북긴장이 극도로 치솟았던 시기 긴장 완화와 대화를 통한 평화통일을 모색하기 위해 1972년 5월 비밀리 평양에 잠입해서 김일성을 만났다. 김일성이 감금하여 처형할 경우 목숨을 부지하기 어려운 위험한 행보였다.

1972년 7월 4일 남북에서 동시에 발표된 '자주, 평화통일, 민족대단결'의 조국통일 3대 원칙은 그 후 모든 남북접촉의 기본지침으로 작용했다.

그런데 반세기가 지난 2023년 말 북한의 김정은이 남북관계를 '동족관계가 아닌 적대적 교전국 관계'라고 일방적으로 재설정하고, '통일, 화해, 동족'이라는 개념 자체를 없애라고 지시했다. 7·4 공동성명 이후 남북 당국자 간에 합의된 남북관계를 뒤집는 반민족적 패륜 행위이다. 1991년 12월 남북 당국자 간에 체결된 남북

기본합의서도 남북관계를 '나라와 나라 사이의 관계가 아닌 통일을 지향하는 과정에서 잠정적으로 형성된 특수한 관계'라고 정의하고 있다.

심지어 김정은은 2024년 10월부터 러시아-우크라이나 전쟁터에 북한 청년들을 독재자 푸틴을 위한 총알받이로 내몰고 있다.

이러한 시기 정주진 박사가 7·4 공동성명 전후 맥락을 자세히 이해할 수 있는 연구물을 내놓았다. 그동안 많은 언론에서 소개했던 저널리즘적 접근과 달리 역사적 가치가 있는 신뢰성 있는 자료들만 선별해서 그 시기 안보정세, 정책결정권자들의 고민과 과정을 재조명하고 있다.

이 책은 이후락의 긍정적 측면뿐 아니라 부정적 측면까지 있는 사실 그대로 소개하고 있다. 이후락 부장은 남북대화와 조국통일이라는 민족의 열망을 정치적으로 뒷받침한다는 취지로 유신체제를 기안해서 집행했다. 결과적으로 박정희의 장기집권을 도운 이 체제로 인해 많은 사람들의 기본권이 제약을 받았다. 그러한 부정적 측면에 대해서도 이 책은 가감 없이 기술하고 있다. 당대에 대한 일종의 징비록이다. 이후락의 공과에 대해 균형 있게 접근하려는 노력이 돋보인다.

서독 연방정보국(BND)을 창설해서 12년간 국장으로 재임하며 서독의 대공 정보활동을 주도했던 라인하르트 겔렌(Reinhard Gehlen)은 냉전 초기 자유진영 정보활동의 유럽 교두보를 개척한 인물이다. 이후락 역시 이승만 정부 시기 미국 중앙정보국(CIA) 카운터 파트였던 「79부대」, 장면 정부 시기 국내외 정보를 총괄하는 최고 정보기관이었던 「중앙정보연구위원회」의 책임을 맡았던 인물이다. 자유진영 첩보전선의 극동지역 최전방 파수꾼이었다.

겔렌은 국가정보활동이란 '역사의 흐름을 추적해서 그것을 미래에 투영시켜 나가는 일'이라고 정의했다. 새롭게 형성되고 있는 역사의 흐름을 명확하고도 정확하게 사전에 인식해 나가는 지적활동이라는 것이다. 겔렌의 정의처럼 이 책은 역사의 흐름, 그 가운데서도 이후락 중앙정보부장 시대 비밀 정보의 역사를 이해하는 데 도움을 줄 것으로 보인다. 특히나 한국정보사연구의 선구자로서 중앙정보부 역사 권위자인 정주진 박사가 꼼꼼하게 기록한 자료는 이후락 시대의 파노라마를 직시할 수 있는 핵심 열쇠 역할을 할 것으로 기대한다. 남북관계가 급변하는 요즈음 역사와 미래의 중간선상에 서서 국가의 진로를 고민하는 분들, 특히 국가안보적 이익과 국민기본권적 이익이 상충하는 교집합의 영역에서 두 이익을 조화시키기 위해 노력하는 국가안보정책 관계자들에게 일독을 권한다.

이후락의 공과에 대한 실증적 접근

최용환 전 주이스라엘 대사

국가정보의 역사를 연구해온 정주진 박사가 또 하나의 중요한 연구물을 내놨다. 이후락 중앙정보부장 시대의 역사를 실증적 자료를 바탕으로 재구성한 것이다. 정 박사가 여러 종류의 다양한 기록 가운데 비교적 가치중립적이고 객관성이 높다고 판단되는 사료들을 선별해서 전후좌우 맥락을 교차 검증해가며 그 시대를 재조명했다. 역사에 대한 신뢰성과 정확성은 그 역사 기록의 기초가 되는 사료의 사실성과 객관성에 의해 좌우된다. 역사의 기록에 동원된 사료에 흠결이 나타날 경우 그 역사는 다시 기록되어야 한다. 그런 점에서 정 박사가 특정 정치세력이나 이념 진영에 편향되지 않은 사실을 기록하기 위해서 많은 노력을 기울인 흔적이 책자의 곳곳에 보인다. 비밀 해제된 정부 문서, 언론보도, 회고록 등 다양한 기록을 광범위하게 섭렵해서 비교하고 확인했다.

이후락은 박정희 전 대통령의 최측근이었다. 5·16 정변 직후부터 유신 초기까지 박정희의 눈과 귀가 되어 국정을 좌지우지했다. 5·16 주체세력이 아니면서도 타고난 지혜와 노력으로 박정희의 분신이 됐다. 5·16 주체세력인 김종필에 버금가는 박정희 시대 제2인자였다. 박정희와 마찬가지로 그에 대한 평가도 극과 극을 달린다. 그런 만큼 그에 대해서 균형 잡힌 기록을 남긴다는 일은 무척 어려운 작업이다.

　이후락이 중앙정보부장으로 재임하던 1970년대 초는 한국 현대사의 분수령이었다. 대통령 3연임제 개헌, 주한미군 감축, 베트남전의 악화, 남북대화, 유신 선포 등 국내외 정세가 급변하는 시기였다. 그 시기 중앙정보부는 국정운영의 중심축이었고 그 지휘자는 이후락이었다. 그만큼 한국 현대사에 남긴 이후락의 발자취가 컸다.

　특히, 이후락은 이승만 정부부터 해외 정보의 인프라를 개척한 인물이다. 이승만 정부 말기 미국 중앙정보국(CIA) 협력 창구로 조직된 〈79부대〉의 부대장을 지내며 미국과의 정보협력 채널을 구축했고, 장면 정부 때는 국무총리 직속 국내외 정보기구였던 〈중앙정보연구위원회〉의 책임자를 지냈다. 해외 정보의 길을 닦은 주역이었다. 그럼에도 비밀정보기구의 속성상 그가 음지에서 이룬 성과들은 양지에 드러나지 않고, 양지에서 공개된 부정적 측면만 부각되어 왔다.

　다행히, 그의 시대가 끝난 지 반세기가 지나고 동시대를 살았던 인물들의 증언도 축적되면서 그 시대를 검증할 수 있는 여건이 조성되고 있다. 정 박사가 그 시대를 재조명할 용기를 낸 것도 이러한 여건 때문으로 보인다. 모처럼 풍부해진 사료들을 제대로 정리해놓지 않으면 사료의 유실과 함께 그 시대는 다시 미궁과 혼란에 빠질 것이다. 책자의 성격이 조금 아카데믹한 경향을 보이고 있어 대중성은 부족하다. 하지만 이런 류의 연구가 지속될 때 올바른 역사의 정립도 기대할 수 있다. 앞으로도 조국과 민족의 진로를 올바로 설정하는 데 도움을 줄 수 있는 후속 연구가 계속되길 바라며 정 박사의 학구적 노력과 열정에 박수를 보낸다.

박정희 대통령 다시 보기

최현철 전 국가정보대학원장(법학 박사)

'미래를 보려면 과거를 알라'는 말이 있다. 미래는 과거와 현재의 축적의 산물이다. 지금 세계는 인공지능(AI) 혁명의 파고가 거세게 몰아치면서 반도체·기술 패권 경쟁이 격화되고 있으며, 기후변화로 지구촌 곳곳에서 몸살을 앓고 있다. 우크라이나 전쟁, 이스라엘·하마스 전쟁 등 국제정세도 요동을 치고 있다. 이러한 격변의 21세기에 1970년대 과거의 인물 "이후락"을 소환해 그 시대를 '다시 보기' 하는 것은 어떤 의미가 있을까?

이후락. 많은 사람들의 뇌리에는 "이후락"이란 이름을 들으면 중앙정보부장 직함이 동시에 떠오를 정도로 박정희 시대 권력의 상징적 인물이었다.

아무리 세상이 급변하더라도 국가를 움직이는 것은 사람이며, 이러한 사람들을 이끄는 것은 국가 권력자들이다. 국가 권력자들의 행태나 마인드, 권력의지 등이 한 나라의 운명을 좌우하며 국민들의 생명과 안전에 키를 쥐고 있음은 과거나 현재는 물론이고 미래에도 변함이 없을 것이다.

북한 김정은 독재체제나 미국의 트럼프 2기 출범 등을 보면 더욱 피부에 와 닿을 것이다.

이러한 관점에서 1970년대 한국을 막후에서 움직였던 "이후락" 중앙정보부장 탐구를 통해 국가권력의 세계를 면밀하게 추적하는 작업은 현재의 국가권력은 물론 미래 국가권력자들의 세계를 추정해 볼 수 있는 자리를 마련해 준다고도 할 수 있다.

그동안 한국 산업화를 이끈 박정희 대통령에 관한 연구자료들은 상당수 있으나, 주로 사람됨, 산업화, 새마을운동 등 정책적 성과들을 기술하고 있고, 개인적 고민이나 갈등·번민 등 내면세계를 천착해 볼 수 있는 자료들은 그리 많지 않은 게 사실이다.

이번 책자는 박정희 정권의 막후 실세인 "이후락" 중앙정보부장 관점에서 박정희 내면세계를 엿보는, 다시 말해 박정희 대통령 다시 보기 작업의 일환이라고도 할 수 있다. 박정희 대통령에 관심 있는 분들이 꼭 읽어야 하는 이유이기도 하다.

저자 정주진 박사는 오랜 기간 정보 분야에 근무한 경력을 바탕으로, 한국 정계나 정보시장에서 사장되어 가고 있는 사료들을 수집·발굴하여, 후손들에게 올바르고 객관적인 역사 기록물로 남기기 위해, 퇴직 후에도 일상에 안주하지 않고 불철주야 노력하는 정보 분야 제1세대 학자이다. 이러한 정주진 박사님의 노고에 경의를 표하며 앞으로도 정보사료 집대성 작업에 정진해 주시기를 기대해 본다.

1장 ## 이후락과 김형욱의 박정희 3연임 공작

2장 닉슨 독트린과 박정희의 불안

5장 국가비상관리체제의 기안

8장 김대중 희생양 만들기의 실패

9장 **이후락의 퇴장**

정주진 박사의 《이후락과 그의 시대》를 읽고
(채성준 서경대 군사학과 교수)

권력핵심 안에서 본 현대사의 기록(김건연 전 국정원 정책분석관)

한국정보역사 연구의 새로운 지평(최성규 고려대학교 연구교수)

일류정보기관을 위한 성찰과 전진의 길잡이
(변경석 전 국정원 정책정보관)

54년 전 중앙정보부장이었던 이후락의 행적이 우리에게 주는 의미
(김민상 중앙일보 기자)

이후락과 김형욱의
박정희 3연임 공작

김종필의 반발과 무마

박정희는 1969년 3선 개헌을 추진하면서 장기집권의 욕심을 드러냈다. 그리고 대통령 측근에서 그 3선 개헌을 뒷받침한 두 인물이 이후락 청와대 비서실장과 김형욱 중앙정보부장이었다. 당시 헌법은 4년 임기의 대통령이 1차에 한해 연임할 수 있도록 규정하고 있었다.

그에 따라 1963년, 1967년 국민들의 직접 선거로 선출되어 대통령을 연임한 박정희는 헌법을 개정하지 않는 한 1971년의 대통령 선거에 나설 수 없었다. 이러한 장애를 없애기 위해 박정희는 3선이 가능한 방향으로 헌법 개정을 추진했다.

이 3선 개헌 추진에 야당은 물론이고 여당인 공화당 내에서도 김종필이 강력 반발했다. 차기 대통령을 꿈꾸고 있던 김종필로서는 당연한 불만이었다.

이러한 정국에 중앙정보부장이었던 김형욱과 대통령 비서실장이었던 이후락은 공화당 내 반김종필 세력으로 3선 개헌을 지원하고 있던 김성곤, 백남억, 길재호, 김진만 등 4인방과 연합해서 개헌작업을 진두지휘했다.

김형욱은 중앙정보부 내에 개헌 추진조직을 만들어놓고 개헌작업을 벌였다. 김형욱 회고록에는 그 내용이 구체적으로 기록되어 있다.

> 나는 중앙정보부 내에 개헌작업에 필요한 특별 기구를 설립하고 국내정치담당 제3 국장 전재구를 그 책임자로 임명하였다. 동시에 개헌 추진 작업에 따른 당과 행정부의 유기적인 관계를 증진하고 혼선을 막기 위하여 삼청동에 있던 중정 관할 비밀안전가옥에서 당·정부 연석회의를 일주일에 한두 번씩 아침 식사를 병행하면서 열도록 하였다. 그 연석 조찬회의는 훗날 나와 기구한 운명으로 연결된 김재권이가 주도하여 정보분석과 판단을 담당하고 있었고 각종 브리핑은 여전히 강서룡이가 담당하고 있었다. 중앙정보부 주관의 개헌추진 공작은 일사천리로 진행되기 시작했다(김형욱·박사월, 1985b: 275)

3선 개헌정국에서 가장 큰 장애는 김종필이었다. 김종필의 반대를 꺾지 않고서는 여권 내부의 반발을 잠재우기 어려웠다. 그러한 김종필을 회유하기 위해 김형욱과 이후락이 나섰다.

훗날 김형욱은 김종필이 개헌지지로 돌아선 것은 자신의 설득 때문이라고 자랑했다. 김성곤, 백남억 등 공화당 4인방이 임기 6년의 3선 개헌을 추진하고 있는데, 이것을 임기 4년의 3선 개헌으로 바꾸면 개헌을 지지하겠다고 김종필이 조건을 내걸었고, 이것을 박 대통령에게 설득해서 김종필이 돌아섰다고 하는 것이 김형욱의 주장이다.

이와는 달리 이후락은 박정희와 김종필의 갈등이 최고조에 이르렀을 즈음, 박정희가 김종필을 청와대에서 만나 설득한 것이 김종필을 돌려세우는데 주효했던 것으로 봤다. 김종필 자신도 훗날 이때 박 대통령의 호소를 뿌리칠 수 없었다고 여러 번 밝혔다.

이후락은 그 당시 박정희와 김종필의 독대가 자신의 작품이라고 오효진 기자에게 소개했다. 이후락에 따르면 당시 박정희와 김종필의 사이가 벌어지니까 박종규 경호실장이 김종필의 청와대 출입을 막았다.

이때 이후락은 종국에 가서는 김종필을 끌어안아야만 일이 풀리는데 두 사람을 계속 갈라놔서는 안 되겠다고 생각하게 된다. 거기에 생각이 미치자 이후락은 대통령에게 사전에 보고도 하지 않고 청구동 김종필 집으로 가서 김종필을 청와대로 데려왔다.

> 내가 가만히 생각하니까 앞으로 대사를 치러야겠는데 두 분이 이렇게 되면 안 되겠다는 생각이 들어요. 그래 내가 아무에게도 말하지 않고 청구동(김종필 집)에 갔지요. 가니까 반가와 하드만. 그래 내가 쭉 얘기하면서 '오늘 청와대에 들어갑시다' 그랬더니, 김종필 씨가 가자고 합디다. 아마 김종필 씨는 대통령께서 내게 시켜서 그렇게

온 줄로 생각했을지도 모르지요. 그래 청와대에 가서 집무실로 들어
가는데, 그때가 막 저녁을 드시러 나오실 시간이에요. 그래서 두 분
이 문에서 딱 마주쳤지요. 대통령이 '엉 왔어?' 하고 데려가드만. 그
이후는 잘 모르지만, 거기서 화해를 하셔서 그때 일이 잘된 모양입
니다. 박종규 실장이 못 들어오게 한 사람을 대통령 양해도 안 받고
청와대 집무실까지 데려갈 사람이 누가 있겠어요? 한 분을 모시려
면 그분을 다 알아야 합니다(오효진, 1987: 373).

박종규의 김형욱 전화 도청

피스톨 박. 박종규 경호실장의 닉네임이다. 영어를 잘해서 역
대 CIA 한국지부장 등 미국 측 인사들과도 가까이 지냈다.

1961년 5·16이 일어나던 때부터 1974년 8월 육영수 여사가 암
살될 때까지 무려 13년간 박정희의 최측근을 지킨 사람이다.

그도 한때 박정희의 지근 거리에서 조금 떨어져 일하고 싶은 시
기가 있었다. 그가 노리던 자리는 중앙정보부장.

김성곤, 백남억, 길재호, 김진만 등 공화당 4인 체제가 3선 개헌
의 전제조건으로 김형욱과 이후락의 퇴진을 제기하고 나서자 박
종규는 4인 체제와 손을 잡았다. 김형욱 부장이 물러날 경우 그
자리를 차지하려는 야심에서였다.

김종필이 3선 개헌지지로 선회하면서 여권의 세력 구도가 김종

필 세력과 4인 체제가 연합해서 김형욱-이후락으로 연결되는 라인을 협공하는 형국이 됐다.

그 시기 박종규는 4인 체제와 손을 잡고 있었다. 그냥 줄을 선 정도가 아니라 적극적으로 앞장서서 나왔다.

대표적인 사례가 김형욱과 이후락의 전화 통화 내용을 감청해서 김성곤에게 고해바친 것.

1969년 7월 28일 밤. 김성곤의 집에 은밀히 모인 공화당의 실력자들은 그다음 날 장충체육관에서 열릴 예정이던 공화당 의원총회에서 김형욱과 이후락의 문제점을 성토한 다음 박 대통령에게 두 사람의 해임을 건의한다는 작전을 짰다.

그러나 이 은밀한 회동내용은 고스란히 김형욱의 정보망에 걸려들었다. 7월 29일 아침 일찍 김형욱은 이후락에게 전화를 걸어 수집한 정보를 알려주었다.

주모자 김성곤을 개헌이 끝나면 먼저 잡아야겠다는 김형욱의 말에 이후락이 '그 사람 혼 좀 나야 되겠다'고 맞장구를 치며 자기도 가만 있지 않겠다고 호응하고 나섰다.

그런데 이 통화내용을 감청한 박종규 경호실장이 통화내용을 녹음해 두었다가 7월 29일 오후 공화당 의원총회가 한창 난상토론을 벌일 때 김성곤을 청와대로 불러다 들려주었다.

그리고 이 사실은 다시 청와대 내부의 김형욱 심복에 의해 다시 김형욱에게 보고됐다. 그때의 심경에 대해 김형욱은 이런 소회를 남겼다.

박종규는 내가 짤리면 후임 중앙정보부장이 돼보겠다는 야심을 오래전부터 가지고 있었다는 것쯤은 나도 잘 알고 있었다. 그러나 나와 이후락과의 통화내용을 비밀리에 녹음하여 김성곤에게 고자질까지 할 정도의 저질이라곤 생각하지 못하고 있었다. …김성곤이 장충체육관으로 돌아갔을 때는 한참 이만섭이가 열변을 토하고 있었다. 김성곤은 내심 상당히 당황한 모양이었다. 비밀을 최대한으로 지킬 것을 약속하고 원내총무 김택수는 참석한 중진의원들에게 함구령까지 내렸으나 내가 비밀회합의 내용을 샅샅이 알고 있었다는 것에 그는 놀란 모양이었다. 김성곤의 집을 도청한 것은 천만에 아니었다. 참석자의 하나가 연락해준 것이었다(김형욱·박사월, 1985b: 306).

이만섭의 3선 개헌지지 전제조건

김성곤이 박종규로부터 김형욱-이후락 간 도청 내용을 듣고 다시 의원총회장으로 돌아왔을 무렵 이만섭 의원이 마이크를 잡고 개헌지지의 선행조건으로 김형욱-이후락 동반 퇴진을 주장하고 나섰다.

1969년 7월 29일 오전 10시 40분부터 다음 날 7월 30일 새벽 4시 40분까지 18시간 동안 진행된 총회의 분위기는 뜨거웠다. 공화당 의원 109명 가운데 101명이 참석했다. 점심, 저녁을 외부에 주문해 시켜 먹으며 기자 출입까지 차단한 채 난상토론을 벌였다.

김형욱은 회의장을 장충체육관으로 기록하고 있으나 그날 회의에 참석한 이만섭은 회의장이 영빈관이라고 했다. 지금의 신라호텔 별관 자리였다.

이만섭이 내건 조건은 5개였다.

첫째, 권력형 부정부패의 책임자 이후락, 김형욱은 그 책임을 지고 즉각 물러날 것.

둘째, 중앙정보부는 대공사찰에만 전념하고 정치사찰은 일절 하지 말 것.

셋째, 당 체질을 명실공히 창당이념에 맞도록 올바르게 개혁할 것.

넷째, 국민투표는 지는 한이 있더라도 공명정대하게 실시할 것.

다섯째, 권오병 문교부 장관 불신임 파동 때 제명당한 예춘호, 양순직, 박종태, 정태성, 김달수 등 제명의원 5명을 복당시킬 것.

훗날 정치언론계 일각에서는 이 선행조건이 김성곤 등 당 지도부와 사전 협의된 내용이라는 주장이 있었으나 이만섭은 자신의 독자적 구상이었다고 밝혔다.

이만섭의 발언이 끝나자 박종규로부터 비밀 녹음을 듣고 회의장에 돌아온 김성곤이 등단해서 "김형욱은 아직도 정신을 차리지 못한 채 날 잡아넣으려 하고 있다"고 폭로하여 참석자들을 흥분시켰다. 잠시 자리를 비운 이유에 대해서는 배탈이 나 집에 가서 죽을 먹고 왔다고 둘러댔다.

김성곤의 말이 끝나자 이만섭이 다시 등단해서 김형욱과 이후락을 이 자리에 불러내 사표를 받자며 열을 올렸다.

설왕설래하던 회의장은 선행조건이 이루어지면 개헌을 지지하겠다는 분위기로 바뀌며 이만섭의 제안을 만장일치로 채택했다. 7월 30일 새벽 2시경이었다.

이제 당 총재인 박 대통령의 결심을 받아내는 일이 남았다. 김성곤과 장경순 부의장이 청와대에 보고하러 들어갔으나 잠을 자지 않고 회의사항을 지켜보던 박 대통령은 "도장을 찍으려면 찍고 말려면 말지, 선행조건은 무슨 선행조건이냐?"고 화를 내며 거절했다.

이에 두 사람이 대통령 결심을 받지 못한 채 돌아오는 것을 본 이만섭이 당 간부들의 설명이 부족했기 때문이라며 당 간부들이 다시 가서 말씀드려야 한다고 주장하고 나서 이번에는 장경순 혼자 청와대에 들어갔다.

장경순으로부터 재차 설명을 들은 박정희는 '그 문제는 나한테 맡기고 개헌안에 서명해 주었으면 좋겠다'는 뜻을 밝혀 의원들이 이를 받아들여 총회가 마무리됐다.

총회가 끝난 날 저녁 박정희는 청와대에서 이후락, 김형욱, 김성곤, 이만섭 등과 함께 저녁을 같이했다. 의원총회에서 불거진 감정들을 달래주려는 배려였다.

하지만 식사 분위기가 냉랭했다. 특히, 김형욱과 이만섭이 고성을 지르며 대통령 앞에서 다투는 바람에 분위기가 무거워졌다. 그날의 분위기를 이만섭은 이렇게 남겼다.

…그런데 제일 늦게 들어간 내가 박 대통령, 이후락 실장과 악수를 한 뒤 그 옆에 앉아 있는 김형욱에게 손을 내밀었을 때였다. 그때까지도 분이 풀리지 않았던지 그는 내 손을 잡기는커녕 앉은 채로 나를 노려보면서 소리부터 지르는 게 아닌가. "야! 이 의원. 너 나한테 이러기야!" 순간 나는 극도로 화가 치밀어 올랐다. 그래서 내민 손을 거둬들이곤 소리를 질렀다. "뭐야! 너, 각하 앞이라고 큰소리치는 거야. 네가 할 일은 당장 그만두는 것밖에 없어. 이게 어디다 큰소리야!" 서로 고성이 오갔음에도 박 대통령은 굳게 입을 다문 채 무거운 침묵만 지키고 있었다. 결국 박 대통령이 주선한 화해는 실패로 끝나고 그날의 만찬 분위기는 납덩이처럼 무겁기만 했다(이만섭, 2009: 154).

이날 저녁이 박정희와 이만섭의 마지막 저녁이었다. 박정희는 10년 뒤 10·26 사건으로 목숨을 잃을 때까지 한 번도 이만섭을 청와대로 부르지 않았다. 이만섭에 대해 섭섭한 감정이 있었던 것이다.

5·16이 일어날 때 동아일보 기자였던 이만섭은 박정희와 처음 단독 인터뷰를 한 인연으로 박정희와 가까워졌다.

1963년 민정이양을 위한 대통령 선거 때는 박정희와 침식을 같이 하며 전국 유세를 다녔고, 박정희도 대통령에 취임한 후 중요한 문제가 있을 때마다 이만섭을 불러 의논하곤 했다.

그러나 이만섭이 3선 개헌과정에서 파동을 일으킨 후 이만섭과 인정을 끊어버리고 공식 석상에서 만나도 말 한마디 없었다고 한다.

이만섭의 배후 김재규 육군보안사령관

이만섭이 3선 개헌지지의 조건으로 김형욱-이후락 동반 퇴진을 거론하고 나선 것은 그때로서는 대단한 용기가 필요한 행동이었다.

더구나 대통령 리더십의 중추기관이었던 중앙정보부까지 공개 비판하고 나섰다.

거기에는 이만섭이 믿는 구석이 있었다. 당시 육군 보안사령관이었던 김재규였다. 두 사람은 김재규가 대구 대륜고에서 체육선생으로 근무할 때 사제지간으로 처음 만났다.

김재규는 일제 말 일본군 가미카제(神風) 특공대에서 훈련을 받았다. 적의 함대를 들이받고 자살하는 특공대였다.

일제의 패망으로 다행히 목숨을 건진 김재규는 귀국 직후인 1945년 9월 경북사대 중등교원 양성소를 이수한 후 1946년 3월까지 김천중학교에서 체육교사로 일하다 조선경비사관학교(육군사관학교 전신) 2기로 입교했다(김삼웅, 2020: 33).

1946년 12월 14일 육사 2기를 졸업한 김재규는 대전에 있는 제2연대로 발령받았다. 당시 연대장은 김종석이었다. 훗날 남로당

가입 혐의로 체포되어 사형된 인물이다.

남로당원 김종석은 김재규를 포섭하려고 들었으나 김재규가 이에 말려들지 않아 둘 사이가 불편했다. 김재규는 당시 군내 이념 문제를 다루는 정보주임을 맡고 있었다.

김종석과 이념 문제로 갈등을 보이던 김재규는 군경 축구 시합에서 폭력 사태가 일어나 그에 대한 책임을 지고 군복을 벗게 된다.

제대 경위에 대해 김재규는 훗날 10·26 사건 재판과정에서 이렇게 밝혔다. "일직사령이었던 동기생 박노규가 갑자기 위경련을 일으켜 대신 일직사령을 서게 됐는데 군과 경찰이 축구 시합 도중 패싸움을 벌이는 일이 일어나자 그에 대한 책임을 지게 되었다." 1947년 6월 1일 소위에서 중위로 진급하던 날이었다.

그 일로 군복을 벗은 김재규는 다시 김천중학교 체육교사로 돌아갔다. 훗날 김천 지역국회의원이 된 박정수가 그 당시 그의 제자였다.

김천중학교에서 근무하던 김재규는 다시 대구에 있는 대륜중학교로 적을 옮겼다.

대륜중학이 그 당시 경북 학생체육대회 육상 부문에서 좋은 성적을 거두고 있는 것이 마음에 들었다. 안동농림학교 재학시절 육상선수였던 김재규는 대륜중학교 교장을 찾아가 임용을 부탁, 대륜중학교 체육선생이 됐다.

그때 6년제였던 대륜중학교의 4학년에 이만섭이 재학하고 있었다. 김재규는 당시 농구선수이며 응원단장이었던 이만섭을 무척 좋아했다고 한다.

10·26 사건 당시 중앙정보부 의전과장이었던 박선호는 이만섭의 대륜중 3년 후배였다.

그 후 2연대장이었던 김종석이 남로당원으로 체포되어 사형되자, 육군본부 인사국에서 김재규가 김종석에 의해 억울하게 제대했다고 보고 복직을 권유하여 김재규는 1948년 10월 다시 소위로 군에 복직했다.

이만섭에 의하면 박정희 대통령은 3선 개헌 이전에는 이만섭을 무척 좋아해서 사흘이 멀다 하고 청와대로 불러 식사를 함께했다고 한다. 그럴 때면 이만섭은 스승인 김재규와 함께할 것을 건의, 세 사람이 청와대에서 자주 저녁 식사를 가지곤 했다고 한다(이만섭, 2009: 74).

육군 보안사령관을 자랑스러워한 김재규

1979년 10월 26일 저녁 7시 43분경 박정희 전 대통령을 권총으로 시해한 김재규 전 중앙정보부장.

그는 5·16에 참여하지 않았을 뿐 아니라 역으로 박정희의 쿠데타 모의를 5·16 직전 국방장관이던 현석호에게 밀고한 사실이 있다.

그런 사실을 알고 있었는지 모르지만 박정희는 5·16 후 고향 후배이자 육사 2기 동기인 그를 자신을 보호해줄 측근으로 키웠다.

김재규가 박정희 정부의 국가정보활동에 참여하기 시작한 때는 1968년 2월 17일 육군 방첩부대장에 취임하면서부터였다. 전임 윤필용 육군방첩부대장이 20사단장으로 전출되면서 육군방첩부대장을 물려받았다.

5·16 이후 호남비료 사장, 6사단장, 6관구 사령관 등 요직을 거쳐 육군방첩부대장에 발탁됐다.

당시 4대 권력기관으로 불리던 중앙정보부, 보안사, 경호실, 수경사 중 보안사를 차지하게 된 것이다. 김재규는 1968년 9월 23일 부대 명칭을 육군 보안사령부로 바꾼 후 10월 20일부터 육군보안사령관이라는 직명을 썼다. 육군보안사령관으로 재임할 때인 1969년 4월 1일에는 중장으로 진급했다.

박정희와 김대중이 팽팽하게 맞붙은 제7대 대통령 선거(1971. 4.27.)가 끝난 직후인 1971년 9월 23일 3군단장으로 전출했다. 3선 개헌 및 제7대 대통령 선거 전후 3년 7개월여 육군보안사령관으로 일했다.

김재규는 육군보안사령관 재임 경험을 무척 자랑스러워했다. 10·26 사건 후 1979년 12월 15일 열린 제7차 공판에서 육군보안사령관 재임 시 업무성과에 대해 이런 증언을 남겼다.

대통령의 부대표창을 타게 되면 부대 기(旗)에 리번을 하나씩 답니다.
제가 보안사령관을 3년 7, 8개월 했다고 기억하는데, 처음 부임하던
해에는 간첩을 하나도 잡지 못해서 그다음 해부터 간첩 잡는 데 주력
했습니다. 보안사령부의 대공요원들이 많은 수고를 해서 개가를 올렸

습니다. 중정과 보안사령부와 경찰 3개 기관이 간첩 잡는 경합을 합니다만, 보안사령부에서 가장 많이 잡았습니다. 연 3년을 계속 제일 많이 잡았죠. 과거 김창룡 장군 시절에 이승만 대통령의 리번이 하나 있었는데, 그 이후에 제가 그만둘 때까지 3개의 리번을 더 추가해 놓고 떠났어요. 그때 마지막으로 보안사령부를 떠날 때, 보국훈장 1등을 받았습니다. 간첩을 가장 많이 잡았다는 것을 인정해서 제가 받긴 했지만, 저희 대공요원들이 받아야 할 훈장입니다(김재홍, 1994: 209).

보안사의 탄생과 변천

군 보안방첩 기관인 보안사령부는 5·16 이후 중앙정보부가 창설되기 이전에는 정보경찰과 함께 대한민국의 국가정보활동을 주도하는 2대축이었다.

특히, 이승만 정부 중기(1952~1956)에는 군에 대한 보안방첩활동뿐만 아니라 대통령의 특명을 받아 비밀리 수행하는 등 국가정보 중추기관으로서의 위상을 굳혔다.

정부 수립 시기 육군본부 정보국 산하에 전투정보과, 첩보과 등과 함께 '과' 규모로 편성되어있던 특별조사과가 보안사의 기원.

이승만 대통령은 정부수립 시기 미군정의 행정권을 이양받으면서 미군정 시기 정보기관인 미군 방첩대를 모델로 한 순수 민간정보기구를 설립해서 미군 방첩대의 기능을 이관받기로 합의했다.

그에 따라 300명의 민간인이 선출되어 1948년 10월 '대한관찰부'라는 대한민국 최초 국가정보기구가 탄생했다. 그러나 이 기구는 설립된 지 5개월여 만인 1949년 3월 이후의 예산을 국회로부터 승인받지 못해 자동 해체됐다.

당시 국회에 침투한 남로당 출신 의원들이 대한관찰부를 '이승만의 정적을 탄압하기 위한 사찰기구'로 매도하면서 예산승인을 거부했다.

1949년 6월 말 완전 철수를 목표로 철수를 서두르던 미 24군단은 대한관찰부에 대한 국회 인준을 기대하기 어려운 데다 철수시한도 임박해오자 한국군 내에 방첩대를 편성해서 그 기능을 이관하는 작업을 서둘렀다.

1948년 9월 27일에서 10월 30일까지 특별조사과(SIS, Special Investigation Section) 학교를 서울에 세워 김창룡, 김안일 등 위관급 장교와 사관후보생 등 41명을 선발해서 교육했다. 교육을 마친 후 각자 소속 부대로 돌아가 방첩대를 조직하는 것이 교육생들의 임무였다.

주한미군 방첩대의 주력이 1948년 12월 31일, 잔여 소수인력 17명이 1949년 6월 한국을 완전히 떠나면서 미군 방첩대의 임무는 모두 한국군 방첩대로 이관됐다. 대한관찰부가 해체됨에 따라 미 방첩대의 업무를 한국군 방첩대가 인수받은 것이다.

이후 특별조사과는 특별정보대(SIS, Special Intelligence Service), 방첩대(CIC, Counter Intelligence Corps) 등으로 불리다가 6·25 전쟁 직

후인 1950년 10월 21일 특무부대(SOU, Special Operation Unit)라는 독립부대로 분리됐다.

특무부대는 정부수립 직후부터 좌익수사로 명성을 날리던 김창룡이 부대장으로 장기 재임(1951.5~1956.1)하면서 군은 물론 민간인 영역까지 관장하는 정보기관으로 자리 잡았다. 6·25 전쟁이라는 내란 상태와 이승만 대통령의 김창룡에 대한 절대적 신임이 특무대의 역할을 확장시켜 준 것이다.

그러나 특무대는 1956년 1월 30일 김창룡 특무대장이 출근길에 피살되면서 그 기능이 급격히 위축된다. 4·19 혁명 직후인 1960년 7월 20일에는 부대명을 육군 방첩부대로 바꿨다.

김재규 부대장 취임 후에는 육군 보안사령부로 개칭되었다가 1977년 9월 26일에는 육·해·공군의 보안기능을 통합해서 국군보안사령부가 창설됐다.

노태우 정부 때인 1991년 국군기무사령부로 개칭되었다가 문재인 정부 들어 군사안보지원사령부(2018)로 다시 이름이 바뀌고 윤석열 정부 출범 후에는 다시 국군방첩사령부로 개칭됐다.

북한 게릴라들의 청와대 기습사건(1968.1.21.), 월남 패망(1975.4.30.), 윤석양 이병 보안사 민간인사찰 폭로(1990.11.4.) 등이 부대의 명칭 및 기능변화를 촉진시킨 요인이었다.

김형욱과 경합하다 거세된 윤필용

윤필용. 1964년부터 육군 방첩부대의 서울지구 관할 506부대
장으로 근무하며 세력을 확대하다 1965년 3월 6일 육군 방첩부
대장에 올랐으나 김신조 일당의 청와대 기습사건(1968.1.21.)을 처
리하면서 잠시 박정희의 눈 밖에 나게 된다.

체포된 김신조를 서둘러 기자회견장에 세웠다가 '박정희 모가
지 따러 왔다'는 김신조의 말이 전국에 생중계되는 사고가 일어
났다.

그럼에도 1월 27일 윤필용 대장 자신이 김신조와 함께 텔레비
전에 출연했다. 자연히 국민들 사이에 테러리스트를 국민 영웅으
로 만들고 있다는 비난이 높아졌다.

1968년 2월 17일 육군 방첩부대장에서 20사단장으로 전출된
것은 문책성 인사였다. 8개월여 지난 1968년 10월 20일에는
주월 맹호부대장으로 발령 났다. 대통령과의 거리가 더욱 멀어
졌다.

방첩부대장으로 승승장구하던 그가 이렇게 밀려난 데는 김형
욱 중앙정보부장과의 무리한 세 대결도 주요한 요인이었다. 윤필
용은 김형욱과 육사 8기 동기였으나 박종규 경호실장과 밀착되
어 있었다.

권세가 커지자 윤필용은 중앙정보부장 자리에 욕심이 생겼다.
김형욱을 밀어내고 그 자리를 차지하고 싶었다.

김형욱은 이런 윤필용을 좋지 않게 보고 있었다. 그리고 5·16

직전 윤필용이 보였던 기회주의적 처신이 김형욱에게 나쁜 이미지를 심어주었다.

5·16 직전 주체세력 명단을 짤 때 박정희가 윤필용을 거명했다. 그에 김형욱은 진해 육군대학에서 교육받고 있던 윤필용을 불러 올려 5월 15일 아침 서울역에서 만났다.

하지만 윤필용은 "형들이 하는 일을 나는 뒤에서 밀기로 하지요. 또 나는 서울 사정에도 어둡고…" 하며 선뜻 나서지 않았다.

그런데 5월 16일 새벽 정변이 성공을 거둘 가능성이 높아지자 한자리 차지하려는 군인들이 구름처럼 몰려드는 틈에 서 있는 윤필용을 김형욱이 보았다고 한다.

김형욱에 의하면 5·16 직후 윤필용을 국가재건최고회의 부의장 박정희의 비서실장으로 추천한 사람도 김형욱이었다. 박정희 부의장이 5사단장을 지낼 때 그 밑에서 윤필용이 대대장, 사단참모 등으로 일하며 박정희와 가까운 걸 김형욱이 잘 알고 있었다.

김형욱은 1965년 박정희가 심복인 윤필용을 방첩부대장에 앉힌 것은 자신을 견제하려는 의도라고 보았다.

실제로 박정희가 윤필용이 올린 보고서를 김형욱에게 보여준 일이 있었다. 그 보고서에는 '김형욱이 중요한 정보 보고는 정일권 총리에게 하고 대통령께는 적당히 보고를 하니 중앙정보부장을 박종규로 교체해야 한다'는 내용이 들어 있었다(김형욱·박사월, 1985c: 168-169).

두 사람의 갈등은 방첩대가 수사 중이던 정부 전복 음모 사건(원충연 사건, 1965.5)을 중앙정보부가 중간에 빼앗아 처리함으로써 표면화됐다. 그 과정을 김형욱은 이렇게 묘사했다.

> …나는 사건의 추이를 관망하고 있다가 사건 수사 방향이 예상치도
> 않았던 엉뚱한 방향으로 급선회하는 것을 포착하고 드디어 중앙정
> 보부장의 직권을 발동, 법제상으로 중앙정보부장의 하부기관으로
> 돼 있던 육군 방첩부대의 장 윤필용에게 사건 전모를 즉시 보고할
> 것을 명령하였다. 내가 직권 발동을 결행하였던 이유는 원충연 사건
> 을 기화로 윤필용이 이를 과장하여 특히 함경도 출신 한신을 구속
> 문책하고 나아가 정일권까지도 문책하여 그들의 세력을 군부와 정
> 계로부터 제거하려는 기도를 탐지했기 때문이었다. …나의 명령을
> 받은 윤필용은 아니꼬우면서도 할 수가 없었던지 쓴 약을 머금은 우
> 거지상을 하고 나타나 나에게 사건 전말을 마지못해 보고하였다(김
> 형욱·박사월, 1985c: 169-170).

두 번째 충돌은 이른바 '나일론 밀수 사건'이었다. 중앙정보부
가 재일교포 간첩단 사건을 제보한 협조자에게 나일론 원사를 일
본에서 수입해서 가공한 후 해외로 수출할 수 있는 이권을 주었
다. 중요한 정보를 제공한 데 대한 보상이었다.

그런데 이 협조자가 가공 수출을 하지 않고 나일론 가공품이라
고 속인 박스에 돌을 넣어 싣고 인천항을 빠져나간 후, 먼바다에
다 버리는 수법으로 나일론 원사를 밀수해 온 사건이 일어났다.

이 사건을 처음 적발한 사람은 박종규 경호실장이 인천항에 심
어놓은 경호실 직원이었다. 박종규는 김형욱을 제거할 호재라고

보고 방첩대에 수사를 넘겼다.

하지만 이 사건도 한때 김형욱 부장 밑에서 일하던 신직수 검찰총장이 나서 중앙정보부와는 관계없는 방향으로 해결함으로써 유야무야됐다.

이처럼 김형욱과 윤필용의 대립이 팽팽하던 시기 김신조 일당의 청와대 기습사건이 일어났던 것이다. 김신조 사건으로 방첩부대장에서 물러나 월남에 나가 있던 윤필용은 1970년 1월 20일 수도경비사령관으로 돌아왔다. 김형욱이 1969년 10월 20일 해임된지 3개월 뒤였다.

박종규와 전두환과의 인연

박 대통령 시해 사건(1979.10.26.)을 계기로 대통령에 오른 전두환과 노태우는 1961년 5월 16일 그날 대위 계급장을 달고 서울대 문리대 교관, 서울대 사범대 교관으로 각각 일하고 있었다.

그리고 이들과 육사 11기 동기이자 육사 동창회인 북극성회 서울지부장이었던 이동남 대위는 육군본부 정보참모부 북한과에서 근무하고 있었다.

이동남은 훗날 대통령 경호실장이 되는 박종규와 1958년 미국 포트베닝에서 공수훈련을 함께 받은 인연으로 친하게 지냈다.

5·16이 일어나던 직전 날인 1961년 5월 15일 저녁에도 박종규

와 저녁을 함께 했다. 5·16 새벽 장면 총리를 체포하는 임무를 맡고 있던 박종규는 식사를 하는 도중 이동남에게 "드디어 내일 새벽 거사한다."고 알려줬다.

바로 다음 날 정변이 일어난다는 사실을 알게 된 이동남은 박종규와 헤어진 직후 전두환에게 이 소식을 전했다(경향, 1996.9.30.). 전두환과 가까이 살고 있었던 인연이었다. 그때까지 전두환은 정변 사실을 모르고 있었다.

노태우 대위는 5월 16일 새벽 뉴스를 통해 거사 사실을 알고 전두환 대위를 찾아갔다. 전두환과 이동남이 육사 생도들의 정변 지지 시가행진을 끌어내기 위해 막 육사로 출발하려는 시점이었다. 노태우는 함께 타고 갈 차량이 없어 같이 가지 못했다고 한다.

5·16 주체세력인 이낙선이 남긴 「이낙선 메모」에는 육사 생도들의 5·16 지지 시가행진(1961.5.18.)을 전두환이 성사시킨 것으로 기록되어 있다. 하지만 이동남은 이것을 부인했다.

육사생도들의 시가행진을 이끌어낸 것은 자신이고 이것을 전두환에게 얘기해줬는데 전두환이 마치 자신이 모두 일을 한 것처럼 왜곡했다고 주장했다(송의섭, 1994: 49-51).

이동남은 박종규와의 친분을 바탕으로 곧 박정희 최고회의 부의장 경호대(대장: 박종규) 과장으로 참여하게 되고, 전두환은 이동남과 함께 경호대에 들어왔다가 곧바로 부의장실 민원 비서관으로 옮겼다.

이후 육사 11기 가운데 손영길은 박정희의 부관으로, 최성택은 총무 비서관으로, 노태우는 방첩대 소속 정보장교로 박정희 주변에 포진하게 된다. 이에 대해 노태우는 박정희 부의장이 '유능한 동기 몇 사람을 보내 도와주면 좋겠다'고 전두환에게 당부, 전두환이 데려왔다고 회고했다(노태우, 2011: 118).

노태우는 1961년 6월 10일자로 방첩부대장에 부임한 김재춘의 요청으로 방첩대로 옮겨 방첩대의 국가재건최고회의 담당 연락장교가 됐다.

곧이어 김복동, 권익현, 박갑용, 최찬욱 등 육사 11기가 중앙정보부에 임용됐다. 노태우는 그의 회고록에서 자신이 김복동 등의 임용을 건의한 결과라고 설명했다. 김재춘 방첩대장이 1963년 2월 21일자로 제3대 중앙정보부장으로 취임할 때 김복동 등의 임용을 건의하여 성사됐다고 밝혔다.

하지만, 이동남은 그들의 중앙정보부 임용 배경에 대해 다른 증언을 남겼다. 이동남에 따르면 1962년 박정희 의장 경호대의 규모가 확장됐다. 그에 따라 전두환은 박종규의 지시에 따라 김복동, 권익현, 박갑용 등 13명을 추천했다고 한다.

경호대에 임용된 13명은 2주간의 경호 교육을 받았는데, 교육을 수료하는 날 김복동 대위가 술에 만취되어 소란을 피우는 사고가 일어났다. 그에 분개한 박종규 경호대장이 경호원으로서의 자질이 없는 사람들이라며 모두 중앙정보부로 보내버리라고 지시해서 김복동 등이 중앙정보부로 배치됐다고 설명했다.

어쨌든 박종규와 이동남, 그리고 전두환의 인연으로 육사 11기생이 여러 명 5·16 후 새로운 권력기관으로 부상한 국가재건최고회의, 중앙정보부, 방첩대 등에 골고루 분포되는 모양새가 만들어졌다.

하지만 이동남은 박치옥 반혁명 사건에 연루되어 곧 군복을 벗었다.

윤필용의 심복이 된 노태우

5·16 직후부터 방첩부대에서 근무하기 시작한 노태우 전 대통령.

김재춘(1961.6.10~1962.7.12.)으로부터 정승화(1962.7.12~1964.1.8.), 박영석(1964.1.8~1965.3.6.), 윤필용(1965.3.6~1968.2.17.)에 이르기까지 네 명의 방첩부대장 밑에서 일했다.

육사 11기 출신들은 육군사관학교에 4년제 교육과정이 도입된 뒤 처음 배출된 인력이었기 때문에 당시 군 상층부에서 큰 기대를 갖고 이들의 움직임을 지켜보고 있었다.

게다가 노태우는 육사 졸업 후 첫 임지인 5사단에서 당시 사단장이었던 박정희를 처음 만난 인연이 있었다. 당시 윤필용은 사단 참모로 근무하고 있었다. 박정희-윤필용-노태우로 이어지는 인간관계가 시작됐다.

박정희는 소대장 6개월 만에 노태우를 대대 작전장교로 발탁하고, 5사단장을 그만두고 이임할 때는 대대 본부로 노태우를 불러 점심을 함께하는 등 각별한 관심을 보였다.

5·16 직후 노태우를 방첩대로 데려간 김재춘은 처음 보안처 보안과 보안계장으로 노태우를 임명했으나 곧 박정희 부의장이 노태우 대위에게 많은 관심을 보이는 것을 보고 국가재건최고회의 연락장교라는 요직을 맡겼다. 국가재건최고회의에서 일어나는 여러 동정을 김재춘에게 보고하고, 또 방첩부대에서 수집한 주요 정보보고서를 박정희에게 배포하는 것이 연락장교의 주 임무였다.

김재춘은 노태우를 연락장교로 임명하며 "부대장 직속으로 최고회의 연락장교로 파견할 터이니 연락업무를 잘 수행하라. 특히 박 의장께서는 자네에게 큰 관심을 갖고 있으니 뜻을 잘 받들고 우리 부대를 위해서도 좋은 역할을 해 달라"고 당부했다(노태우, 2011: 119).

방첩대 연락장교로 일하게 되면서 노태우는 박태준 최고회의 의장 비서실장(육사 6기, 대령) 바로 밑에서 대리로 일하던 윤필용(육사 8기, 중령)과 가까워졌다.

노태우는 1963년 소령으로 진급하면서 방첩부대 본부 정보과장에 보임됐다. 그에 의하면 당시 정보과에서 근무하는 인원은 본부와 분실을 합쳐 총 120명 정도였다.

정보과장 노태우는 저녁마다 올라오는 첩보를 종합해서 꼼꼼히 읽고 분석하여 정보보고서로 작성, 청와대·국방부·육군본부 등에 배포했다. 군 내부의 조직·편성·훈련에서부터 각 지휘관의 인적사항, 그리고 대통령의 통치이념과 관심사항, 참모들의 보좌방법 등 국가경영과 관련된 사항들이 정보 보고의 중심 내용이었다.

1966년에는 정보과장에서 방첩과장으로 자리를 옮겼다. 방첩과장은 간첩을 잡는 방첩부대의 주무과장이었다. 1967년 여름 육군대학에 입교하면서 6년간의 방첩대 생활을 끝낸 노태우는 방첩대 생활에 대해 이렇게 회고했다.

"젊은 나이였지만 국가운영, 정책결정, 군의 역할에서부터 조직을 운용하는 원칙과 기술, 민심동향, 인간관계 등 많은 것을 배웠다. 특히 사람들을 화합시켜 큰 힘을 자아내게 한 경험은 내가 발전하는 데 밑거름이 되었다. (노태우, 2011: 142)"

윤필용이 방첩부대장으로 근무할 때 정보과장, 방첩과장 등 요직에서 일했던 노태우는 윤필용에 대해 인간적인 호감을 갖고 그 후 계속 윤필용을 추종하게 된다. 노태우는 그의 회고록에서 윤필용의 심복이 된 배경을 이렇게 밝혔다.

나는 방첩부대에 근무하면서 모두 네 분의 부대장을 모셨다. 김재춘, 정승화, 박영석, 윤필용 장군이다. 모두 훌륭한 분들로, 나는 이 분들과 특별한 신뢰 관계를 유지했다. 특히 윤필용 장군과는 잊을 수 없는 사연이 많다. 윤 장군과의 인연은 그가 국가재건최고회의 의장실 비서실장 대리를 맡고부터 시작되었다. 방첩부대 보안계장인 내가 국가재건최고회의 연락장교를 하고 있을 때였다. 나이는 나보다 다섯 살가량 위인데 우리 두 사람은 여러 면에서 의기투합했다. 옳고 그름을 놓고 주장이 엇갈릴 때는 논쟁을 벌이기도 했다. 윤 장군은 나이가 많고 계급이 높다는 권위 의식이 전혀 없었다. 윤 장군은 아랫사람의 주장이 옳을 경우에는 깨끗이 승복할 뿐 아니라 동생들을 대견하게 바라보는 듯한 표정을 지었다. 자신의 주장이 옳았을 때는 당연하다는 듯이 무덤덤했다(노태우, 2011: 124).

김재규가 10·26 저녁 김계원을 쏘지 않은 이유

1969년 10월 21일 중앙정보부장으로 임명된 김계원.

제8대 육군참모총장(1966.9.2~1969.8.31.)을 그만둔 뒤 두 달여 지난 시점에 중앙정보부장으로 발탁됐다. 육군 보안사령관으로 일하고 있던 김재규와 함께 박정희 대통령을 최측근에서 보좌하는 관계가 형성됐다.

그로부터 10년 뒤인 1979년 10월 26일 저녁 7시 45분경 박정희 전 대통령을 총격한 김재규. 민주화를 위해 야수의 심정으로 유신의 심장을 쏘았다고 했다. 하지만 그 자리에 있던 김계원 비서실장은 쏘지 않았다.

김재규는 10·26 사건 뒤 1979년 12월 8일 개정된 2차 공판에서 그 이유를 김계원이 '혁명'에 동의했기 때문이라고 했다. 대통령을 저격한 자신의 행동을 민주화 혁명으로 포장하며 김계원을 그 혁명에 찬동시켰다고 했다.

그러면서 '김계원이라는 사람은 혁명할 사람도 못 될 뿐 아니라 혁명에 가담할 사람도 못 된다'고 평했다. 즉, 주체적으로 움직이는 사람이 아니라 피동적으로 따라다니는 사람이라는 것이다. 김재규의 이 발언을 검찰관은 10·26 당일 김계원이 마지못해 끌려가면서 김재규에게 동조를 한 것으로 해석했다.

검찰 측 사실심리가 끝나고 재판부가 법정을 공개하지 않겠다고 선언하자 변호인단은 그에 반대하다가 모두 퇴장했다. 비공개로 진행된 법정에서 김재규는 김계원에 대해 더욱 진솔한 진술을 했다.

김계원 실장 그 사람은 제가 혁명을 하는 줄 알았으면 절대로 절 안 따라옵니다. 처음에 막으려고 했겠죠. 그러다가 저에게 희생되어 죽었을지도 모르죠. 그런데, 일단 제가 거사를 해서 일을 저지르고 나니까 어쩔 도리가 없는 상태가 된 겁니다… 제가 김계원이라는 사람을 특별히 두둔하거나 옹호하기 위해서 하는 말씀은 아닙니다. 어떤 의미에서는, 입을 좀 더 다물지 왜 벌려가지고 실패작을 만드느냐고 내가 원망도 하고 싶은데, 사실은 이렇게 될 줄 알았으면, 안된 얘기지만, 김계원 실장도 같이 제거하는 건데 제거하지 못한 것이 한스럽다고 느끼고 있습니다(김재홍, 1994: 161).

김재규의 진술을 보면 그는 김계원을 보호해주려는 입장을 보이고 있다. 그러면 두 사람은 어떤 사연이 있어 최후의 순간까지 서로 비호하려 했는가? 그 관계를 엿볼 수 있는 대목을 김계원은 1979년 12월 10일 열린 제3차 공판에서 이렇게 언급했다.

'1960년도 4·19 혁명 직후 자신이 진해에 있던 육군대학 총장으로 있을 때 김재규가 부총장으로 근무하고 있어 처음 김재규와 만났다. 그 당시 김재규가 자동차 사고로 죽을 뻔했는데 구해줬다. 마산에서 해군 함대사령관 초청으로 저녁 식사를 하고 진해로 돌아오는 도중 앞서가던 김재규의 차가 20여 미터 낭떠러지로 굴러 김재규가 피투성이가 되어있는 걸 보고 구제해줬다. 그 후 김재규는 늘 나에게 고마운 마음을 가지고 있었다.'

육군대학에서 처음 김재규를 만난 김계원은 제1군 사령관으로 근무할 때 6사단장을 하던 김재규와 다시 만났고, 육군참모총장으로 근무할 때는 6관구 사령관으로 있던 김재규와 다시 연결됐다. 6관구 사령부는 육군본부에 여러 군수물자를 지원해주는 부대였기 때문에 서로 자주 만날 기회가 있었다고 한다.

이런 인연 속에 중앙정보부장에 취임한 김계원은 보안사령관 김재규와 다시 자주 만날 기회가 있었고 여러 가지 어려운 문제들을 도와주기도 했다고 법정에서 진술했다.

두 사람의 법정진술로 미루어 김재규는 연령으로 보나, 계급으로 보나 군 선배였던 김계원을 가까이서 지켜보며 우유부단한 김계원의 성격을 10·26 사건 그 순간에도 정확히 파악하고 있었던 것으로 보인다.

박종규를 하수로 본 김형욱과 김종필

1961년 5·16 정변 이래 1969년 10월 3선 개헌안이 국민투표를 통과할 때까지 박정희를 그림자처럼 수행한 박종규.

1969년 10월 20일 이후락 비서실장과 김형욱 중앙정보부장이 퇴진하자 명실상부한 박정희의 최측근이 됐다.

그 시기 박종규의 위상은 이후락이 비서실장을 그만둔 직후 박 대통령에게 언급한 말에 잘 나타나 있다. 이후락은 곧 주일대사로 부임할 예정이었다. 박정희는 일본으로 떠나는 이후락을 위해 저녁 자리를 마련했다.

비서실장을 그만둔 직후 고급 요정인 청운각에서 열렸던 이 위로연에서 이후락은 "각하, 이제 저는 각하 곁을 떠납니다. 제가 나가면 대통령실에는 박 실장 혼자 남게 됩니다. 각하를 유일하게 지켜줄 사람입니다. 항상 곁에 두십시오"라고 건의했다. 이 말에 박 대통령은 "그래 알았어" 하며 받아들였다고 한다(김진, 1992: 159).

이후락 후임인 김정렴은 그 직전 상공부 장관을 2년여간 역임한 경제통으로 권력 게임과는 조금 거리가 있는 사람이었다. 단순히 대통령의 명을 액면 그대로 하달하는 전달자의 수준에 머물렀다.

김형욱 후임인 김계원은 육군참모총장 출신으로 소심하고 마음이 여려 음모와 배신, 이글거리는 인간 욕망을 컨트롤해야 하는 정보부장으로는 적성에 맞지 않는 인물이었다.

김재규 보안사령관은 박정희와 동향 출신으로 박정희가 친동생처럼 아끼고 있었으나 혁명주체세력이 아니라는 약점을 지니고 있었다.

윤필용 수방사령관만이 방첩대장 시절부터 박종규가 수하처럼 부리던 인물이었다.

1969년 10월의 그 순간 박종규는 중앙정보부장, 보안사령관까지 제압할 수 있는 유리한 위치에 있었던 것이다. 하지만 박종규는 그러한 이니셔티브를 잡지 못했다. 총잡이로서의 역할 이외 지략을 펼칠만한 역량이 부족했다.

김재규와 김계원이 연합하고, 박종규와 윤필용이 연합해서 박정희 주변을 감싸는 형국의 반쪽짜리 리더였다.

김형욱은 이러한 박종규를 얕잡아 봤다. 훗날 김형욱은 그 시기의 박종규에 대해 '박정희 밑에서 설치는 「똘만이 멘탈리티」를 벗어나지 못하고 있는 인물'로 봤다(김형욱·박사월, 1985b: 316).

김종필은 하사관이었던 박종규를 반강제로 장교 교육과정에 입교시켜 장교로 만든 사람이다. 1949년 6월 김종필이 육사 8기를 졸업하고 육군본부 정보국 전투정보과에 배치받았을 때 박종규는 거기서 하사관으로 일하고 있었다. 6·25 전쟁이 일어나 육군본부가 부산으로 옮겨갔을 때 장교양성을 위한 육군종합학교가 생겼다. 김종필은 박종규의 앞날을 위해 입교하기 싫어하는 박종규를 억지로 육군종합학교 5기에 입교시켜 장교로 만들었다.

그런 인연으로 5·16이 일어나기 이전까지 박종규는 항상 김종필을 깍듯이 상관으로 예우했다. '나는 박정희 소장과 김종필 중령 이외는 사람으로 보지 않는다'는 소리를 하고 다녔다.

하지만 박종규는 대통령 경호실장을 오래 하면서 오만해졌다. 경호실장으로서의 박종규를 김종필은 이렇게 평했다.

대통령을 가까이서 모시는 박종규의 위세는 대단했다. 실세 중의 실세였던 이후락조차 박종규에겐 꼼짝하지 못했다. 수틀리면 권총을 꺼내 들어 '피스톨 박'으로 불리던 박종규이다 보니 이후락도 건드리지 않은 것이다. 권력에 맛을 들이면서 박종규는 사람이 변해 갔다. 그렇게 나를 따르고 쫓아다녔던 그도 경호실장에 오르더니 나와의 인연은 싹 잊어버렸다. 세상 무서운 게 없게 되니 제 눈에는 내가 더 이상 보이지 않은 것이다. 인심이 이렇게 달라지는 게 바로 세상이다(김종필, 2016: 467).

김재규 보안사령관과 윤필용 수경사령관의 마찰

박종규, 김계원, 김재규, 윤필용으로 짜인 1970년의 권력 구도에서 김재규 보안사령관과 윤필용 수경사령관의 사이가 무척 나빴다.

육사 2기 출신인 김재규는 육사 8기인 윤필용보다 선배인 데다 박 대통령의 고향 후배라는 점을 내세워 윤필용을 무시했다. 하지만 윤필용은 김재규를 능력과 인품, 청렴도 면에서 문제가 있는 사람이라고 보고 그런 사람이 보안사령관이란 직책을 수행하기에는 적합하지 않다고 보고 있었다.

그러한 대립의식에 따라 두 사람은 사사건건 충돌을 빚었다.

김재규 보안사령관은 비서실장으로 데리고 있던 황인수 대령을 월남 맹호사단 보안부대장으로 파견했다. 맹호사단은 윤필용이 사단장으로 있던 부대였다.

이에 대해 윤필용은 김재규가 측근 인물을 보안부대장으로 보낸 것은 자기를 감시하려는 의도라고 보고 서울의 요로에 연락해서 황인수의 부임을 막으려 했으나 실패하기도 했다.

당시 서종철 육군참모총장은 두 사람의 갈등이 심각하다고 보고 김재규에게 윤필용과의 화해를 권했다. 그러자 김재규는 "내가 8기생과 화해하란 말이요? 총장이 그런 식이니까 군기가 안 잡혀 윤필용이가 저러는 거요. 선후배가 있고 기강이 있어야 군대지, 후배한테 세배 다닌다는 소리가 그래서 나온다고요!"라며 오히려 화를 냈다고 한다(김충식, 1992: 314).

당시 서종철 육군참모총장의 수석 부관은 노태우 대령이었다. 전임 전두환 대령이 베트남의 백마부대 29연대장으로 나가면서 그 자리를 물려줬다. 그리고 김재규 보안사령관의 비서실장은 김복동 대령이었다. 노태우와 김복동은 군의 핵심 요직에 있는 두 사람이 다투다 보니 부관으로 일하기가 무척 힘들었다고 한다(노태우, 2011: 168).

육사 11기 동기인 두 사람은 김재규와 윤필용의 갈등이 군 통수권자인 대통령에게 나쁜 영향을 미칠 뿐 아니라 군의 단결을 위해서라도 좋지 않다고 보고 두 사람을 화해시켜 보려고 노력했다. 전두환 대령까지 나서 많은 노력을 기울였으나 모두 수포로 돌아갔다고 한다.

두 사람의 갈등은 결국 1971년 9월 23일 김재규가 3군단장으로 옮기는 방식으로 종결됐다. 한 달여 전인 1971년 8월 김재규가 윤필용의 약점을 잡으려고 밑에 사람을 시켜 수경사령관의 전화를 몰래 감청하다 들통이 나는 사고를 냈다(김충식, 1992: 313).

이 사고를 계기로 김재규는 보안사령관에서 3군단장으로 좌천됐다. 중장이던 김재규 보안사령관이 군사령관이 아니고 군단장으로 나간 것은 모욕적 인사였다.

박정희가 윤필용의 손을 들어준 것이다. 후임에는 강창성 중앙정보부 보안차장보가 임명됐다. 이때부터 김재규의 박정희에 대한 적개심이 싹트기 시작했다.

이종찬 전 국정원장은 이때 쌓인 김재규의 불만이 1979년 박정희 시해 사건의 단서가 되었다고 평했다. 이종찬은 당시 강창성 보안차장보의 보좌관이었고, 1979년 김재규가 중앙정보부장에 취임했을 때는 해외정보국 부국장으로 근무하며, 김 부장의 특명으로 베트남에 억류된 이대용 공사 구출작전을 전개하기도 했다.

> …윤필용은 김재규를 깔보는 태도가 역력했다. 두 사람의 갈등은 군 내부를 시끄럽게 했고, 마침내 박 대통령에게까지 보고되었다. 이때 박 대통령은 윤필용의 손을 들어주었다. 김재규는 불의의 일격을 맞고 동부전선의 3군단장으로 축출되었다. 유난히 자존심이 강한 불뚝성질의 김재규는 동해안을 바라보며 와신상담했을 것이다. 이 사건이 나중에 박 대통령의 운명을 결정하는 실수였음을 누가 알았을까? 10·26 사건 후 김재규는 3군단장 때부터 유신 반대의 뜻을 품었

고 민주화를 위해 싸울 결의를 했다고 진술했다. 이런 육군 내의 내분으로 보안사령관 자리가 비자 강창성 장군이 이 자리를 차지했던 것이다. 사령관의 갑작스러운 경질로 보안사령부 장병들의 사기가 가장 낮아졌을 때 강 장군이 부임했다(이종찬, 2015: 296-297).

2장
_____

닉슨 독트린과
박정희의 불안

자주국방 노선의 역사적 배경

1970년대를 이해하기 위해서는 그 시기 한반도를 둘러싸고 있던 국제정세를 이해하는 것이 선행되어야 한다. 당시 한국은 스스로 국가를 지킬 힘이 부족했다. 급변하는 국제정세 속에서 살아남기 위해서는 국제정세변화에 탄력적으로 대응하는 순발력과 결단력이 필요했다. 그리고 그 중심에 대통령 박정희와 그의 싱크 탱크 중앙정보부가 있었다.

1970년대 박정희는 김일성 집단이 다시 남침해올 것을 두려워하고 있었다. 1968년 1월 21일 북한 게릴라들이 자기를 죽이러 청와대 코앞까지 들이닥치고 이틀 뒤 미국 정보수집함 푸에블로호를 납치해갔다.

중앙정보부는 대통령의 지시를 받아 북한을 보복 응징하고자

실미도에 훈련소를 차려 김일성 관저를 습격하는 요원들을 양성했다. 하지만 푸에블로호 승무원들의 귀환에만 집착, 북측에 유화적 제스처를 보이던 미국의 비협조로 불발됐다.

당시 실미도 장병들을 평양까지 공수하기 위해서는 미국으로부터 항공기를 지원받아야 했으나 미국이 협조해주지 않았다.

베트남전에 지친 미국은 주한미군 감축도 일방적으로 추진했다. 당시 북한은 군사력과 경제력에서 남한보다 우위에 있었다. 그런 상태에서 미군까지 감축될 경우 전쟁 위협은 가중될 수밖에 없었다.

중앙정보부는 1969년 대통령의 지시로 남북 경제력을 비교하는 작업을 수행했다. 1974년 완성된 「남북한 경제력 비교」라는 책자를 보면 남한은 1969년에 이르러서야 비로소 1인당 GNP에서 북한을 추월한 것으로 나타났다(월간조선 엮음, 1996: 264).

힘을 가진 자가 옆에 있다는 사실은 공포심과 질투심을 유발하고 자기의 존재를 위협하는 공포의 대상을 극복하는 길은 똑같이 힘으로 압도하는 방법이 최선의 길이라는 사실을 자각시켜 준다(장욱 등, 2006: 176).

당시 남한에서는 북한으로부터 유발되는 공포를 극복하는 방법을 놓고 박정희와 반박정희세력 간에 대논쟁이 일어났다. 박정희를 중심으로 한 자주국방론과 향토예비군 육성론, 김대중을 중심으로 한 4대국 안전보장론과 향토예비군 폐지론으로 국론이 분열됐다.

그 논란은 1971년 4월 27일 실시된 제7대 대통령 선거의 쟁점으로 부상했다. 하지만 박정희의 장기집권 위험성에 대한 김대중 후보의 지속적인 경고에도 불구하고 박정희가 당선된 것은 그만큼 박정희의 자주국방론에 대한 국민 신뢰도가 높았다는 것을 의미한다.

당시 북한으로부터의 위협과 압력은 단순히 박정희 정권에 의해 과장되거나 동원된 것이 아니라 상당한 실체를 가지고 박정희를 압박하고 있었다. 박정희의 위기의식은 그 이전부터 그가 생각해오던 인식체계와 1970년대의 현실이 결합되면서 나타난 거짓 없는 위기의식이었으며, 그는 그와 같은 역사의식과 안보상의 위기의식을 국민들과 공유하고자 노력했다. 따라서 그 시기 그가 강조한 안보 위기를 단지 그의 권력욕을 충족시키기 위한 수사학으로만 간주할 수는 없을 것이다(전인권, 2006: 252).

북한의 위협에 대해 박정희는 자주국방 노선을 안보정책으로 설정하는 한편 말레이시아와 필리핀에서 대게릴라 전략으로 채택된 정책들을 원용하여 북한의 게릴라전에 대응해 나갔다. 향토예비군을 창설(1968.4.1.)하고 주민등록 제도를 시행하는 한편 중화학공업과 방위산업의 동시 육성, 핵무기 개발까지 추진했다.

박정희의 믿음 체계와 현실인식, 당위가치가 자주국방 노선을 채택하는 데 직간접적 영향을 미치고 있었다.

닉슨의 자주국방 요구

닉슨이 미국 대통령에 취임한 1969년 1월부터 한국의 안보정세는 급격히 흔들리기 시작했다. 미국이 아시아 전역에서 미군을 감축하기 시작한 것이다. 닉슨 독트린으로 널리 알려진 미국의 아시아 정책이 처음 공개된 때는 1969년 7월 25일이었다.

인류 역사상 최초로 달을 밟은 미국의 아폴로 11호 승무원 3명이 무사히 지구로 귀환하던 날이다. 태평양의 항공모함에서 이 모습을 지켜본 닉슨은 미국령 괌섬에 도착하자마자 갑자기 기자회견을 갖고 자신의 아시아 정책을 설명하기 시작했다. 아시아 순방을 앞둔 시점이었다. 그날 기자회견에서 닉슨이 밝힌 새로운 아시아 정책의 요지는 이러했다.

앞으로 세계평화를 위협하는 가장 중대한 사건이 아시아에서 일어날 수 있다. 침략정책을 추구하는 중공과 북한, 월맹이 위협의 주인공들이다. 아시아 국가들은 이제 대미 의존도를 버리고 스스로 자립, 국내안보와 국방문제를 해결하기 바란다. 20세기 들어 미국은 세 번이나 태평양을 건너 아시아에서 싸워야 했다. 일본과의 태평양전쟁, 한국전쟁, 그리고 아직도 끝나지 않은 월남 전쟁이다. 2차 대전 후 아시아처럼 미국의 국가적 자원을 소모시킨 지역이 없다. 아시아에서 미국의 직접적인 출혈은 더 이상 계속되어서는 안 된다. 미국은 아시아에서 철수하지 않고 우방에 대한 경제 원조를 계속할 것이다. 그러나 미국의 군사적 개입과 군사원조는 점차 축소해 나갈 것이다.

괌 독트린으로 명명된 이 날 닉슨의 발언은 1970년 2월 18일
미 의회에 보낸 외교백서를 통해 공식화됐다. 이 백서에서 닉슨
은 아시아 국가에게 외부의 침입을 당할 경우 당사국은 미국의
지상군 병력을 기대하지 말고 제1차적 방위책임을 져야 한다고
선언했다. 미국이 자유진영 경찰국가로서의 역할을 축소해 나가
겠다는 입장이었다.

이와 같은 닉슨 대통령의 정책은 한국 국민들에게 큰 불안감을
불러일으켰다. 한편으로 한국민들은 한국만은 닉슨 독트린에서
제외될 것이라는 희망을 갖기도 했다. 미국의 요청으로 베트남전
을 지원하기 위해 남부 베트남에 전투병을 파견하고 있었기 때문
이다.

하지만 미국에서 들려오는 뉴스는 한국민들의 기대와는 상반
되는 내용들이었다.

1970년 5월 9일 미국의 성조지는 '미국 정부가 주한미군 감축
을 고려하는 것 같다.'고 보도했다. 이어 5월 29일에는 미 국방부
가 주한미군 일부를 철수시키는 계획을 수립하기 시작했다는 외
신보도가 나왔다.

정부수립 직후 주한미군이 철수하면서 6·25 전쟁이 일어나는
것을 지켜봤던 한국인들로서는 전쟁의 공포를 배제할 수 없었다.
1년여 전 북한이 청와대 기습을 시도하고 울진·삼척지역에 무장
공비를 침투시키는 등 남한을 노골적으로 위협한 사실들을 지우

기 어려웠다.

급기야 박정희는 국민들의 불안감을 진정시키기 위해 그해 6월 8일 공식 석상에서 '주한미군 1개 사단 철군의 일방적 통보 운운은 한미 상호방위조약 정신에 비춰 있을 수 없는 일'이라고 언급했다.

국회 외무위원회도 6월 16일 '주한미군 감축이란 중대결정이 어느 일방의 필요나 편의에 의해 한국 정부와 합의 없이 강행된다면 이는 한미 상호협정 위배이며 맹방으로서의 신의를 저버리는 행위'라는 대미 경고 성명을 채택했다(서울신문사, 1979: 359).

하지만 이러한 국내의 반발에도 불구하고 미국은 은밀히 주한미군을 감축시키는 절차를 밟기 시작했다.

키신저가 닉슨 독트린을 입안한 이유

닉슨 독트린을 입안한 인물은 키신저(Henry A. Kissinger)이다.

닉슨은 대통령으로 취임하면서 하버드대 교수였던 키신저를 백악관 안보 담당 보좌관으로 발탁했다. 닉슨 행정부 외교 전략의 골간은 키신저의 머리에서 나왔다.

그러면 키신저는 왜 미국의 대외전략을 대폭 수정하게 되었는가? 그에 대해 키신저는 그의 회고록에서 그 당시까지의 미국의 대외전략이 미국이 실제로 감당할 수 있는 군사력의 범위를 벗어났기 때문이라고 밝혔다.

미국의 대외전략과 실제 동원가능한 군사력을 조화시키기 위해서는 군사력에 맞춰 대외전략을 수정하는 것이 불가피했다는 것이다.

또한, 키신저는 같은 공산주의 국가인 소련과 중공의 동맹관계가 약하다고 봤다. 그가 부임하기 전까지 미국의 대외전략은 전쟁이 일어날 경우 같은 공산주의 국가인 소련과 중공이 동시에 미국을 공격할 것이라고 가정하고 있었다.

그러나 키신저가 생각하기에 소련과 중공의 관계는 분리할 수 없는 불가분의 관계가 아니라 동맹관계가 약하고, 전쟁이 일어날 경우에도 두 나라가 공동으로 동시에 미국의 결정적 이익이 걸린 곳을 공격하기는 어려울 것으로 판단했다.

이러한 가정 아래 키신저는 대외전략을 수정했다. 그때까지의 미국의 대외전략은 소련의 공격으로부터 90일간 유럽을 방어하고, 동남아와 한국에 대한 중공의 공격도 막아내면서 중동 등 제3지역의 돌발적인 사태에 대응하는 군사력을 유지하는 것이었다. 유럽과 아시아 두 곳의 전쟁에 동시에 대응하는 전략이었다.

하지만, 키신저는 당시 미국의 군사력으로는 유럽과 아시아 지역 두 곳에서 동시에 방어할 능력이 없다고 봤다.

그에 따라 키신저는 소련과 중공이 단일화되어 있다는 강박관념을 버리고, 소련과 중공 사이에 내재되어 있는 적대감정을 활용하는 전략을 짰다. 이 전략에 따라 미국은 유럽이나 아시아 중 어느 한 곳에 대한 공산주의 침략에 대응하면서 동맹국들을 지원하는 군사력을 유지한다는 방침을 세웠다. 그리고 중공과의 관계 개선을 추진해갔다.

이러한 전략적 수정은 중공의 위협에 놓여있던 한국을 비롯한 아시아 국가들에 큰 불안을 주는 내용이었다. 미국이 동맹관계를 유지할 의도가 있는지도 의문스러웠다. 키신저 자신도 새로운 전략이 가져올 아시아 국가들의 불안과 우려를 잘 알고 있었다. 그에 따라 대외적으로 매우 신중히 공개할 필요가 있었다.

그런데 닉슨 대통령이 인류 최초로 달 착륙에 성공한, 미국의 우주인들이 무사히 돌아오는 모습을 보고 너무 감격한 나머지 괌 섬에서 이 전략을 경솔하게 발설해 버리고 말았다. 닉슨의 발설 경위를 키신저는 그의 회고록에서 이렇게 묘사했다.

닉슨은 69년 7월 25일, 아시아의 첫 순방지인 필리핀으로 가는 길에 괌도의 장교클럽에서 기자들과 만났다. 나는 이 자리가 아시아 순방의 배경을 가볍게 설명해 주는 비공식 회견 정도로 생각했는데, 닉슨은 놀랍게도 이 문제를 거론했다. 이날은 최초의 달 착륙 우주선의 지구 귀환 모습을 보기 위해 존슨 섬을 거치는 등 몇 차례의 일자 변경 선을 넘나드는 긴 하루였다. 닉슨은 우주선 귀환 모습에 흥분한 나머지 우리가 '창세기 이래 세계 역사상 가장 위대한 한 주일을 지켜보았다'고 말하였다. 나는 오늘날까지도 닉슨이 괌도에서 그렇게 중대한 정책을 발표할 의도는 없었다고 생각한다. 그의 당초 의도는 일자변경선을 넘으면서 시간을 벌었으니 뉴스거리나 좀 만들겠다는 생각이었다. 그러나 우주선 착수 모습에 다소 흥분한 탓인

지 닉슨은 아시아에 대한 그의 새로운 구상과 접근방법을 털어놓고
말았다(이환의, 1979: 93).

1970년 전후 안보위협에 대한 박정희의 인식

박정희 사후 박정희 비판세력은 그가 장기집권을 위해 당시 안
보상황을 과장했다고 비판했다. 그러나 1975년 4월 30일 월남의
패망은 그 당시 우리나라의 안보가 얼마나 위험한 상태에 놓여있
었는지를 여실히 보여주고 있다. 그 당시 박정희의 안보인식이
과장되었다고만 볼 수 없는 요인이다.

그가 비교적 정확하게 정세를 판단할 수 있었던 데는 중앙정보
부가 중요한 역할을 했다. 5·16 정변 직후 국가 위기 정보를 전문
적으로 다루는 중앙정보부를 만들어 안보정세를 정확히 판단하
는 인프라를 구축한 것이 주효했다.

그 당시 한국이 명백하고도 실질적인 안보위협에 놓여있었다
는 점은 냉전이 끝난 후 기밀 해제되고 있는 비밀자료들을 통해
서도 잘 드러나고 있다.

대표적으로 중국 외교부의 기밀해제 자료이다. 중국 런민(人民)
대학 청사오허 교수는 2013년 10월 24일 서울에서 열린 평화문
제연구소 창립 30주년 기념 국제학술회의에 참석해서 중요한 문
건 하나를 소개했다.

1965년 당시 북한 주재 중국대사였던 하오더칭이 김일성을 만나 면담한 내용을 중국 외교부에 보고한 문건이었다.

그 전문에 보면 김일성은 제2의 남침을 준비하고 있었다. 김일성은 하오더칭에게 이렇게 요청했다. "북한은 조만간 전쟁을 일으킬 것이다. 남조선 인민들 사이에 계급투쟁이 고조되고 계급 간 갈등이 높아지고 있어 전쟁이 불가피하다. 우리가 이미 남침을 준비해 놨기 때문에 이대로만 하면 된다. 전쟁을 하게 되면 중국에서 군대를 파병해주기 바란다. 내가 더 늙기 전에 한 번 더 남쪽과 겨뤄보는 것도 나쁘지 않다. (문화, 2013.10.24.)"

김정렴은 우리나라 최장수 대통령 비서실장을 지낸 인물로 유명하다. 1970년대 박정희 대통령을 가장 가까이서 지켜본 사람이다. 1969년 10월 21일부터 1978년 12월까지 9년 3개월간을 비서실장으로 일했다.

훗날 김정렴은 회고록에서 자신이 처음 비서실장으로 임명받을 당시 박정희가 당부한 말을 기록해 놓았다. 그 당시 박정희의 말에 그가 안보정세를 어떻게 보고 있었는지 잘 나타나 있다.

…대통령 관저에 대한 공격기도, 북한과 인접해 있는 동부 산악지대에서 중대급 북한 병력이 1개월 이상 준동한 점, 두 차례에 걸친 미군함정 및 항공기에 대한 납치와 격추 등 일련의 사건은 6·25 동란 후 끊임없이 되풀이되어온 무장간첩 사건과는 근본적으로 그 기도하는 바와 성질이 다른 중대한 도발로서 한국 측의 적절하고 유효한 대비책이 조속히 강구되지 않으면 6·25 동란 후 최대의 위기를 맞을

초비상시라는 점을 역설했다. 한편 푸에블로호 납치 때(1968.1.23.)와 EC-121기 격추사건 때(1969.4.15.)의 미국 측 대응 자세가 미온한 점에 대해 솔직하게 불만을 토로하였다. 또한 1969년 7월 괌섬에서 닉슨 대통령이 천명한 이른바 괌 독트린, 즉 "아시아에서 미국의 직접적인 출혈은 더 이상 계속되어서는 안 된다"는 정책에 비추어 볼 때 자주국방이 그 어느 때보다 시급하다는 점도 아울러 강조했다. 박 대통령은 당시 상황이 6·25 동란 이후 우리 국방안보상 처음 맞이하는 비상시임을 다시 강조하면서 본인은 국방과 안보외교에 치중하지 않을 수 없는 만큼 경제에 눈 돌릴 여유가 없으니 비서실장이 경제문제를 대신 잘 챙겨달라고 했다(김정렴, 1997: 14-15).

박정희의 충격

닉슨 대통령은 괌섬에서 밝힌 아시아 정책을 조금 더 다듬어서 1970년 2월 국회에 외교문서로 내려보냈다. 이것이 널리 알려진 닉슨 독트린이다.

'미국은 앞으로 베트남 전쟁처럼 아시아 문제에 군사적으로 개입하지 않겠다.', '아시아 각국은 스스로 협력하여 내란이나 외부의 침공을 방어해야 한다.'는 것이 그 요지였다.

미국의 요청으로 베트남에 전투부대를 파견하고 있던 한국은 처음 닉슨 독트린에서 제외되는 것으로 이해하고 있었다. 닉슨 대통령도 1969년 8월 21일 미국 샌프란시스코에서 열린 한미정 상회담에서 박정희 대통령에게 이 점을 확인해줬다. 박정희도 이 약속을 믿고 있었다.

그런데 미국 국무장관이 1970년 7월 6일 최규하 외무장관에게 주한미군 감축계획을 협의하자고 통보해왔다. 이에 한국은 주한 미군 감축에 반대하는 의미에서 협상에 응하지 않고 있었다.

정일권 총리도 7월 13일 국회에서 '미국의 한국군 현대화 지원 이 선행되지 않으면 미군 감축계획에 응하지 않겠다'는 입장을 밝 혔다.

하지만 미국은 1970년 8월 3일 주한미군의 감축을 일방적으로 통보해왔다. 윌리엄 포터(William Porter) 주한 미 대사는 이날 마이 클리스(Michaelis) 주한미군 사령관과 함께 청와대를 방문, 박정희 대통령에게 감축 규모와 일정을 통보했다. 박정희로서는 예상치 못한 충격이었다.

포터 대사는 박 대통령을 면담한 후 8월 4일 세 번에 걸쳐 면담 내용을 국무부에 보고했다. 훗날 비밀 해제된 이 전문들을 보면 당시 미국의 일방적 통보에 박정희가 얼마나 큰 충격을 받았는지 알 수 있다.

이 전문을 보면 포터는 박정희를 대면하자마자 한국이 미군 감 축 협상에 나서지 않고 있는데 강한 불만을 표시했다. 이에 대해 박정희는 미국이 지원을 약속한 한국군 현대화계획이 진전을 보 이지 않고 있기 때문에 한국안보에 대한 미국의 보장이 확실하지 않을 경우 미군 감축계획 협상에 나설 수 없다는 단호한 입장을

밝혔다.[1]

그러한 박 대통령의 입장 표명에 대해 포터는 "한국 정부가 감축협상에 응하지 않기 때문에 미국이 단독으로 마련한 감축계획을 전달하겠다. 1970년 12월까지 5천 명을 감축하고, 1971년 3월까지는 8,500명을 추가 감축하며, 1971년 6월 30일까지 4,900명의 병력을 추가로 감축한다."

이렇게 미국이 일방적으로 감축계획을 통보해오자 박정희는 무척 당황하는 모습을 보였다. 당시 포터 대사와의 면담에는 한국 측에서 김정렴 비서실장과 통역만이 배석하고 있었다.

포터 대사는 감축계획을 일방적으로 통보했을 때 박정희가 보인 반응을 이렇게 묘사했다. "통역이 진행되는 동안 박 대통령은 눈을 감고 앉아 있었으며, 긴장이 되는지 무릎을 떨다가 커피를 시켰다. (이홍한, 2002: 145)"

포터의 일방적 통보에도 불구하고 박 대통령은 한국군 현대화에 대해 양측이 서로 받아들일 만한 수준으로 합의되지 않는 한 주한미군 감축협상에 응할 수 없다고 단호한 입장을 보였다.

그러면서 박정희는 한국 정부가 비협조적이라고 미국이 비난할 줄 모르나 한국 정부의 의견을 사전에 들어보지도 않고 미국

---

1   한국은 김신조 일당의 청와대 기습사건(1968.1.21.)과 미 정보수집함 푸에블로호 납북사건(1968.1.23.) 후 미국이 푸에블로호 승무원 송환 문제에만 집착하며 청와대 기습사건에는 무관심한 태도를 보이자 한국 독자적으로 대북응징에 나서겠다며 미국을 압박했다. 그러자 미국은 사이런스 밴스 미 대통령 특사를 한국에 보내 군사원조 1억 달러 추가지원, F-4 팬텀기 도입 등 한국군 현대화 지원을 약속했었다.

이 결정했기 때문에 협조할 수 없다고 강조했다.

포터는 또 한국이 감축협상에 나서지 않고 있기 때문에 대규모 군사 장비를 한국에 이관하기가 어렵다며 감축협상에 나설 것을 촉구했다.

계속되는 포터의 압박에 박정희는 "1969년 8월 21일 한미 정상회담 때 닉슨 대통령이 한국에는 닉슨 독트린이 적용되지 않을 것이며, 오히려 미군이 더 강화될 것이라고 했고, 회담 후 발표 한 공동선언에도 나타나 있다"고 반박하며 "한국이 미국의 요청으로 베트남에 파병을 할 때도 비치 장군(General Beach)은 한국군이 베트남에 있는 한 한국에서 미군이 빠져나오는 일은 없을 것이라는 서한을 보내왔었다."고 불만을 보였다.

그러면서 박정희는 "이제 한국이 경제발전과 자주국방을 할 때가 왔다. 한국이 이제는 자립해야 한다. 그러나 미국이 알아야 할 것이 있다. 이런 일이 하루이틀에 이루어질 수는 없다는 것이다." 며 미국의 협조를 당부했다.

미 의회 대상 로비의 착상

미국 공화당 소속 닉슨 대통령이 닉슨 독트린을 추진할 때 미 의회는 민주당이 다수를 차지하고 있었다. 행정부 정책을 견제할 수 있는 구도였다. 이러한 미 정치권의 구도에 착안, 주한미군 감축을 저지하기 위한 미 의회 로비에 처음 나선 인물이 장경순 당시 국회 부의장이다.

5·16 직전 날인 1961년 5월 15일 저녁 정변의 보안이 누설되어 박정희가 좌절감에 빠져있을 때, 정변의 강행을 주장하며 박정희의 최측근에서 공수단 동원과 장도영 육군참모총장 설득을 담당했던 5·16 주체세력이다.

6·25 전쟁 직전에는 육군 소령으로 육군본부 정보국 산하 교육기관인 남산학교 학생처장을 맡고 있다가 전쟁이 일어나 남산학교장이 전사하자 학교장을 맡아 50여 명의 병력으로 전방 수색활동을 전개하기도 하고, 육군 특무부대가 창설되자 특무차장으로 복무하기도 했다. 이 시기 육본정보국 전투정보과장, 정보학교장 등으로 일하던 박정희와 교류했다.

장경순은 군 복무 시절 정보활동 경험으로 미루어 닉슨 독트린에 따라 미국 행정부가 한국 정부도 모르게 미군을 빼내 갈 것으로 보고 주한미군의 동향을 은밀히 체크하게 된다. 주한 미 대사가 청와대를 방문, 한국 대통령에게 주한미군 감축 규모와 일정을 일방 통보하는 1970년 8월 3일 직전이었다.

장경순은 주한미군의 이동 동향을 파악하는데 평소 친분이 있던 강홍모 예비역 대령을 동원했다. 강홍모는 군 예편 후 미군 부대에서 병력이 이동할 때 이삿짐을 옮겨주는 사업을 하고 있었다. 이삿짐 이동 내역을 조사하면 병력의 이동을 추산할 수 있었다.

이런 식으로 미군의 이동을 점검한 결과 미국이 벌써 비밀리 병력을 감축하고 있었다. 강홍모의 첩보를 바탕으로 감축인원을 추산해 보니 그 인원이 7,000여 명에 달했다. 주한미군 전체 병력 3만 5,000여 명의 20% 정도가 이미 빠져나가고 없었다.

이에 놀란 장경순은 이 사실을 대통령을 찾아가 제보했다. 처음 국방장관에게 보고했으나 국방장관이 첩보의 신빙성에 의문을 제기하며 대통령 보고를 기피하자 자신이 직접 대통령을 찾아갔다.

보고를 받은 대통령은 깜짝 놀라며 장경순에게 대책을 묻게 된다. 이에 장경순은 미국 의회를 움직여 미 행정부를 견제하는 방법을 제시했다. 미국 의원들과 친분이 있는 한국 국회의원들을 비밀리 미국에 보내 미 행정부의 미군 감축을 저지하도록 설득하는 방안이었다.

대통령이 동의함에 따라 장경순은 정일형, 박준규, 백두진, 이동원 등으로 사절단을 구성해서 비밀리 미국을 방문하는 일정을 짰다. 그런데 누군가가 이러한 계획을 언론에 흘려 무산되고 말았다.

그렇게 되자 박 대통령은 장경순에게 혼자 미국으로 건너가 미 의회 지도자들을 만나 설득하라는 임무를 부여했다. 훗날 한미 간에 큰 물의가 일어나 코리아게이트로 명명된 미 의회 대상 로비가 착수되는 순간이었다.

대통령의 밀지를 받은 장경순이 비밀리 미국으로 떠난 날은 1970년 8월 초순이다. 장경순은 회고록에서 그 날짜를 특정하지 못했으나 8월 3일 포터 대사가 박 대통령에게 주한미군 감축을 일방 통보한 것으로 미루어 그 직후였던 것으로 보인다.

박 대통령으로부터 활동비 1만 달러를 지원받아 미국으로 건너간 장경순이 처음 접촉한 의원은 칼 앨버트(Carl B. Albert) 미 하원 민주당 원내총무. 그 이전인 1969년 3월 장경순은 박동선의 주선으로 앨버트를 단장으로 하는 미 의회 의원 23명을 한국으로 초청해서 후하게 대접, 친분을 쌓은 인연이 있었다.

장경순은 앨버트를 투숙 중이던 호텔로 불러내 갑작스럽게 미국을 방문하게 된 배경을 설명했다. 하지만 앨버트는 미 정부가 진행 중인 주한미군 감축계획을 전혀 모르고 있었다.

미군 감축의 사실 여부를 놓고 장경순과 이견이 계속되자 앨버트는 그 자리에서 키신저 대통령 안보 담당 보좌관에게 전화를 걸어 확인했다. 키신저와의 통화를 통해 사실을 확인한 앨버트는 장경순에게 한국의 입장을 충분히 이해한다며 적극 도와주겠다고 약속했다.

이렇게 해서 장경순은 앨버트의 주선으로 미 하원의장, 미 하원 공화당 원내총무 등을 순차적으로 만나 주한미군 감축정책의 부당성을 호소해서 동의를 받았다. 상원 의원들을 만날 때는 통일교 실력자였던 박보희에게 통역과 문서 작성을 맡겼다.

이러한 노력의 결과 앨버트 원내총무는 하원의원 15명의 연대 서명을 받아 1970년 8월 11일 닉슨 대통령에게 주한미군의 성급한 철수를 반대하는 건의서를 발송했다. 당시 발송된 건의서의 요지는 아래와 같다.

친애하는 대통령 각하! 우리는 해외에 주둔하고 있는 우리 미합중국 병력을 감소해야 하는 경제적 및 또 다른 이유를 이해합니다. 그리고 우리는 이 정책에 원칙적으로 동의합니다. 그러나 우리는 한국에서 미군의 철수에 대한 절차나 타이밍이 적절해야 한다고 생각합니다. 어떠한 한국에서의 병력 철수도 한국군 장비 현대화에 대한 확신이 수반되어야 한다고 봅니다. 이 현대화 프로그램의 공약과 그것의 실행 개시는 미군 철수에 앞서서 시작되어야 한다고 우리는 깊이 인식하고 있습니다. 푸에블로호 사건, 박정희 대통령 암살기도 사건, E-121 사건, 그리고 북한으로부터 계속되는 위협과 군사적 침입 및 도발은 우리의 불안감을 뒷받침합니다… 우리는 양국 간의 굳건한 동맹을 재확인하기 위해서 두 가지에 대한 각하의 대처를 정중히 부탁드립니다. 1. 한국군 현대화 프로그램은 주한미군 철수 이전에 이행될 것이라는 점. 2. 미국이 우리 동맹국인 한국과 오랫동안 지속해온 외교적 약속들에 대한 재확인

(장경순, 2007: 194-195).

주미 한국대사가 최초 수집한 주한미군 철수 정보

포터 주한 미국대사가 박 대통령에게 주한미군 감축계획을 정식 통보해오기 이전 미 국방부의 감축계획을 사전 입수한 사람이 있었다. 김동조 주미 한국대사. 장경순 국회 부의장이 주한미군

이삿짐 이동 정황을 통해 미군의 감축을 확인하기 이전이었다.

김 대사는 1969년 12월 말 한국군 현대화계획에 대한 미국의 원조를 촉구하기 위해 멜빈 레어드(Melvin Laird) 국방장관을 만났다. 김 대사는 이 면담에서 미 행정부가 주한미군 감축계획을 가지고 있다는 단서를 포착했다.

레어드 장관은 예산 확보의 어려움을 설명하면서 미국 국방예산의 범위 내에서 한국군 현대화계획에 필요한 예산을 지원할 수밖에 없고, 한국에 주둔하고 있는 미 육군 2개 사단의 운영예산 범위 내에서 지원할 것이라는 방침을 밝혔다. 즉, 2개 사단 중 1개 사단을 철수시킨 후 그 1개 사단에 책정되어 있는 예산을 한국군 현대화계획에 전용한다는 것이었다.

이에 놀란 김 대사는 즉석에서 "우리 정부나 국민은 주한미군의 감축을 원하지 않는다"는 단호한 입장을 밝히고 물러났다. 대사관으로 돌아온 김 대사는 미 국방장관의 설명이 대단히 충격적이고 중요한 첩보라고 판단, 박 대통령에게 직접 보고하는 방법에 대해 고민하고 있었다.

그런데 그때 김 대사에게 주한미군 감축계획이 누설된 사실을 알게 된 미 국무부의 윈드롭 브라운 부차관보가 김 대사에게 전화를 걸어왔다. '국방장관이 주한미군 감축을 시사한 모양인데, 미국 정부는 그러한 결정을 내린 바 없다'고 국방장관과는 달리 설명하며, 한국 정부에 보고하면 큰 혼란이 일어날 수 있으므로 박 대통령에게 보고하지 말아주었으면 좋겠다고 간청하는 전화였다.

하지만, 김 대사는 대통령에게 보고를 미룰 사안이 아니라고 판단, 파우치 편으로 박 대통령에게 미 국방장관에게 들은 상세한 내용을 보고했다. 그와 함께 "머지않아 주한 미 대사가 미국 측의 공식 입장을 전해오면 한국군 현대화계획이 선행되면 주한미군 철수를 반대하지 않겠다."는 논리를 내세워 한국군 현대화와 주한미군 감축을 연계시켜 대응하는 방법이 적절하다는 대처 방법까지 건의했다.

1970년 초 김 대사로부터 보고를 받은 박 대통령은 국무총리, 중앙정보부장, 국방장관, 외무장관 등이 참석하는 비상대책회의를 열었다.

당시 국무총리였던 정일권이 훗날 김 대사에게 전한 바에 의하면 그날 회의에서 박 대통령은 "정부부처마다 워싱턴에 파견한 사람들이 있을 텐데 최근 신문에 일부 보도되고 있는 주한미군 감축문제에 대해 어떻게 생각하느냐"고 물었다.

그러자 참석자들은 이구동성으로 모두 1971년에는 한국, 1972년에는 미국에서 대통령 선거가 예정되어 있어 최소 1년 이내에는 감축이 어렵다는 의견을 개진했다.

그에 대해 박 대통령은 "주미 대사는 조속한 시일 내에 감축될 것이라고 하는데, 국방부에서 파견한 무관이나, 중앙정보부에서 파견한 공사로부터는 다른 내용의 보고가 들어오니 어떻게 된 일이냐"고 질책했다.

국가안보에 관련된 중요한 정보를 수집해서 보고하는 것이 중앙정보부의 최우선 임무이다. 그런데도 중앙정보부는 그때까지 주한미군 감축에 대한 적절한 보고가 없었던 모양이다.

대통령으로부터 꾸중을 듣고 사무실로 돌아온 김계원 중앙정보부장은 워싱턴에 파견된 윤 모 공사에게 전화를 걸어 "주미 대사가 청와대에 보고한 사실도 모르고 있었느냐"고 역정을 냈다. 이에 화가 난 윤 공사는 주미 대사관의 정무 담당 참사관을 불러 "왜 정보를 알려주지 않았느냐"고 닦아세웠다.

이러한 다툼을 알게 된 김 대사는 윤 공사를 불러 "대사인 내가 대통령에게 직접 보고하는 내용을 당신에게 보고한다는 게 말이 되느냐. 당신도 중정 부장에게 보내는 보고 내용을 내게 알려준 적이 없는데, 그런 식으로 하겠다면 같이 일할 수 없다"고 따진 후 본국에 관련 정황을 보고하여 윤 공사를 서울로 소환시켰다(김동조, 2000: 240-244).

김동조 대사는 포터 대사가 처음 박 대통령에게 주한미군 감축을 통보한 날짜가 1970년 3월 27일이라고 그의 회고록에 기록했다. 그 같은 사실은 박 대통령이 1970년 4월 16일 자신에게 보낸 친서를 통해 알게 되었다고 한다(김동조, 2000: 250).

그러나 김동조 대사는 당시 박 대통령 친서를 통해 알게 된 미국 측의 통보를 표면화하지 않았다. 그해 6월 19일 국내 언론과의 인터뷰에서 "한국은 주한미군 감축에 대해 공식적이든 비공식적이든 어떤 정보나 협의를 받지 못했다."고 말했다(미 하원 프레이저위, 김병년 역, 2014: 113).

김 대사의 증언과 비밀 해제된 국무부 자료들을 바탕으로 유추해보면 1970년 8월 3일 포터 대사가 박 대통령에게 구체적인 감축 규모와 일정을 통보한 날은 두 번째 공식 통보가 된다.

김 대사가 1969년 연말 미 국방장관으로부터 관련 정보를 입수하여 박 대통령에게 보고한 다음 1970년 3월 27일 포터 대사가 박 대통령에게 처음으로 공식 통보한 데 이어 그해 7월 미 국무장관이 한국 외무장관에게 감축을 통보하는 한편 그해 8월 3일 포터 대사가 구체적 감축 규모와 일정까지 다시 박 대통령에게 통보하는 순으로 감축 일정이 진행되고 있었다.

제3의 박정희 살해 시도

미국이 주한미군 철수를 일방적으로 통보해오는 시점, 박정희의 안보불안을 자극하는 또 하나의 사건이 일어났다. 북한공작원들의 현충문 폭파 사건이다. 이것은 박정희를 살해하려는 북한의 세 번째 공작이었다.

북한은 박정희 집권 기간 중 네 번에 걸쳐 박정희 살해를 시도했다.

첫 번째는 1965년 7월 한일 국교수립의 국회비준을 앞두고 암살조 3명을 내려보낸 사건이다. 청와대 부근 효자동에서 중앙청 사이에 전세방을 구해서 살며 대통령의 청와대 출입상황을 지켜보다가 대통령 차량에 수류탄을 던져 살해하라는 지령을 받고 암살조 3명이 내려왔다.

하지만 남파 테러리스트 3명은 남한에 잠복해있던 간첩이 경찰에 포섭된 줄도 모르고 접촉을 시도하다가 경찰과 총격전이 벌어져 2명은 북으로 도주하고 1명은 체포됐다. 이른바 송추 유원지 간첩 사건이다.

두 번째는 1968년 1월 21일의 청와대 기습사건이다. 김신조 등 테러리스트 31명이 휴전선을 넘어 청와대 부근까지 접근했으나 경찰의 저지에 막혀 대부분 사살되고 1명은 체포됐다. 그리고 훗날 1명은 북으로 귀환한 것으로 밝혀졌다.

세 번째는 국립묘지 현충문 폭파 사건이다. 1970년 6월 22일 현충원의 분향장소 앞 현충문에 북한 간첩이 로프를 타고 올라가 폭발물을 설치하려 했으나 폭발물을 잘못 다루는 바람에 폭발물이 터져 1명이 즉사하고, 2~3명으로 추정되는 잔당들이 달아난 사건이다.

대통령이 매년 6·25 기념행사에 참석해 온 점에 착안, 6·25 20주년이 되는 그해에도 반드시 대통령이 참석할 것으로 보고, 현충문 지붕에 폭발물을 설치해 놓았다가 대통령 일행이 현충문을 통과하는 순간 원격조종장치로 폭발물을 폭파시켜 대통령을 살해하려 했으나 설치 과정에서 미리 폭발물이 터져 대통령 살해시도는 무산됐다.

네 번째는 1974년 8월 15일 광복절 기념식장에서 일어났다. 조총련 소속 청년 문세광이 박정희 대통령을 암살하기 위해 행사장까지 잠입, 권총을 난사했으나 대통령은 연단 뒤로 몸을 피해 목숨을 구하고 영부인 육영수 여사가 총에 맞아 숨졌다.

네 번의 시도 가운데 세 번째의 현충문 폭파 사건은 1983년 10월 9일 일어난 미얀마 아웅산 묘소 폭파 사건의 예고편이었다. 전두환 대통령의 서남아시아-대양주 방문단 가운데 부총리, 외무부장관 등 수행원 17명이 아웅산 묘소 폭파 사건으로 숨졌다.

사건 후 미얀마 랑군지구 재판소는 전두환 대통령을 암살하라고 지령받은 북한 공작원 김진수(가명 '진 모'), 강민철, 신기철 등 3명이 1983년 10월 7일 새벽 2시경 아웅산 묘소 지붕 밑에 원격조종 폭발물을 설치해 두었다가 사건 당일 김진수가 원격조종 스위치를 눌러 폭파시켰다고 판결했다. 사건 후 붙잡힌 강민철의 증언에 바탕을 둔 판결이었다.

아웅산 폭파 사건이 일어나자 한국 정부와 언론은 일찌감치 북한의 소행으로 짐작했다. 1970년의 현충문 폭파 사건과 공통점이 많았기 때문이다. 요인살해를 목적으로 요인들이 필수적으로 방문하는 코스를 범행 장소로 선정해서 지붕 위에 폭발물을 설치했다가 원격으로 폭파시키는 수법에 두 사건의 공통점이 있었다.

미국 부통령의 폭탄 발언

한국이 주한미군 감축을 일방적으로 통보해 온 데 대한 불만의 표시로 미국과의 주한미군 감축협상을 거부하며 한국군 현대화 계획 지원을 선행조건으로 내세우고, 장경순 국회 부의장이 미국을 방문하여 의회 지도자들을 대상으로 주한미군 감축 저지를 설득하는 등 한미 간 갈등이 증폭되고 있는 가운데 미국의 애그뉴 부통령이 방한했다. 아시아 국가 순방의 일환으로 1970년 8월 24일 입국했다.

한국 측의 반발로 지연되고 있던 감군협상을 타결하는 것이 애그뉴의 주요한 현안이었다. 방한 이튿날인 8월 25일 박정희 대통령은 애그뉴의 방문을 받고 한국군 현대화를 위한 품목을 제시하는 한편 미국 측이 제공하겠다는 추가 군사원조 2억 달러를 증액해서 연차적으로 지원해 줄 것을 요구했다. 하지만 애그뉴는 특별한 답변을 내놓지 않았다.

처음 2시간으로 예정된 회담은 케이크와 커피로 점심을 때우면서 6시간이나 진행됐다. 그러나 뚜렷한 해결점을 찾지는 못했다.

8월 26일 2차 회담이 청와대에서 조찬 형식으로 1시간 30분 동안 진행됐다. 하지만 2차 회담에서도 타결점에 접근하지 못했다.

그런데 이날 한국을 떠나 자유중국으로 가는 비행기에서 애그뉴는 한국에 충격적인 발언을 남겼다. "한국군 현대화가 완전히 이루어지면 5년 이내에 주한미군은 완전 철수한다."고 기자들에게 언급했다. 감축이 아니라 완전 철수 의사를 밝힌 것이다.

한미 간 감축협상이 지지부진한 가운데서도, 미국은 한국 몰래 주한미군 감축을 계속해 나가고 있었다. 1970년 10월 15일 주한미군사령부는 경기도 운천에 주둔하고 있던 미 7사단 제1여단 사령부 캠프 카이저가 11월 15일 폐쇄된다고 발표했다.

이러한 조치는 한국 정부 측에 큰 충격을 주었다. 주한미군을 감축시키기 위한 첫 단계의 공개적인 조치인데도 한국 측과는 아무런 사전협의가 없었기 때문이다.

그 이전 9월 25일까지 9차례 계속된 한미 군사실무회담에서 미국 측은 감군 규모가 1개 사단 플러스 알파가 될 것이라고 통고하며 감축 대상에는 병력의 감축뿐만 아니라 부대의 편제(編制)도 포함될 것이라고 밝혔다. 즉, 한국에 주둔한 미 지상군 2개 사단 중 1개 사단과 그 지원부대를 완전 철수시키겠다는 것이었다.

이에 대해 한국 측은 미 제2사단과 제7사단의 사단기(師團旗)가 한국에 계속 남을 수 있도록 부대 편제는 그대로 두고 병력만을 전체적으로 평균화해서 감축시킬 것을 주장하고 있었다.

이처럼 한국과 주한미군 감축 일정이 합의되지 않은 상황에서 주한미군 감축이 비밀리 진행되고 있었다. 캠프 카이저에 근무하고 있던 한국인 종업원들은 '수개월 전부터 상당수의 미군이 빠져 나갔다'고 증언했다.

미국 측은 캠프 카이저에 이어 10월 29일에는 포천의 캠프 비버 등 모두 28건의 미군기지 및 시설을 한국 측에 반환하겠다고 통고해왔다(서울신문사, 1979: 363-365).

6·25 전쟁 직전 육군본부 정보국 전투정보과에서 근무하며 주한미군 철수로 남북 간 군사력 균형이 깨지면서 전쟁이 발발하는 과정을 자세하게 지켜봤던 박정희에게 전쟁 발발의 불안감은 더욱 커져만 갔다.

미 7사단 철수와 휴전선 한국군 전담 방어

한국과 미국 사이에 밀고 당기는 시소게임을 계속하던 주한 미 지상군 감축과 한국군 현대화 협상은 1971년 2월 6일 타결됐다.

한국의 최규하 외무장관과 미국 측 포터 주한 미 대사가 외무장 관실에서 주한 미 8군 부사령관이 배석한 가운데 서명한 합의문 은 ① 1971년 6월 말까지 주한미군 1만 8천 명을 감축하고, ② 서 부전선의 미 2사단을 후방으로 배치하여 북한군과 직접 대치하 는 휴전선의 지상 방어 임무는 한국군이 전담토록 하며, ③ 한국 군 현대화계획을 지원하기 위해 미국이 의회의 승인을 받아 5년 간 15억 달러의 군사원조 및 차관을 제공하는 한편, ④ 한국의 안 보위협을 매년 분석·평가하기 위해 양국 정부의 외교·국방 관계 자가 참석하는 안보협의회를 연례적으로 개최한다는 것이었다 (서울신문사, 1979: 366).

이 합의에 따라 미 2사단은 1971년 3월 말까지 휴전선 일대 철 수를 완료했다. 이때부터 한국군이 155마일 휴전선 전체의 방어 임무를 전담하게 됐다. 이에 따라 미군이 휴전선 경계를 담당함 으로써 가져올 수 있는 인계철선(trip wire) 효과, 즉 전쟁이 일어날 경우 미국의 자동개입을 보장받을 수 있는 전략적 효과가 사라지 게 됐다.

다만, 판문점 주변 500미터의 경비는 주한미군이 계속 담당했 다. 유엔군과 공산군 사이의 군사정전위 회담을 보호하려는 목적 이었다.

이어 주한미군 대변인은 1971년 3월 24일 '주한미군 감축 결정에 따라 한국에서 철수하는 미군 부대는 제7사단으로 결정됐다.'고 발표했다. 한국을 떠나는 미 7사단의 고별식은 1971년 3월 27일 용산 미 8군 연병장에서 열렸다. 제7대 대통령 선거(1971.4.27.)를 꼭 한 달 앞둔 시점이었다.

이날 고별식에 참석한 박정희 대통령은 미 7사단이 한국의 국방에 기여한 공로를 치하했다.

> 우리 한국 국민에게 있어 미 7사단은 새 한국건설의 산파역이었고 침략자들을 무찌른 전승의 영웅이었으며 평화와 자유 수호의 십자군이었다. 여러분이 일본군의 항복을 받던 날 우리는 민주해방과 공화국 창건의 환희를 합창했고 여러분이 인천상륙에 이어 서울을 탈환하던 날 우리는 국난극복의 용기를 되찾았으며 여러분이 압록강 마루턱에 유엔기를 휘날리던 날 우리는 조국통일의 푸른 희망을 간직했었다.

제1차 세계대전이 한창이던 1917년 12월 창설된 미 7사단은 해방 후 우리나라에 최초로 진주한미군이었다. 2차 대전 말 일본군과의 오키나와 전투에서 승리를 거둔 7사단은 일본 항복과 함께 38도선 이남의 일본군 무장 해제를 위해 1945년 9월 9일 인천에 상륙했다.

대한민국 정부수립과 함께 철수했던 7사단은 6·25 전쟁 때 다시 한국으로 돌아와 인천상륙 작전의 성공으로 국군과 유엔군이 북진할 때 산하 17연대가 유엔군 최초로 압록강까지 진출했다.

미 7사단은 미국으로 돌아간 후 그해 4월 2일 해체됐다.

박정희의 자주국방론

닉슨 독트린에 따라 미국이 아시아에서 군사력을 감축하며 아시아 국가들이 스스로 국방력을 갖춰나갈 것을 요구하는 데 발맞춰 박정희도 자주국방을 적극 추진했다.

자주국방을 국가안보의 골간으로 삼기 위해서는 국민들의 안보에 대한 인식부터 바꿔나가야 했다. 그에 따라 1970년 박정희는 자주국방의 불가피성을 국민들에게 알리는 데 많은 노력을 기울였다.

1970년 1월 21일 1·21사태 2주년을 맞아 소집한 치안 및 예비군 관계관 회의 때는 "우리나라가 강대국 사이에 놓여있는 지정학적 위치에 따라 강대국에 예속될 수밖에 없다는 숙명론적 자세에서 탈피, 앞으로 다가오는 역사, 우리 세대에 있어서는 그러한 전철을 다시 밟지 않겠다는 자주적인 위치를 찾아야겠다."고 강조했다.

그해 6월 25일 6·25 담화문에서는 점차 가시화되고 있는 주한 미군 감축 가능성을 염두에 둔 메시지를 담았다. "한 가지 우리가 명심해야 할 일은 주한 유엔군이 무한정으로 이 땅에 주둔해 주기를 기대하기는 어렵다는 것, 또한 우리가 언제까지나 우방의 신세만을 지고 있을 수 없다는 것, 그리고 조국을 지키는 일은 바로 우리 자신의 일이라는 사실이다. 이를 위해서 우리가 해야 할 일은 무엇이냐, 그것은 한마디로 힘을 기르는 것, 즉 국력을 증강시키는 일인 것이다."

같은 해 7월 23일 국방대학원 졸업식에서는 자주국방의 개념에 대해 좀 더 구체적으로 설명했다. 우방과의 동맹을 배제하는 것이 아니라 집단안보 체제와 자주국방이 조화를 이뤄 나가야 하는 것이라고 했다.

기본적으로 말해서 우리의 조국 대한민국은 우리 국민의 힘으로 지켜야 하는 것이다. 그러나, 우리의 힘이 부족할 때는 우방의 도움을 받아야 한다. 우방의 도움을 받고 있는 동안에 우리가 노력해서, 하루빨리 국방에 대한 책임을 우리 스스로가 맡고 국방에 대한 주체가 우리가 되도록 노력하자는 것이다. 한 가지 오해가 있어서는 안 될 문제는 현대 국가의 국방이나 안전보장이란 그 나라 단독의 힘으로 이루어질 수는 없는 것이다. 즉, 내가 말하는 자주국방이란 결코 집단안전 보장 체제를 배제하자는 뜻이 아니라는 점이다. 현대 국제사회에 있어서는 여러 나라가 상호협력, 상호의존, 또는 상호 보완으로써 국제질서가 유지되고 있는 만큼, 남의 협력과 남의 지원을 받기 위해서는 먼저 자기 스스로의 자주적인 역량의 구축과 주체의식의 확립이 선행조건이 되는 것이다. 말을 바꾸어서 표현하자면, 내가 남에게 도움이 될 수 있을 때에 비로소 남도 나를 돕게 된다는 이야기다.

박정희는 대내적으로 자주국방이 불가피한 점을 계도해 나가면서도 닉슨 독트린에 따라 북한이 정세를 오판할 것을 우려했다. 미국이 베트남 전에 지쳐 아시아에서 군사력을 감축시키는 시기를 악용, 남침을 감행할 것을 걱정하고 있었다. 그의 우려는 1970년 4월 20일 닉슨 대통령에게 보낸 그의 친서에 잘 나타나 있다.

비밀 해제된 미 국무부 전문을 보면 미 국무부가 주한 미 대사 포터에게 주한미군 감축을 박 대통령과 협의하도록 처음 통보한 날짜는 1970년 3월 23일이다. 이 전문에서 국무부는 '닉슨 대통령이 1971년 말까지 주한미군 2만 명을 감축하기로 결정했다'며 박 대통령과 감군 시기와 조건에 대해 논의를 시작하라고 포터 대사에게 지시했다.

김동조 전 주미대사가 박 대통령이 포터 대사로부터 처음 주한미군 감축을 통보받은 날을 그해 3월 27일로 회고하고 있는 걸 보면, 포터는 3월 23일 국무부로부터 지침을 받고 나흘 후 박 대통령을 찾아가 미국의 입장을 통보했다.

포터 대사로부터 미국 방침을 통보받고 한 달쯤 지난 4월 20일, 박 대통령은 닉슨 대통령에게 친서를 보내 한국의 안보정세를 설명하며 주한미군 감축을 재고해주도록 간곡히 호소했다.

우리는 1950년의 한국전쟁이 당시 한국 정부와 국민들의 반대에도 불구하고 주한미군이 철수된 후 불과 1년 미만에 발발하였던 지난 날의 비극적인 역사적 사실을 상기하게 됩니다. 전쟁의 위험은 힘의 균형의 변천에 좌우되는 동시에 일방이 상대방의 능력이나 의도를 여하히 판단하느냐에 따라서도 가름되는 것입니다. 북괴가 전쟁준비를 끝내고 중공과 다시 긴밀한 정치, 군사적인 동맹관계를 일층 공고히 한 이 시기에 그들의 침략야욕에 대한 가장 효과적인 억제력이 되고 있는 주한미군 병력을 반감한다는 것은 북괴로 하여금 이른바 '결정적 시기'가 도래하였다는 오산을 하게 하여 한반도에 있어서의 전면 전쟁을 유발할 위험성을 증대시키는 것임을 지적하지 않을 수 없습니다… 이와 같이 미묘하고 어려운 현시점에서 주한미군의 감축문제가 제기된다는 것은 가장 시의에 맞지 않는 일이라고 생각합니다… 1970년대 상반기(1975년까지)가 한국안보에 있어서 일대 시련기가 될 것임에 비추어 본인은 대한민국 정부와 국민을 대표하여 특히 이 기간 중에는 주한미군의 일부를 감축하는 것에 반대하지 않을 수밖에 없다는 것을 말씀드리고자 합니다(김용직, 2005: 417-418).

박정희의 자주국방에 대한 관념은 지미 카터 미 대통령이 1976년 주한미군 완전 철수를 대선공약으로 내세워 당선됐을 때 보다 명확히 드러난다.

카터 대통령은 1977년 5월 25일 미 합참의장, 국무차관을 박정희 대통령에게 보내 주한미군 완전 철수방침을 설명했다. 이 자리에서 주한 미 대사를 지낸 하비브(Philip C. Habib) 국무차관은 한국군의 전력이 크게 증강되어 주한미군이 단계적으로 철수할지라도 전쟁 억지력에 큰 영향이 없다는 입장을 보였다.

그에 대해 박 대통령은 이렇게 반박했다.

> 내가 말하는 자주국방이란 북괴가 소련이나 중공의 지원 없이 단독으로 남침을 해올 경우 한국 단독으로 이를 격퇴하는 능력을 갖추자는 것이다. 즉 북괴와 1 대 1의 전투에서 우리 자신을 방어할 능력을 갖는다는 의미다. 그래서 나는 과거 미국 기자들이 한국의 자주국방 목표가 달성되면 주한미군이 철수해도 좋은가라고 몇 차례 질문했을 때 북괴의 배후에는 중·소가 있고 북괴는 이들과 군사동맹관계를 맺고 있기 때문에 주한미군은 계속 필요하다고 강조했던 것이다(김용식, 1987: 426).

친미 지식인들의 고자질로 실패한 핵무기 개발

박정희 대통령은 자주국방을 달성하기 위한 최우선 과제로 핵무기 개발을 추진했다. 이에 대해서는 김종필 전 총리가 구체적 증언을 남겼다.

미국이 주한미군 감축을 일방적으로 추진하던 1970년의 어느 날 박 대통령이 김종필을 불러 원자폭탄을 개발해야겠다는 복안을 밝혔다. 주한미군이 완전히 철수할 경우 우리 스스로 국가를 지킬 무기가 필요하다는 이유에서였다. 김종필 역시 그에 공감했다.

하지만 미국이 모르게 추진해야 했다. 미국은 한국이 핵무기를 갖게 되면 동북아시아에서 미국의 입지를 약화시키는 결정적인 불안 요인으로 작용할 것이라고 봤다. 미국의 핵무기 통제시스템에서 한국이 벗어나는 사태를 미국은 걱정하고 있었다.

박정희와 김종필은 미국의 반대를 극복하는 방법으로 프랑스와 손을 잡았다. 당시 프랑스는 원자폭탄 실험에 성공하여 미국과는 다른 독자적인 외교노선을 밟고 있었다.

박 대통령은 1972년 5월 최형섭 과학기술처 장관을 비밀리 프랑스에 보내 원자력 기술협력과 재처리 시설 도입을 타진했다. 오원철 경제2수석에게는 캐나다를 방문해 캔두(CANDU)형 원자로를 도입하는 협상을 벌였다.

김종필 총리는 1973년 6월 조르두 퐁피두 대통령과 지스카르 데스탱 재무장관 등을 만나 핵재처리 기술, 미사일 도입, 항공기 구매사업 등을 협의했다.

이러한 노력의 결과 1975년 4월 한국의 원자력연구소와 프랑스의 재처리 국영회사 사이에 '재처리시설 건설 및 기술용역 공급 계약'이 체결됐다.

하지만 비밀리 추진되던 캐나다와 프랑스와의 핵협상은 미국의 방해로 중단됐다. 프랑스와 맺은 재처리기술 계약은 1976년 1월 미국의 압력으로 파기됐다. 한국이 프랑스와 협조, 핵무기를 개발한다면 미국은 그에 상응하는 결정적인 제재를 가하겠다고 미국에서 최후통첩을 보내왔다.

훗날 비밀 해제된 미 국무부 보고서를 보면, 미국의 결정적인 제재란 고리 원자로 2호기를 건설하기 위한 미국 수출입은행의 차관 제공을 막겠다는 것이었다(이흥환, 2002: 77). 당시 한국은 에너지가 턱없이 부족했다. 중화학공업 육성을 추진하던 한국이 직면한 문제가 바로 에너지 수급 문제였다. 미국은 이러한 한국의 약점을 압력의 수단으로 활용했다.

김종필은 이처럼 프랑스의 군사기술을 도입해서 자주국방을 추진하는 과정에서 나타난 우리나라 지식인들의 대미 종속적 행태에 대해 강하게 비판했다.

지식인들이 미국의 스파이가 되어 핵개발 과정을 모두 미 국무부, CIA 등에 제보하고 있었다는 것이다.

> 미국의 국무부와 국방부, CIA에선 한국의 비밀스러운 움직임을 제 손금 보듯 파악하고 있었다. 그 기관들의 한국 파견 요원이 유능했다기보다 우리 내부에 고자질하는 사람이 많았기 때문이다. 자발적 스파이가 곳곳에 수두룩했다. 핵개발을 위해 박 대통령의 특명으로 외국의 한국인 두뇌들을 극비리에 초빙하면 순식간에 미국 사람들에게 다 알려졌다. 무슨 일을 비밀리에 할 수가 없었다… 미국의 인식은 한국이 핵무기를 개발하기 위해 프랑스에선 재처리 시설, 캐나다에선 중수로 원자로, 미국에선 지대지 미사일 기술을 각각 도입하려고 했다는 것이다. 원자력연구소, 국방과학연구소, 대전기계창 같은 현장뿐 아니라 청와대, 총리실, 국방부, 과학기술처, 재무부 같은

기관의 각급 부서장들에겐 주한 미국대사관과 CIA 요원들이 착 달라붙어 위압적으로 감시하고 명시적으로 핵개발을 중지하라고 압박했다(김종필, 2016: 427-429).

박정희는 핵무기 개발을 추진하면서 당시 세계 최고의 물리학자로 성장하고 있던 재미교포 이휘소의 국내 영입도 시도하고 있었다. 1954년 19세의 어린 나이에 서울대 화공학과를 다니다 미국으로 건너간 이휘소(미국명 벤자민 이)는 1960년 25세 때 프린스턴 연구소에 초빙되어 일하는 등 아인슈타인에 버금가는 천재 학자로 세계적 명망을 얻고 있었다.

1974년 9월 이휘소를 청와대로 초청한 박정희는 "이 박사가 귀국한다면 60만 대군 모두를 이 박사를 위해 쓰겠다"고 설득하기도 했다.

하지만 10월 유신 발표 직후 미국에서 유신 반대 성명을 발표했던 이휘소는 쉽게 응하지 않았다. 속이 탄 박정희는 1977년 3월 18일과 4월 8일 두 번에 걸쳐 이휘소에게 친서를 보내 귀국을 종용했다(이동원, 1992: 355-356).

박정희의 간곡한 권유에 마음을 돌린 이휘소는 마침내 귀국을 결심했다. 그러나 그 직후인 1977년 6월 16일 시카고 외곽 일리노이주 경계 도로에서 중앙선을 넘어온 트럭과 부딪쳐 의문의 죽음을 맞게 된다.

이동원 전 외무장관에 의하면 사고 당시 이휘소는 박정희로부터 받은 친서가 외부에 노출되어 미국 정보기관의 감시를 받고 있었다고 한다. 사고 당일에도 미 FBI와 CIA 요원들이 사고 인근 도로 반경 400km를 차단한 채 범인색출에 나섰으나 범인 체포에 실패했다.

이휘소가 의문의 죽음을 당하자 국내 지도층 일각에서는 이휘소가 사고가 나기 전 5월 20일경 일본의 국제학술회의에 강연 참석차 왔다가 미국에서 가져온 핵개발 설계도를 다리 속에 몰래 숨겨 한국에 들어와 청와대에 전달했다는 소문도 돌았다(이동원, 1992: 357).

국산무기 개발을 위한 방위산업 육성

자주국방을 추진하면서 가장 시급한 문제는 무기를 생산하는 것이었다. 60만 현역과 250만 향토예비군을 무장시키기 위해서는 무기의 국산화가 필요했다.

미국의 지원으로 M16 소총공장을 한국에 건설하는 협상이 타결됐다. 하지만 주한미군 감축으로 인한 군사장비의 열세를 극복하기 위해서는 다른 병기의 국내 생산이 불가피했다.

이러한 현실을 타개하기 위해 국방부는 1970년 8월 6일 국방과학연구소를 설립했다. 군사무기와 군사장비의 국산화를 추진하고 군사과학기술의 발전을 도모하는 것이 연구소를 설립한 목적이었다.

1개월여 앞서 박 대통령은 김학렬 경제기획원장관을 청와대로 불러 M16 이외 병기를 생산할 수 있는 공장을 건설하고 건설비용은 외자도입으로 충당하라고 지시했다. 경제기획원은 특수강공장, 중기계 공장, 조선공장, 주물공장 등을 4대 핵심공장으로 설정하고 외자도입을 추진했으나 1년여간 진척이 없었다.

이러한 난관에 부닥친 상황에서 당시 상공부의 오원철 광공전(鑛工電) 차관보가 방위산업과 중화학공업을 동시에 육성하는 획기적 아이디어를 김정렴 비서실장에게 건의하여 1971년 11월 10일 청와대에서 대통령, 비서실장, 오원철 세 사람이 모여 추진방안을 협의했다.

이날 회의에서 방위산업의 골간이 되는 다섯 가지 사항이 결정됐다.

① 250만 예비군을 국산병기로 무장해서 전력화하기 위해 병기개발을 즉시 착수한다. ② 방위산업은 민영공장 생산체제로 한다. ③ 현대 무기의 대량생산에는 선진국 수준의 중화학공업이 절대적인 전제가 된다. 아울러 중화학공업화는 우리 경제의 고도성장, 수출의 지속적인 증대, 국제수지의 개선을 위해 필수적이다. ④ 무기제조시설 못지않게 기술자 및 기능공의 양성이 긴요하다. ⑤ 경제기획원에서 추진하던 4대 핵심공장 건설은 취소한다는 내용이었다.

이어 박 대통령은 다음 날인 11월 11일 청와대 비서실에 차관급의 경제2 수석비서관 직제를 신설해서 오원철을 수석 비서관으로 임명했다.

11월 11일 아침, 박 대통령은 대통령 집무실에서 김정렴 실장만이 배석한 가운데 오원철에게 임명장을 수여하면서 "우리나라는 현재 초비상 상태라고 판단한다. 우선 예비군 20개 사단을 경장비 사단으로 무장시키는 데 필요한 무기를 개발하고 생산토록 하라"고 지시했다(오원철, 2006: 119).

그와 함께 대통령은 북한군의 최근동향에 대해서는 이후락 중앙정보부장을 만나 설명을 들으라고 당부했다. 중앙정보부의 고급정보를 방위산업 육성의 책임자에게 제공하여 국내외 안보정세를 정확하게 인식시키려는 조치였다.

방위산업 육성의 원칙이 정해지자 이를 집행하기 위해 방위산업의 메카로서 경남 창원에 기계공업단지 건설이 추진됐다. 지상군의 모든 기본 병기는 창원기계공단에서 생산한다는 목표였다. 무기생산을 위해서는 고도의 정밀가공이 필요했다. 창원기계공업단지에는 이러한 기술개발에 필요한 연구소, 공장들을 집적시켰다.

그리고 창원 시내에는 전시에 생산한 무기를 전방으로 실어 나를 수 있는 활주로를 만들었다. 평시에는 창원을 관통하는 도로로 사용하고, 전시에는 활주로로 이용하는 방향으로 설계됐다.

그 외 제2 방위산업의 기본소재인 철과 특수강 그리고 동(銅)과 아연을 생산하기 위한 제2 철강기지(광양)와 비철금속 기지(온산), 조선기지(거제도), 전자기지(구미) 등을 조성하기로 방침을 세워 추진해 나갔다(김정렴, 1991: 332).

북한 게릴라 대응전략으로서의 새마을운동

박정희 대통령이 청와대 기습사건 직후인 1968년 4월 1일 향토예비군을 창설한 것은 북한의 게릴라전에 대응하기 위한 전략이었다.

게릴라전은 적대지역에 있는 농촌이나 산간오지의 주민들을 포섭하여 활동기반을 구축한 후 도시지역으로 침투하는 전쟁방식이다. 중공의 모택동이 이런 방식으로 중국 본토를 장악한 후 모택동식 게릴라 전법은 아시아 공산주의자들의 교범이 됐다.

북한이 1968년 10월 30일부터 11월 1일까지 3일에 걸쳐 울진·삼척지구에 120명의 무장공비를 침투시킨 것도 강원·경북 북부 산악지대의 주민들을 포섭해서 게릴라 거점을 확보하려는 의도였다.

자유진영에서 공산 게릴라들의 침투에 대응하는 기본적인 전술은 게릴라와 주민들을 분리시키는 것이었다. 농촌이나 산간오지의 주민들이 공산 게릴라의 선전선동에 현혹되지 않도록 차단하고 이들 주민이 게릴라보다는 정부를 신뢰하도록 만드는 전술이었다. 게릴라의 사살보다는 주민의 획득이 대게릴라전의 핵심이었다.

베트남전 당시 한국군 사령관이었던 채명신은 베트남 주민들의 협력을 얻기 위해 '전투는 30%, 대민지원과 심리전은 70%로 설정한다'는 전략을 세우고 '백 명의 베트콩을 놓치는 한이 있어도 한 명의 양민을 보호한다'는 원칙을 세웠다. 이에 대해 참전 초기 대게릴라전을 이해하지 못한 일부 간부들은 '베트남에 전쟁하러왔지 베트남 사람 도와주러 왔느냐'며 불만을 보이기도 했다(채명신, 2010: 196-202).

이러한 공산게릴라 대응전략은 2차대전이 끝난 후 공산 게릴라 준동에 시달리고 있던 말레이시아, 필리핀, 남부 베트남 등에서 널리 채택한 전법이었다.

1970년 전후 박정희 정부 역시 자주국방이라는 현실에 부닥치자 북한이 침투시키는 게릴라들을 저지하기 위한 농어촌사회 개발에 주력하게 된다.

그러한 정책의 배경은 당시 청와대 비서실장이었던 김정렴이 증언해주고 있다.

> 새마을사업을 통해 공산주의자가 침투할 수 있는 토양으로서의 빈곤을 없애고 중화학공업 건설을 통해 자주국방이 가능한 공업력을 갖추겠다는 것이 박 대통령의 구상이었다. 일반인들이 생각하듯 경제적 목적을 두고 두 사업을 일으킨 것이 아니었다. 국방을 염두에 두고 하다가 보니까 경제적으로도 성공한 것이다. 박 대통령은 항상 국방에 대해 집무시간의 가장 많은 부분을 할애했고, 다음이 경제였으며 정치는 우선순위에서 아래쪽이었다(조갑제, 2006: 103).

당시 박정희로서는 대게릴라전 차원에서 북한이 침투할 가능성이 높은 낙후된 농어촌을 시급히 발전시키는 것이 현안이었다. 말레이시아, 필리핀, 베트남 등 유사한 안보환경에 놓여있던 국가들에서 시행하고 있었던 것처럼 농어촌 소득증대가 안보정책의 과제로 떠올랐다.

새마을운동도 새롭게 조직된 향토예비군이 지역사회개발에 선도적 역할을 해줄 것을 박 대통령이 촉구하는 과정에서 처음 제기됐다.

1970년 4월 22일 부산에서 열린 지방장관회의에서 박 대통령은 "지역사회개발이 여기저기서 벌어지고 있으나 지역 주민들의 자발적 노력이 부족하므로 향토예비군을 중심으로 우리 고장을 어떻게 하면 살기 좋은 고장을 만들 것인가 하는 분위기를 부락 단위로 만들어 주어야 한다."고 촉구했다.

그러면서 박 대통령은 그 운동을 '새마을 가꾸기 운동'이라고 해도 좋고 '알뜰한 마을 만들기'라고 해도 좋을 것이라고 제안했다. 정부는 박 대통령이 새마을 가꾸기 운동을 제안한 이 날을 국가 기념일로 지정해서 기념해오고 있다.

박정희는 1972년 4월 4일 4H구락부 중앙경진대회에서도 대게릴라전 차원의 농촌개발을 강조했다.

농촌이 살기 좋은 농촌이고 부유한 농촌, 건전한 농촌, 이런 농촌일 때는 공산당이 우리 농촌에 와서 발붙일 자리가 없을 것입니다. 농촌에 가보면 모두 못 살고 가난할 때는 공산당이 침입하기가 쉽지만, 농촌이 잘 살고 부유하고 건전할 때는 공산당이 발붙일 곳이 없습니다. 따라서 그만큼 우리 국가안보가 더 튼튼해진다고 생각됩니다. 최근 우리 농촌에 새마을운동이 활발히 전개되니까 이북의 공산주의자들이 새마을운동에 대해 굉장한 욕들을 하고 있습니다. 그것은 뭐냐, 우리 농촌이 잘 살게 되는 것을 공산당이 좋아하지 않는다는 것입니다. 그럴수록 우리는 더 분발해서 새마을운동을 반드시 성공시키고 우리가 보다 살기 좋은 농촌을 만들어야 되겠다는 것입니다(대통령비서실, 1978: 229).

대미 의회 로비의 중요성과 박동선의 부상

1969년 1월 닉슨 대통령의 취임을 계기로 미국 공화당이 행정부를 장악하고 민주당이 의회의 다수 의석을 차지하는 이원구조로 분열되자 한국 정부는 미 의회에 대한 교섭을 강화하게 된다.

한국 정부는 이제 미국 행정부의 약속에만 의존할 수 없었다. 한국에 대한 미국의 방위공약이 차질 없이 추진되도록 미국 대외원조 예산을 결정하는데 큰 권한을 가지고 있는 미 의회를 대상으로도 한국에 대한 지지여건을 조성해 나가야 했다.

주한미군 감축에 대한 보완책으로 한미 정부간에 합의된 15억 달러의 군사원조도 한꺼번에 패키지로 미 의회의 승인을 받는 것이 아니라 5년에 걸쳐 매년 미 의회의 승인을 받아야 했다.

닉슨 이전 존슨 대통령의 요청으로 베트남전에 5만의 전투병력을 파병하고 있던 한국 정부로서는 한국이 미국을 도와주는데 비례해서 미국도 한국을 도와야한다고 생각하고 있었으나 미 의회가 박 대통령의 장기집권을 곱지 않게 보며 태클을 걸고 있었다.

이러한 정세에 놓이자 한국 정부는 주미 대사관 인력을 보강해서 미 의회활동을 강화해 나갔다. 그러나 대사관의 활동만으로는 한계가 있었다. 대외적으로 알려진 공무원 신분이기 때문에 외교관으로서의 국제법적 위상에 충실해야 했다.

대미관계의 개선은 미국 정부와 의회뿐 아니라 경제계, 언론계, 종교계, 학계 등 여러 방면의 여론 형성층과 접촉해 나가야하는 광범위한 일이었다. 선거를 의식하여 여론에 따를 수밖에 없는 미 의원들을 설득해서 한국에 대한 비판을 완화하고 더 나아가 우호적으로 태도를 바꾸는 일을 대사관의 공식적 활동으로만 감당하기 어려웠다.

이러한 환경에 놓이자 한국 정부는 미국 정계와 여론 주도층에 영향력을 미칠 수 있는 인물들을 발굴해서 도움을 받는 것이 좋은 방법이라는 판단을 내리게 된다(김석규, 2005: 195).

그러한 시기 두각을 나타낸 인물이 박동선이었다.

박동선은 1935년 3월 16일 평남 순천군에서 태어나 해방 후 가족을 따라 월남해서 서울에서 자랐다. 1952년 배재중학교에 다니다 미국 조지타운 대학으로 유학을 갔다. 대학 3학년 때 대학 역사상 처음으로 외국인으로서 학생회장이 됐다.

학생회 간부활동을 통해 박동선은 유력한 미국 인사들과의 친분을 쌓아갔다. 정일권 총리가 주미대사를 지낼 때(1961.6-1963.4)는 정일권 대사와도 가까이 지냈다.

1962년 대학을 졸업한 박동선은 곧 중앙정보부와 연을 맺게 된

다. 중정과 처음 연결된 계기는 김현철 주미대사 때(1964.12-
1967.10)였다. 박동선은 미국에서 박 대통령과 밀접한 친분이 있는
양 과시하기 위해 박 대통령의 4촌이라고 사칭하고 다녔다.

　김현철 주미대사는 이러한 사실을 서울에 계속 보고했고 중앙
정보부도 이를 인지하고 있었다. 1966년 마침내 중앙정보부는
서울에 일시 귀국한 박동선을 불러 경고했다.

　그 후 1968년 3월 정일권 국무총리는 김형욱 부장에게 박동선
이 미국 지도층에 친구가 많으므로 박동선을 도와주라고 부탁
했다. 그러면서 정일권은 박동선을 '나쁘지않은 친구'라고 좋게
소개했다. 그에 김형욱은 박동선에게 필요한 일이 있으면 워싱
턴 한국 대사관의 중앙정보부 파견공사와 상의하라는 대답을
줬다. 박동선이 중앙정보부의 도움까지 받을 수 있는 길을 개척
한 것이다.

　김형욱은 1977년 6월 미 의회 청문회에서 그 시기를 1966년이
라고 회고했으나 프레이저 보고서는 1968년 3월 정일권이 김형
욱에게 박동선을 도와주라고 요청하는 보고서가 남아있다고 기
록하고 있다(미 하원 프레이저위, 김병년 역, 2014: 197).

　한편 박동선은 1966년 3월부터 워싱턴에서 조지타운 클럽이라
는 사교장을 운영하고 있었다. 많은 돈을 들여 개장한 조지타운
클럽은 곧 워싱턴 최고의 사교장으로 자리잡았다. 미 하원의장을
초청해서 파티를 열 때는 존슨 대통령이 찾아와 인사를 하기도
했다.

　하지만 클럽을 개설하는 데 너무 많은 돈을 들여 박동선은 재정

적 어려움에 빠졌다. 그렇게 되자 박동선은 김형욱 부장에게 조지타운 클럽을 한국 정부 로비센터로 활용하겠다는 명분을 내세워 재정적 지원을 호소했다.

그에 김 부장은 정부 보유금 3백만 달러를 박동선이 거래하는 은행에 예치하도록 주선해서 박동선이 이 은행으로부터 클럽 운영자금을 융자받을 수 있도록 도와줬다.

그후 박동선은 김형욱 부장으로부터 보다 결정적 지원을 받게 된다. 미국의 쌀을 한국에 파는 중개인이 될 수 있도록 도와줬다.

하지만 박동선의 쌀 거래는 곧 미 하원의 오토 패스만(Otto Passman) 의원에 의해 제동이 걸렸다. 박동선이 독점 판매 대리인이 될 수 있도록 정일권 총리와 김형욱 부장을 설득하는데 중개 역할을 한 인물은 미 캘리포니아 출신의 하원 의원 리차드 해너(Richard Hanna)였다. 해너는 캘리포니아산 쌀을 한국에 팔기 위해 박동선과 협조하고 있었다. 여기에 대해 루이지애나 출신의 오토 패스만 의원이 시비를 걸고 나섰다. 루이지애나도 많은 쌀을 생산하고 있었다.

패스만은 김동조 주미대사를 불러 "한국 정부가 미국 쌀의 수입 창구를 박동선으로 일원화한 것은 부당하다"고 불만을 보이며 박동선의 행보에 대해서도 비난했다. 자신이 루이지애나 출신 에드윈 에드워즈(Edwin Edwards) 의원을 박동선에게 소개해줬는데 두 사람이 가까워진 후 자신을 소외시키고 있다는 불평도 했다.

패스만은 당시 하원 세출위원회 소속 의원으로 1969년 특별 군사원조 5천만 달러를 한국에 추가 배정할 때 주도적 역할을 하는 등 한국 정부를 크게 도와준 바 있어 김동조 대사로서는 그의 불만을 흘려들을 수 없었다.

김동조 대사는 그해 귀국하는 기회를 이용, 박 대통령에게 패스만 의원의 불만을 전달했다. 보고를 받은 박 대통령은 이후락 대통령 비서실장과 김진만 공화당 재정위원장에게 시정 조치를 내렸다(김동조, 2000: 282).

김진만도 "박동선이 쌀 거래 커미션으로 벌어들인 9백만 달러 중 로비 자금 이외 남는 돈 수십만 달러를 공화당에 가져오겠다고 했는데 한 푼도 안 준다"며 박동선을 비난했다.

이렇게 해서 박동선은 한때 독점적 쌀 판매대리인 권한을 잃었다.

하지만 박동선은 이후락 중앙정보부장을 움직여 쌀 판매 대리권을 되찾는 작업을 벌였다. 이후락은 주일대사로 나가 있다 1970년 12월 22일 중앙정보부장에 부임했다.

박동선은 해너 의원을 동원해서 이후락 부장에게 자기에 비판적인 김동조 대사를 비난하는 편지를 쓰게 하는 한편, 14명의 미 의원에게는 박 대통령에게 박동선을 대리인으로 다시 지명해달라는 서한을 보내도록 부탁해서 이들이 박 대통령에게 서한을 보냈다.

1971년 11월에는 해너 의원과 함께 서울에 들어와 이후락 부장을 찾아가 미국 의회의 한국지원을 끌어내기 위해서는 자신의 쌀 판매 대리권 회복이 중요하다고 역설했다. 그러한 노력의 결과 박동선은 1971년 12월 다시 미국 쌀 수입 대리권을 되찾았다(김석규, 2005: 229).

그러나 박동선은 곧 미국 농무성의 반대로 대리권을 잃고 말았다. 안광석 조달청장은 1972년 3월 21일자로 미국의 쌀 수출업자들에게 '미륭상사 대표인 박동선이 다시 중개역할을 하게됐다. 따라서 모든 쌀 거래에 그의 중개역할이 필요하다'고 안내했다.

당시 미국 쌀 원조자금에 지원되던 PL 480 자금 규정에는 '선의의 판매 대리인은 수입업자 또는 수입국에 의해 고용되지 않고 관련이 없는 선의의 중개인이어야 한다'는 내용이 들어 있었다.

미 농무성은 이 규정을 들어 한국의 조달청장이 지명한 박동선은 선의의 중개인이 아니라고 내세웠다. 이에 따라 박동선은 이후락 부장과 상의 후 판매 대리인을 사퇴했다(김석규, 2005: 232).

김형욱 부장이 박동선 뒤를 봐준 배경

박동선은 정일권 총리를 통해 김형욱 중앙정보부장과 연결됨으로써 급격히 성장하게 된다. 정일권과 김형욱 모두 1960년대 박정희 정부를 지탱한 중심축이었고 이북 출신이라는 공통점이 있었다.

함경도 출신인 정일권은 1964년부터 1970년까지 국무총리를 지냈고, 황해도 출신인 김형욱은 1963년부터 1969년까지 중앙정보부장을 지냈다. 박동선은 평안도 출신이었다. 1970년대까지 이북출신들은 실향민으로서 강한 유대감을 가지고 있었다.

박동선은 정일권과 가까워진 경위를 이렇게 설명했다.

> 자유당 말기 재미 한국 유학생회 회장 자격으로 재미 유학생들의 입장을 설명하기 위해 귀국했었다… 그때 모윤숙 씨의 초청을 받아 왕십리에 있는 모 여사의 집에 갔었다. 모 여사는 새로 집을 지었다고 많은 사람을 초대했는데, 그 자리에서 정일권 씨를 소개받았다. 나는 정일권 씨가 군에 있을 때와 터키 대사직에 있을 때 잠깐 만난 적이 있다. 정일권 씨와는 그 후 대단히 친숙해졌다. 나는 그때부터 20-30년 연상의 어른들과 친교를 가질 수 있었는데 나이 많으신 분들은 나이 어린 사람을 좋아하니까 상당히 친해질 수 있었다. 그분들은 어디를 가시든지 나를 데리고 다녔다. 그 이후 내가 귀국하면 꼭 그분들과 만나는 계기가 만들어졌는데, 그 자리에서 한국정치 이야기를 들을 수 있었다. 그분들 때문에 이 분야 사람들과 더욱 넓은 친교를 맺을 수 있었다(이경재, 1988: 152).

조지타운 클럽을 통해 미국 정계 인물들과 친분을 넓혀가던 박동선은 미국의 쌀 생산지역 의원들이 과잉 생산된 쌀을 외국에 수출하는 문제에 골머리를 앓고 있는 사실을 주목하게 된다.

그들의 정치생명이 쌀 수출에 달려 있었다. 캘리포니아, 루이지애나, 미시시피, 텍사스, 아칸소 등 5개 주에서 남아도는 쌀을 수출하는 문제가 그 지역 출신 의원들의 제일 큰 관심사였다. 이들 주 출신들이 하원에 80여 명, 상원에 10명 포진해 있었다.

또한, 박동선은 미국 행정부와 의회와의 역학관계에서 2차 대전 후 의회의 영향력이 상대적으로 확대되고 있는 것을 눈여겨보고 있었다. 2차 대전 중 미국 대통령은 전쟁이라는 비상사태 때문에 큰 권한을 행사했다. 그러나 전쟁이 끝나고는 점차 의회가 권한을 회복하고 있었다.

특히, 미국 행정부가 베트남전에 발목이 잡혀 미국 내 반전 여론이 일어나면서 미 의회의 입지가 더욱 확대되고 있었다.

이처럼 미 행정부와 의회의 관계가 반전되면서 미국 의회는 많은 위원회를 만들어 대외정책을 독자적으로 추진하려고 했다.

이러한 때 한국 정부는 모자라는 쌀을 일본 혹은 미국에서 수입하려고 시도하고 있었다. 그리고 박동선은 미 의회 쌀 생산지 출신들로부터 미국산 쌀을 한국에 수출할 수 있는 길을 터주도록 요청받고 있었다.

이와 같은 한미 양국의 이해관계를 조정하면서, 박동선은 한국 정부에서 미국산 쌀을 수입하는 대리권을 한국 정부로부터 독점적으로 확보하여 커미션(수수료)을 챙김으로써 자신의 사업자금으로도 쓰고, 일부는 한국 정부의 대미 로비자금으로도 쓴다는 점에 착안하게 된다.

박동선이 보기에 미국 정치는 로비정치였다. 누군가가 의회에 가서 왜 내 일을 해주지 않는가하고 떠들고 압력을 넣지 않으면 아무도 쳐다보지 않았다. 미국의 노조를 비롯한 많은 압력단체가 이러한 일들을 하고 있었다.

사업구상이 떠오르자 박동선은 미국산 쌀 매매 대리권을 확보하기 위해 정일권의 소개로 김형욱에게 접근하게 된다. 훗날 박동선은 김형욱에게 다가간 배경을 이렇게 설명했다.

> 당시 청와대 비서실장은 이후락 씨였는데, 내가 보기에는 국제문제에는 나름대로 김형욱 씨가 막강한 힘을 가진 것 같았다. 나는 그에게 가서 쌀을 못 팔아 안달하는 미국 사람들에게 쌀을 사주면 당장 수십 명의 미 의원들이 자발적으로 한국을 도우러 나설 것이라고 말했었다… 나는 그에게 미국정치의 본질을 이해시켰다. 특히 국회의원들은 자신에게 표를 모아줄 수 있는 사람들의 이야기에 귀를 기울이고 그들의 요구면 다 들어주며 국회의원들은 선거가 끝나면 바로 다음 선거를 의식해야 하고 그것을 위해 정치자금을 만들어야 하며, 때문에 정치자금을 만들어주는 사람들에게 각별히 협조를 한다는 점을 지적했다. 나는 또 그에게 정부가 나 아니면 쌀을 못 산다는 것만 강조하면 미국인들이 나에게 꼼짝 못할 것이라고 이야기했다… 그런데 그때 내가 커미션이야기를 했는지에 대해서는 잘 기억나지 않는다… 김형욱 씨는 내말을 빨리 알아듣고 누군가와 의논해서 나에게 해답을 주겠다고 약속했다. 그는 돌대가리고 나중에 역적이 되었지만 그때만은 이야기를 경청하고 판단력을 발휘했다고 생각된다 (이경재, 1988: 154).

훗날 미국으로 망명한 김형욱은 박동선의 뒤를 봐준 사실을 부인하지 않았다. 김형욱은 1977년 6월 22일 미 의회 2172호실에서 열린 프레이저 위원회 청문회에 나와 증언했다.

증언에 앞서 낭독한 성명을 통해 김형욱은 "박동선은 분명히 내가 재직 중 유급첩자는 아니었지만 자진 봉사를 요청해왔고 그가 원하는 일들을 도와준 사실들이 있다"고 밝힌 후 이렇게 말했다.

내가 박을 알게 된 것은 60년대였다. 당시 김현철 주미대사가 박동선이란 사람이 박 대통령의 친척이라면서 왕래한다는 보고를 해왔기에 귀국한 박을 조사한 것이 알게 된 계기다. 나는 박이 미국에 지면 인사가 많다는 것을 알고 그에게 편의를 제공했다. 박이 운영하는 조지타운 클럽이 자금난이라고 해서 박이 가진 한화를 암시장에서 바꿔 약 10만 달러를 파우치 편으로 보내준 적이 있다. 정부 보유 달러 중 약 3백만 달러를 박이 거래하는 은행에 예치해 주고 박이 그 은행에서 돈을 빌 수 있도록 편의를 봐줬다

(김용식, 1987: 331-332).

김형욱이 박동선을 도와준 데는 박동선의 형(박건석, 기업인)이 김형욱과 친구였다는 개인적인 인연도 있었다. 김형욱은 프레이저 청문회에서 중앙정보부의 미국 내 활동에 대해서도 폭로했다.

나는 63년부터 69년까지 6년 8개월간 가장 장기간 부장직으로 근무한 사람이다. 내가 부장으로 있을 때는 미국에는 5인의 정식 요원을 주재시켰는데 워싱턴에 2인, 유엔주재 대표부에 2인, 로스엔젤레스에 1인이 있었다. 그러나 내가 미국에 망명한 73년 이후 그 권한은 강화되어 현재 내가 알고 있는 한 워싱턴에 12인, 뉴욕의 한국대

표부에 4인, 그리고 로스엔젤레스를 포함한 미국 각지에 9인, 도합 25인이 있다. 주한미군 철수론이 나온 이후부터 박동선은 중용되었다. 그러나 박 대통령과 박동선은 아무런 관련이 없다. 청와대에 대한 도청사건같은 것은 없었다(이경재, 1988: 289-290).

배신자로 낙인찍힌 김형욱

김형욱 전 중앙정보부장의 미 하원 프레이저 위원회 증언은 박정희 정부의 도덕성에 큰 타격을 주었다. 박정희 정부는 김형욱의 증언을 막기 위해 많은 노력을 기울였으나 모두 실패했다.

당시 주미 한국대사는 김용식이었다. 1913년 경남 충무(현 통영)에서 태어나 일제강점기 일본 고등문과 사법과에 합격한 수재였다. 해방 후 변호사로 일하다 외무부에 임용되어 이승만 정부부터 박정희 정부까지 외무부장관을 두 번(1963, 1971) 역임하는 등 30년 넘게 외교 요직을 맡았다.

1977년 5월 주미대사로 부임해서 박동선 사건, 김한조 사건 등 이른바 미국 언론에서 '코리아게이트'로 명명한 한미간의 외교적 마찰을 수습하는데 최일선에 서 있었던 인물이다.

김용식 대사가 현지에서 판단하기에 김형욱은 한미간의 외교적 마찰로 한국이 고립무원의 상태에 빠졌다고 보고, 프레이저의 박정희 정부 비판에 가담한 기회주의적 처신이었다.

당시 한국 정부는 미국 여론의 비판 정도가 아니라 미 FBI, 미 의회 조사단으로부터 조사를 받는 최악의 국면에 놓여 있었다.

1977년 6월 22일 김형욱의 프레이저 위원회 증언이 끝난 직후 김 대사는 서울 본부에 아래와 같은 평가 보고서를 보냈다.

> 프레이저 위원회는 박동선, 통일교 등을 한국 정부가 조정했다는 확증을 얻기 위해 김형욱의 증언에 기대했으나 결국 청와대와 현안 문제 유관성을 입증하는 데는 실패한 셈이다. 그러나 김형욱은 증언을 통해 한국 정부의 위신을 크게 손상시켰다. 즉, 박동선에게 파우치 편 현금 송금, 편의제공, 박동선이 제출한 미 의원 명단을 보고 쌀 수입 중개권을 준 점, 김한조에게 60만 달러의 현금을 파우치 편에 보냈다는 점, 그리고 김형욱이 한국의 고위 관리를 관련시켜 증언한 것은 각국 언론 앞에 한국 정부의 위신을 크게 손상시키는 결과를 초래했다(김용식, 1987: 332-333).

한국 정부는 김형욱 증언 직후인 6월 23일 문공부 대변인을 통해 "배신자가 무슨 말을 못할 것인가"라고 김형욱의 발언을 무시하는 짧은 논평을 냈다.

당시 김 대사가 보기에 김형욱의 증언은 논리도 없었고 답변도 질문의 요점과는 거리가 먼 내용이 많았다. 방청인 가운데서도 "도대체 저런 사람이 어떻게 중앙정보부장이라는 요직에 있었는지 이해가 안 간다"라고 말하는 사람이 많았다고 한다.

그 후 김 대사는 업무협의차 서울에 와서 박 대통령에게 김형욱

중언에 대한 소감을 전했다. 그러자 박 대통령은 "글쎄 말입니다. 내가 왜 그런 사람을 그런 자리에 임명했었는지 알 수가 없군요." 라고 개탄했다고 한다(김용식, 1987: 332-333).

그날 김형욱의 증언을 청문회 현장에서 기록해서 주미대사를 거쳐 서울로 보고한 외교관은 당시 주미 한국대사관 의회 담당 정무참사관 김석규이었다. 김석규는 당일 현장을 지켜본 소감을 이렇게 남겼다.

> 이날 나와 대사관의 청문회 담당 직원들은 손에 피가 날 정도로 모든 질의답변을 상세히 기록하여 거의 속기록 비슷하게 서울에 신속히 보고했다. 김형욱 청문회를 통하여 현안 중인 문제들과 청와대와의 관련성을 입증하려던 프레이저 측의 기도는 실패했다고 현지 종합평가를 타전했다. 청문회의 분위기를 현장에서 관찰한 나는 김형욱이야말로 한국 정부뿐 아니라 우리 국민 전체의 위신을 크게 손상시켰다고 뼈아프게 느꼈다(김석규, 2005: 247).

3장

김형욱과
김대중의 내통

대선 참모장으로 픽업된 강창성

　미국이 자신들의 국익을 위해 주한 미 지상군을 일방적으로 감축해 가는 즈음 제7대 대통령 선거일(1971.4.27.)이 임박해오고 있었다. 박정희로서는 미국의 급격한 대한정책변화에 능동적으로 대처하면서 대통령 선거도 준비해야 하는 이중적 부담을 안게 됐다.

　시시각각으로 변하는 국내외 정세에 효율적으로 대응하기 위해서는 중앙정보부의 기민한 정세판단과 대응활동이 필요했다. 하지만 김형욱 후임으로 부임한 김계원은 조직을 확실하게 장악하는 리더십을 보여주지 못했다.

　우유부단한 처세에다 인사정책도 난맥을 보여 직원을 제대로 통솔하지 못했다. 심지어 산하 국장들이 여당 실세인 김성곤 공화당 재정위원장에게 먼저 중요한 정보를 보고하고 난 다음 부장에게·보고하는 지경에까지 이르렀다(이종찬, 2015: 234).

중앙정보부의 리더십이 흔들리는 사이 1970년 9월 야당의 대통령 후보로 김대중이 선출됐다. 박정희로서는 자신을 보호해줄 최측근 집단인 중앙정보부가 동요하는 모습이 불안했다.

그러한 시기 박정희는 김계원 부장의 리더십을 보완해 줄 인물로 강창성을 중앙정보부 차장보로 배치했다. 중앙정보부에 국내 정치 담당 보안차장보를 만들어 그 자리에 강창성을 앉혔다. 김대중이 야당 후보로 선출된 직후인 1970년 10월이었다.

박정희는 강창성을 임명하면서 "김대중이가 야당 후보가 됐어. 어느 선거보다 어려운 선거니까 경험 있고 판단을 잘하는 당신이 김 부장을 도와 줘"라고 당부했다. 이 시기 박정희는 "임자 지모(智謀)는 제갈공명하고 비슷한 것 같애"라며 강창성을 신임하고 있었다.

강창성 역시 그즈음 박정희를 존경하고 있었다. 강창성이 박정희를 가까이서 지켜본 때는 1958년이었다. 그때 박정희 준장은 사단 전력 평가를 위한 심판단의 단장으로 일하면서 강창성 중령을 작전 참모로 데리고 있었다. 두 사람은 광릉의 야전 천막 속에서 1년 가까이 함께 지냈다. 이때 박정희를 관찰한 강창성은 훗날 이런 평을 남겼다.

가까이서 본 박 대통령은 청렴하고 용기 있는 장교였습니다. 그리고 사범학교와 만군 일본 육사를 거친 때문인지 아는 게 많고 판단력이 예리했습니다. 부하들에게 자신의 정을 흠뻑 쏟아주고 그 사람이 능력을 백분 발휘하도록 만들었습니다(월간조선, 1993.9월호).

이때 맺은 인연으로 강창성은 박정희의 신임을 받아 5·16 후 승승장구하게 된다. 5·16의 주체가 아니면서도 항상 육사 8기 가운데 선두를 달렸다.

강창성은 중정 차장보로 부임하자 박정희의 신임에 부응하기 위해 최선을 다했다. 차장보 산하에 행정관을 두고, 보좌관제를 신설해서 대선 정세를 판단하는 임무를 주었다. 정치정보 보좌관은 정량, 경제정보 보좌관은 이종찬을 임명했다. 정량은 이종찬의 경기고교 3년 후배로 서울대 정치학과를 졸업한 인물이었다. 고교 기수로는 3년 차이가 있었으나 중앙정보부에는 정규과정 1기로 함께 임용된 동기였다.

중앙정보부 정규과정 제도를 만든 인물도 강창성이었다. 1965년 강창성은 중앙정보부 직원 교육기관인 정보학교의 교장으로 발령받았다.

그를 정보학교장으로 발탁한 인물이 김형욱 중앙정보부장이었다. "육군대학에서 강의를 들을 때 교수들 중에 당신이 제일 잘 가르치더라"는 것이 김형욱의 발탁 이유였다(월간조선, 1993.9월호).

강창성은 정보학교장으로 정규과정 1-3기를 교육시켜 중정이 설립 초기 제자리를 잡는데 많은 기여를 했다. 그는 1966년 중앙정보부 기조실장으로 승진했다가 1969년 5사단장으로 전출해 나갔다.

박정희와 김대중의 마키아벨리스트들

제7대 대선(1971.4.27.)이 임박해오면서 여당의 박정희 후보와 야당의 김대중 후보 주변에 권모술수에 능한 마키아벨리스트들이 포진하기 시작했다. 정권을 사수하느냐 아니면 정권을 교체하느냐 하는 한판의 싸움이 이들의 지략에 달려 있었다.

김대중과의 선거 전쟁을 앞두고 강창성과 함께 중앙정보부의 정치 담당 요직에 새롭게 배치된 인물이 전재구 중정 대구분실장.

1969년 3선 개헌 작업 과정에서 김형욱 부장에게 찍혀 대구분실장으로 밀려났다가 김대중이 야당 후보로 확정되자 정치담당 3국장으로 롤백했다.

전재구는 중정 창설 때부터 정치 담당 국장을 맡아 1960년대 국내 정치 전반을 배후에서 요리한 인물로 알려져 있다. 5·16 후 두 번의 대통령 선거, 두 번의 국회의원 선거를 치른 경험이 있다.

김계원 부장의 비서실장이었던 김동근이 건의해서 성사된 인사였다. 전재구와 육사 8기 동기였던 김동근은 김계원 부장의 배재중학교 후배로서 김계원의 신임을 받고 있었다(김충식, 1992: 253).

국내 담당 차장보인 강창성의 직속 부하로 전재구가 배치되어 김계원-강창성-전재구로 이어지는 지휘라인이 구축됐다.

박정희는 강창성에게 많은 기대를 걸었다. 김계원을 부장에 임명한 지 얼마 되지 않은데다 조금 무능하지만 충성심이 강한 김계원을 섣불리 내칠 수도 없었다. 그에 따라 김계원 부장을 그대로 둔 채 부장을 대신해서 선거를 준비하라는 뜻으로 강창성을 차장보로 임명한 것이다.

강창성이 차장보로 부임한 직후인 1970년 11월 어느 날 박정희는 강창성을 불러 "야당 사람들이 김계원 부장을 '남산골 샌님'이라고 한다면서…"라며 못마땅한 뜻을 비쳤다(김충식, 1992: 256).

하지만 강창성으로서도 새로운 붐을 일으키고 있던 김대중 바람을 잠재우기 어려웠다. 그는 군에서는 지장(智將)으로 소문났으나 정치적 술수에 능한 야당 정치인들을 상대하기에는 부족했다. 강창성은 매일 국내정보국의 전재구 국장, 김성락 부국장, 김영광 판단조정과장 등이 만들어내는 정보보고서와 공작보고서에 파묻혀 살았다(이종찬, 2015: 236-237).

강창성이 박정희의 책사로 일하고 있을 즈음 김대중의 곁에는 엄창록이 있었다. 김대중 전 대통령이 1960년대 정치적 거물로 성장하는 데는 엄창록이라는 인물의 도움이 컸다.

김대중은 1961년 5월 13일 강원도 인제군의 보궐선거에서 처음으로 국회의원에 당선됐다. 5·16 정변 직전이었다. 1954년 그의 고향 목포에서 낙선한 이래 네 번을 패배하다가 다섯 번째 선거에서 당선됐다. 그러나 3일 후 일어난 5·16 정변으로 그는 다시 국회에서 물러나야 했다.

5·16 군정이 끝나고 민정이양을 위해 1963년 11월 26일 실시한 제6대 국회의원 총선거에서 김대중은 그의 고향 목포에서 야당인 민주당 후보로 출마하여 당선됐다. 4년 후인 1967년 6월 8일 실시된 제7대 국회의원 선거 때도 목포에서 출마하여 재선됐다.

강원도 인제에서 김대중이 처음 국회의원에 당선될 때부터 그의 최측근에서 선거운동을 도운 인물이 엄창록. 그는 마타도어 선거전술의 대가로 알려져 있다. 근거 없는 사실을 조작해서 상대편을 중상모략하거나, 상대 진영을 교란시키기 위해 허위사실을 퍼뜨리는 흑색선전을 선거운동에 교묘히 접목시킨 인물이다.

예를 들어 상대 후보 진영의 이름을 적은 봉투에 아주 적은 금액의 현금을 넣어 집집마다 은밀히 돌린다. 비밀리 돈 봉투를 받은 유권자는 내심 큰 기대를 갖고 돈 봉투를 열어보지만 자신을 조롱하는 수준의 돈이 들어있는 것을 확인하고는 극도의 불쾌감에 빠지게 된다. 결국 그 유권자는 마타도어에 속아 허위로 돈 봉투를 돌린 후보의 지지로 선회하게 된다.

엄창록은 함북 주을 출신으로 원산 사범학교를 중퇴했다는 설도 있고, 김일성 종합대학을 졸업했다는 설도 있다. 그는 스스로 북에서 좌익조직을 경험했고 월남해서 전향한 사람이라고 밝혔다고 한다.

김대중의 최측근으로 널리 알려진 권노갑 전 의원은 1961년 인제 보궐선거부터 엄창록과 함께 김대중 선거운동을 도왔다. 김대중의 목포상고 후배로 영어 교사를 하다가 정치판에 뛰어들었다.

권노갑은 김대중이 엄창록을 처음 만난 과정에 대해 이런 증언을 남겼다. "엄 씨가 김대중 총재를 만난 건 우연이었다. 그는 인제 보선 때 우리를 돕던 현지 신 사장 밑에서 일하고 있었다. 그런데 조직방식이 뭔가 배운 가락이 있고 치밀하기 짝이 없었다. 목소리는 낮고 남 앞에 나서지 않으면서 배후에서 일하는 스타일이었다. 폐결핵을 심하게 앓아 수술도 한 병약한 사람인데…"(김 충식, 1992: 257-258).

1971년 4·27 대통령 선거를 앞두고 김대중은 다시 엄창록을 선 거에서 가장 핵심적 역할인 조직총책에 임명했다. 그 외 비서실 장 김상현, 비서 권노갑, 경남 담당 한화갑, 경호 책임 함윤식 등 으로 선거진용을 꾸렸다(함윤식, 1987: 72).

김형욱의 김대중 선거운동 지원

1971년의 대선 정국에서 가장 크게 변신한 인물은 김형욱 전 중앙정보부장이었다. 이후락과 함께 박정희의 3연임을 위해 3선 개헌에 앞장섰던 사람이 중앙정보부장직에서 밀려나자 돌변해서 박정희의 정적이었던 김대중을 지원하고 나섰다.

김대중 자신도 1986년 여름 일간지 정치부장들과의 회견에서 당시 김형욱으로부터 500만 원을 선거자금으로 받았다고 밝혔다 (함윤식, 1987: 70).

김형욱은 자신의 회고록에서 김대중의 선거운동을 지원한 사 실을 이렇게 실토했다.

사실 김대중의 통일론과 4대국 보장안 등의 연설 내용은 나와 얘기
가 많이 된 것이었다. 나는 김상현에게 이것저것 충고를 해서 보내

고 김대중의 선거자금 모금을 위해 발 벗고 나섰다. 몇몇 나와 절친한 사업가들을 설득하여 자금을 모으고 나도 가능한 대로 얼마를 보태 상당한 자금을 김상현을 통해 전해주었다. 그 자금의 액수와 그 사업가들이 누구였는지는 그들의 안전을 위해 여기서 이름을 밝히지는 않겠다. 다만 한 가지 훗날 선거가 끝난 후 김상현이가 중앙정보부에 끌려가 이것 때문에 심문을 당하고 죽도록 얻어맞고 했던 것이 결과적으로 내가 미국 망명을 결행한 주요한 이유 중의 하나였음만 밝혀두고자 한다(김형욱·박사월, 1985b: 81).

이러한 김형욱의 처신은 박정희에 대한 철저한 배신이었다. 김은 박정희의 면전에서는 철저하게 변심을 감췄다.

김대중이 신민당 전당대회에서 대통령 후보로 선출된 직후 박정희는 김형욱을 청와대로 불러 선거를 앞둔 민심의 흐름과 선거대책을 물어본 일이 있었다.

그 자리에서 김형욱은 민심 흐름과 대책을 네 가지로 정리해서 보고했다. 첫째는 영호남 지역감정이 극심해질 것이라는 전망이었다. 김대중이 전남 목포 출신이기 때문에 박정희 정권이 호남출신을 푸대접해왔다는 호남지역 주민들의 불만이 김대중 지지로 강하게 쏠릴 것으로 봤다.

둘째, 김대중의 통일론을 경계해야 한다고 건의했다. 북한 출신 실향민들을 중심으로 통일에 대한 열망이 높은 것을 겨냥해서 김대중이 3단계 통일론을 꺼내 실향민들의 향수를 자극하고 있다는 것이었다.

셋째, 향토예비군 제도의 문제점을 지적했다. 예비군에 동원되는 사람들의 불만이 극심한 데다 예비군이 훈련 도중 지나가는 처녀를 총으로 희롱하는 사건이 일어나는 등 정신상태까지 이완되어 예비군에 대한 관리대책을 세워야 한다는 것이었다.

넷째, 정부여당의 부정부패가 심각하고 세무 관리들의 행패가 심한 문제를 박정희에게 보고했다. 정치적 흑막이 개입된 것으로 알려진 큰 사건들을 흐지부지 처리하여 국민들의 불만을 사고 있고, 외자도입과 특혜융자에 대한 의혹을 제대로 규명하지 않아서 권력형 부정부패가 우심해지고 있다고 봤다.

이러한 문제점을 지적한 후 김형욱은 효과적인 선거체제를 구축하여 국민들에게 새로운 인상을 심어줘야 한다고 대안을 제시하며 국민들에게 좋은 이미지를 가지고 있는 김종필을 선거운동의 전면에 내세우라고 건의했다(김형욱·박사월, 1985b: 70-73).

이후락을 중앙정보부장에 앉힌 이유

김형욱이 박정희에게 서운한 마음을 품고 김대중에게 다가가고 있을 때 주일대사로 나가 있던 이후락이 중앙정보부장으로 복귀했다. 1960년대 최측근에서 오랫동안 박정희를 지켰던 두 사람은 이제 박정희의 길과 김대중의 길로 갈라서게 됐다.

이후락은 박정희의 재신임에 보답하려는 듯 1970년 12월 22일 중앙정보부장 취임식에서 직원들에게 이렇게 당부했다.

> 우리 부는 대통령 직속 기관으로서 최고 통치자 박정희 대통령이 국
> 정을 펴나감에 있어 공산주의는 물론 모든 잡스러운 요소를 제거하
> 는데 최우선적인 임무가 있다. 나는 여러분에게 법 또는 그 이상의
> 신분을 보장하겠으며, 그 대신 여러분은 조직의 일원으로서, 즉 세
> 포의 하나로서 최선을 다해야 한다⋯ 우리는 모두 박정희교의 신도
> 로서, 또 전도사로서 앞장서야 할 것이다(이종찬, 2015: 249).

이후락은 부임한 지 엿새만인 12월 28일 대대적인 조직개편을
단행했다. 부임 초기 부의 조직을 확고하게 장악하려는 의도였
다. 부장 밑에 차장 한 명과 보안차장보, 정보차장보, 운영차장보
등 차장보 세 명을 두었다.

보안차장보는 국내정보와 수사, 정보차장보는 국제 및 대북정
보, 운영차장보는 기획조정실장을 겸임하며 총무국, 감찰실, 학
교 등 인사·재정 업무를 맡았다.

김계원 부장 때 임용된 김치열 차장, 강창성 보안차장보와 이철
희 정보차장보는 유임시키고 운영차장보는 울산 출신으로 자신
의 심복이었던 이상열 전 병참감을 새롭게 임명했다.

이후락 부장 취임을 계기로 범정부 차원의 선거대책기구도 꾸
려졌다. 백두진 국무총리, 백남억 공화당 의장, 김성곤 공화당 재
정위원장, 박경원 내무장관, 김정렴 청와대 비서실장, 신직수 검
찰총장, 이후락 중앙정보부장 등이 참여하는 중앙대책위원회가

조직됐다.

이 대책위의 의장은 총리와 공화당 의장이 교대로 맡고 중앙정보부장이 간사를 맡았다. 중앙정보부의 강창성 보안차장보가 이후락 부장을 배석했는데 회의내용을 강 차장보가 종합 검토해서 사후대책을 강구하는 방식으로 운영됐다.

이 대책위는 1970년 12월 27일 궁정동 중앙정보부 안가에서 처음 열렸다(이종찬, 2015: 253). 이후락 취임을 계기로 중앙정보부가 선거의 중심축으로 등장한 것이다.

중앙대책위 하부조직으로는 실무대책위원회가 있었다. 김상복 청와대 정무담당 수석비서관, 김창근 공화당 대변인, 박영수 내무부 차관, 이봉성 검찰청 차장, 강창성 중앙정보부 보안차장보, 전재구 중앙정보부 국장 등이 멤버였다.

강창성 차장보의 보좌관이었던 이종찬(훗날 국정원장)은 강 차장보를 수행하며 이 회의에 참석, 회의내용을 주욱 지켜봤다.

훗날 박정희는 청와대에서 학계·언론계 가까운 인물들과 식사하면서 이후락을 중앙정보부장에 앉힌 이유를 이렇게 설명했다.

> 내가 어떻게 '조조'를 정보부장 시켰는지 알아. 신민당 전당대회가
> 열리기 전에는 김영삼이가 야당 대통령 후보가 된다고 보고가 올라
> 오더니 막상 대회에서 김대중이가 후보가 되더군. 나 자신 가슴이
> 철렁 내려앉는데 참모들은 하나같이 큰일 났다는 소리만 하고 있잖
> 아. 모두 김대중이가 김영삼이보다 세다는 거지. 밤에 잠이 안 오더
> 군. 그런데 말이야, 새벽에 불현듯 주일대사로 가 있는 조조가 생각

났어. 다음날 조조를 급히 불렀더니 조조는 '각하, 어차피 호남 표는 야당 거니까 일부만 꽉 챙기고 영남 표를 똘똘 뭉치게 하면 김영삼이보다 김대중이가 상대하기 더 쉽습니다'라고 하는 거야. 그 당시 그렇게 자신만만한 얘기를 듣기 어려웠지. 그래서 조조더러 '정보부장 맡아서 선거를 치러보겠느냐'고 했더니 하겠다는 거야. 그래서 내가 '전에 김형욱 정보부장을 김계원으로 바꾸려고 했을 때 김형욱이가 이 사실을 미리 눈치채고 김계원이를 조사해 허물을 까발리는 바람에 난처했던 적이 있으니 이번에는 이 사실이 새지 않게 비밀을 지키라'고 했어. 이 조조란 친구가 얼마나 부장이 하고 싶었던지 서너 주일을 아무 말 않고 버티더군(김진, 1992: 179-180).

중앙정보부에 포섭된 엄창록

4·27 대통령 선거를 꼭 세 달 앞둔 1971년 1월 27일 선거정국에 큰 영향을 미치는 사건이 일어났다. 이른바 '김대중 집 폭발물 사건'.

김대중 후보 내외가 미국을 방문 중인 사이 동교동 그의 집 마당에서 폭발물이 터지는 사건이 일어났다. 소리는 요란했으나 응접실 유리창이 하나도 깨지지 않고 다친 사람도 없었다.

이 의문의 사건에 대해 김대중 측은 중앙정보부의 공작이라고 몰아갔다. 하지만 경찰에서는 김대중 후보 진영에서 사회각계 관심을 끌어모으기 위해 꾸민 조작극이라고 봤다.

당시 김대중 후보의 핵심 참모인 엄창록이 김대중의 총선 출마 때마다 비슷한 자작극을 벌여왔기 때문에 이번에도 엄창록이 자작극을 날조한 것으로 의심했다.

1967년 전북 고창의 총선에서 공화당 후보로 출마했던 신용남은 야당 후보를 지원하기 위해 내려온 엄창록이 벌인 비슷한 자작극을 기억하고 있었다.

유세기간 중 엄창록이 신용남을 코너로 몰기 위해 '청년 하나를 내세워 기둥에 머리를 박아 피를 흘리게 한 후 공화당원들한테 두들겨 맞았다'는 식으로 흑색선전을 벌일 것이라는 첩보가 신용남 측에 입수됐다.

실제로 어느 날 술 취한 청년 한 명이 유세장에 피를 흘리며 나타나 공화당원들에게 언어맞았다고 떠들어댔다. 사전 첩보를 입수하고 있던 신용남 측이 곧바로 이 청년을 붙잡아 추궁하자 야당후보의 사주를 받았다고 자백했다.

폭발물 사건 후 김대중 후보 측이 중앙정보부의 공작이라고 계속 떠들어대자 답답해진 이후락 부장도 어느 날 중앙대책위에서 박경원 내무부 장관에게 따지듯이 물었다. "도대체 누가 한 거요. 경찰이 한 게 아니오." 하지만 박경원은 "경찰이 어찌 그런 짓을 합니까. 할 만한 데라고는 정보부밖에"라며 오히려 반박했다(김충식, 1992: 265).

이후락과 박경원의 대화로 미루어 이 사건을 중앙정보부의 공작이라고 단정 짓기 어려운 측면이 있다.

신출귀몰한 선거술로 정부여당에 각인되어있던 엄창록은 이 사건의 개입 여부에 대해 경찰의 집중조사를 받았다.

훗날 김대중 측근들은 중앙정보부의 엄창록에 대한 회유가 시작된 것도 이때부터라고 봤다. 이후락 부장은 이미 6국장 김성주 팀에 김대중과 엄창록을 분리시키라는 특명을 내려놓고 있었다 (김충식, 1992: 267).

수사당국은 14세의 김대중 조카 김홍준이 어린이 딱총용 화약가루를 모아 터뜨린 것으로 사건을 결론지었다.

김대중은 4·27 선거에서 539만 5,900표를 얻었다. 634만 2,828표를 얻은 박정희에게 94만 6,928표 모자라는 아쉬운 패배였다. 김대중 진영은 대선 패배의 큰 요인을 네 가지로 분석했다. 3선 개헌에 반대했던 김종필의 박정희 지원유세 가담, 더 이상 표를 달라고 하지 않겠다고 호소했던 박정희의 마지막 출마 공약, 김대중에 대한 신민당 당내 중진들의 비협조, 그리고 엄창록의 배신.

김대중 전 대통령 역시 훗날 발간한 자서전에서 엄창록의 배신을 중요한 패인으로 꼽았다.

…그런 중에 조직 참모 엄창록이 저들의 회유와 협박에 넘어간 것은 내게는 큰 타격이었다. 참으로 아쉬웠다. 1967년 목포 선거에서는 출중한 지략으로 행정력이 총동원된 관권 선거를 무력화시켰다. 선거 판세를 정확히 읽고 대중 심리를 꿰뚫는 능력을 지녔다. 무엇보다 조직의 명수였다. 이후락 부장이 직접 지시하여 정보부원들이 그의 부인에게 "당신 남편의 생명을 보장할 수 없다. 알아서 하라"며

협박했다. 몸이 약했던 그는 결국 돈과 협박에 굴복했다. 그는 우리 선거 캠프를 떠나 잠적했고, 정보부원들이 홍콩으로 데려갔다는 설이 한동안 떠돌기도 했다. 엄창록, 그가 곁에 있었다면 적어도 부정선거를 막는 데 많은 도움이 되었을 것이다. 선거전에서 또 다른 양상이 전개되었을지도 모른다(김대중, 2010: 237).

엄창록은 4·27 선거를 열흘 앞둔 4월 16일 참모회의부터 김대중 진영에 나타나지 않았다. 그가 다시 김대중 측에 모습을 보인 것은 선거가 끝나고 한 달 보름쯤 지난 6월경이었다. 그는 기관원들에 납치되어 속리산에 있다가 왔다고 둘러댔으나 중앙정보부에 회유당했다는 말은 하지 않았다.

하지만 훗날 중앙정보부 간부들의 말에 따르면 그 당시 엄창록은 중앙정보부에 포섭되어 있었다. 가장 확실한 증언을 남긴 인물은 강창성 밑에서 선거공작에 참여했던 이종찬 전 국정원장의 기록이다. 그 당시 이종찬의 일기에는 이렇게 적혀 있었다.

여당에서 가장 두려워하는 김대중의 조직 참모 엄창록을 회유해 우선 200만 원으로 병 치료와 요양을 구실로 속리산으로 피신시켰다. 그리고 엄창록의 명단에 따라 사조직을 완전히 밝혀냈다. 엄창록은 그 대가로 2,000만 원을 받았고 선거 후 생계도 책임지도록 했다. 엄창록을 회유하는 데 이후락 부장이 직접 만났다는 설도 있지만 확인되지 않았고, 현재 6국 공작과의 임 모 과장과 직원 두 명이 전담해 행동을 같이하고 있다(이종찬, 2015: 256).

김대중의 중앙정보부 해체 공약

엄창록의 배신은 김대중 측에 큰 충격을 주었다. 대선이 끝나고 잠시 김대중 진영에 얼굴을 보이고 사라진 엄은 1988년 사망할 때까지 다시는 김대중 진영에 나타나지 않았다.

김대중 역시 엄창록이 사망했을 때 그의 빈소조차 찾지 않고 측근인 이용희를 보내 조문을 대신했다. 이용희는 김대중의 최측근이었다.

1969년 3선 개헌 직후 김대중에게 대통령 출마를 처음 권유한 사람도 이용희였다(김대중, 2010: 208-209).

훗날 이용희는 김충식 기자에게 엄창록이 건강과 생활난에 견디다 못해 회유공작에 굴복했다며 '정치적으로는 김대중 후보에 대한 철저한 배신이었다'고 비난했다(김충식, 1992: 268).

김대중은 임종 직전인 2010년 출간한 자서전에서도 중앙정보부의 선거공작과 지역감정 조장 때문에 졌다고 당시 패인을 분석했다.

대선이 가까워지자 경상도지역에 지역감정을 조장하는 유인물이 대량 살포됐는데 이것 역시 중앙정보부의 공작으로 봤다.

엄창록을 중앙정보부에 빼앗긴 김대중의 불만은 선거 마지막 유세인 1971년 4월 18일 장충단 공원 유세에서 폭발했다. 그 유세에서 김대중은 중앙정보부를 이렇게 비판했다.

⋯이러한 독재정치, 이 독재정치의 총본산이 중앙정보부예요. 오늘

날 중앙정보부는 언론을 완전히 장악해서 신문과 방송이 사실을 보도 못 하게 하고, 부정선거를 지휘하고, 야당을 탄압하고, 야당을 분열시키고 심지어 여당조차도 박정희 씨 1인 독재에 반대하는 사람은 살아남지 못해… 중앙정보부는 학생들을 때려잡고, 학자와 문화인들을 탄압하고 못 하는 일이 없어. 정계에 개입해 가지고 모든 일마다 간섭하고 요새도 경제인들을 수백 명 불러다가, "김대중에게 돈 주지 말라. 만일 돈 주었다가는 너희 사업을 망쳐놓겠다." 협박을 해 가지고 돈을 절대로 안 준다는 각서를 받고 있어요… 여러분! 중앙정보부는 공산당은 잡지 않고, 독재의 총본산이요. 따라서 만일 이와 같은 정보정치를 그대로 놔두어 가지고는 이 나라의 이 암흑과 독재를 영원히 제거할 수 없을 뿐만 아니라, 국민 여러분의 권리와 국민 여러분의 자유가 소생될 길이 없는 것이기 때문에 내가 정권을 잡으면 이런 암흑 독재의 무덤을 이루고 있는 중앙정보부를 단호히 폐지함으로써 국민의 자유를 소생시키겠다는 것을 여러분에게 약속하는 것입니다.

김대중은 이날 중앙정보부 해체 이외에도 박정희의 자주국방 정책을 정면 비판하는 발언을 많이 했다. 김일성이 10년 내에는 남침하지 못한다고 주장하며, 대통령에 당선되면 향토예비군과 학교 교련을 폐지하겠다는 등 유세기간 중 계속 주장했던 상당히 진보적인 공약들을 재확인했다.

김재규의 대규모 간첩단 사건 발표

남북긴장이 극도로 치닫던 냉전 시대에는 간첩 사건이 자주 야당을 견제하는 수단으로 동원되곤 했다. 6·25 전쟁을 겪으며 북한 공산당의 잔혹성을 체험했던 국민들은 김일성 집단에 동조하는 사람은 용서할 수 없다는 인식이 팽배해 있었다.

더욱이 김일성 집단의 지령을 받아 간첩활동을 전개했다면 공공의 적이 되기에 충분했다. 정부여당은 이러한 국민들의 심리를 선거에 곧잘 이용하곤 했다. 대규모 간첩 사건 혹은 북한 테러 사건의 조사 결과를 선거에 임박해서 터뜨리는 방식이었다.

1980년대까지 이와 같은 관행이 반복되면서 정보수사기관에 대한 국민 불신을 초래하는 중요한 원인이 됐다. 북한의 지령을 입증할 수 있는 충분한 증거가 나타난 간첩 사건까지도 정보수사기관의 조작으로 의심받거나 간첩 경력자들이 민주화인사로 둔갑되는 사례도 많아졌다. 1987년 민주화 이후 이러한 경향은 더욱 심해졌다.

육군 보안사령부가 1971년 4월 20일 발표한 재일교포 모국 유학생 간첩단 사건도 그 사건의 발표시점에 대한 순수성을 의심받기에 충분했다. 대통령 선거를 불과 일주일 앞두고 공개된 간첩 사건이었다.

이 사건은 김대중 후보 진영이 알게 모르게 간첩들과 연계되었을 의심을 받을만한 소지를 안고 있었다. 간첩단 사건의 한 명인 서승(徐勝)이 당시 김대중 후보 비서실장이던 김상현의 집에서 10

개월 정도 함께 거주한 사실이 있었다.

보안사는 서승을 북한과 김대중을 연결하는 고리로 보고 이 점을 집중 추궁했다. 보안사는 김상현을 소환해서 '북에서 어떤 지령을 받았고, 어떤 메시지를 보냈느냐'고 캐물었다(김충식, 1992: 309-310).

김재규 보안사령관은 간첩단 사건 발표 직후 가진 기자간담회에서 간첩들이 북한으로부터 지령받은 임무 가운데 교련반대 데모 배후조종, 요인암살 등과 함께 야당 후보 지지 선동 임무가 있었다며 김대중과의 연루 의혹을 풍겼다.

이날 보안사가 발표한 서승의 간첩혐의를 보면 서승은 동생 서준식과 함께 친형인 북한 공작원 서일식에게 포섭되어 1967년 8월 북한으로 들어가 밀봉교육을 받은 후 서울대 대학원 사회학과에 입학했다.

동생 서준식은 간첩단 사건 발표 당시 서울대 법대에 재학 중이었으며 1970년 8월에는 친형 서승과 함께 평양에 들어가 밀봉교육을 받고 노동당에 입당, 서울법대 각 서클에 적극 참여하고 학원가 동향을 보고하라는 등의 지령을 받고 1970년 9월 서울로 들어와 간첩활동을 한 혐의를 받았다.

그리고 간첩 정 모는 제주가 고향으로 해병대 제대 후 일본으로 밀항, 조총련 재일 지도원에게 포섭되어 평양에서 3개월간 간첩교육을 받는데, 공군 조종사를 포섭해서 청와대를 폭격하거나 청와대 요리사를 포섭해서 대통령을 독살하라는 지령을 받았다 (경향, 1971.4.20.).

자동차 사고 암살음모 주장의 신빙성

1971년 4월 27일 제7대 대통령 선거가 끝나고 한달 쯤 지난 5월 25일 제8대 국회의원 선거가 실시됐다. 94만 여 표 정도의 근소한 차이로 패한 김대중은 총선에 나선 야당 후보들을 지원하기 위해 많은 유세를 다녔다.

사회관계망 서비스(SNS)가 대중화되지 않았던 그 시절 대중유세는 정당의 정책을 효율적으로 알리는 중요한 선거 수단이었다. 웅변에 능했던 김대중의 지원을 요청하는 야당 입후보자가 많았다.

5월 25일 선거일을 앞두고 호남지역 유세를 다니던 김대중에게 큰 교통사고가 일어났다. 목포 비행장에서 광주 비행장으로 이동하던 길이었다. 목포 비행장에서 비행기를 타고 서울로 이동할 계획이었으나 목포 비행장 측으로부터 기상악화로 비행기가 뜰 수 없다는 연락을 받고 광주 비행장을 이용하려는 예정이었다.

비가 내리는 왕복 2차선의 길에서 맞은편에서 달려오던 대형 트럭이 김대중 차의 뒤편 1/5 정도를 들이받고 바로 뒤에서 따라오던 택시와 정면충돌하여 택시에 타고 있던 두 사람이 즉사했다. 김대중의 차는 오른쪽 논두렁으로 튕겨져 나가 처박혔다. 김대중은 이때 고관절을 다쳤다.

그 후 김대중은 이 사고가 자신을 살해하려는 여권의 음모였다고 주장했다. 임종 직전 남긴 자서전에서도 이 주장을 굽히지 않았다.

그리 큰 비가 오지 않았는데도 비행기가 뜨지 않았고, 사고를 낸 대형 트럭의 소유자는 공교롭게도 공화당원인 변호사였다. 그는 이번 선거에서 비례대표 8번을 부여받아 당선이 확실한 인물이었다. 우리 야당은 사건을 쟁점화하고 의혹들을 천하에 알렸다. 수사에 나선 검찰은 나중에 붙잡힌 운전기사를 살인 혐의로 기소했다. 하지만 돌연 사건을 담당했던 검사가 좌천을 당하고, 바뀐 검사는 이 사건을 단순 교통사고로 처리해 버렸다(김대중, 2010: 259).

하지만 당시 김대중의 경호실장이었던 함윤식은 김대중의 음모론을 부인했다. 사고가 나던 날도 함윤식은 김대중의 차를 바로 뒤에서 뒤따르고 있었다.

그날 1호차에는 김대중, 2호차에는 함윤식을 비롯한 경호원, 3호차에는 김대중의 주치의였던 김대중의 둘째 처남 이경호가 타고 있었다.

비가 내리는 가운데 무안 근처에 이르렀을 때 2호차 뒤를 따라오던 택시가 앞질러 가겠다는 신호로 라이트를 켜다 *끄다* 했다. 그에 2호차는 추월을 양보했다.

이어 함윤식이 2호차에서 보니 앞서가던 택시가 1호차까지 앞지르려고 라이트를 다시 켜다 *끄다* 했다. 왕복 2차선의 좁은 도로였기 때문에 마주 오는 차가 없는 순간 1호차가 속도를 늦추면 추월하겠다는 표시였다.

함윤식은 2호차에서 그 광경을 지켜보고 있었다. 1호차 추월을 시도하던 택시는 두세 번가량 1호차 왼편으로 바짝 따라붙어 추월을 시도하기도 했다. 그러다 추월을 마음먹은 듯 갑자기 속력을 높이며 왼쪽으로 비켜나갔다.

그 순간 나타난 대형 트럭이 놀라 핸들을 틀었으나 김대중 차의 뒤 1/5 정도를 부딪치고 택시와 정면충돌하여 승객 2명이 즉사했다.

사고 직후 함윤식은 급히 추락한 1호차로 다가가 김대중을 꺼내고 트럭 운전사를 붙잡아 경찰에 넘기는 등 응급조치를 취했다. 이 사고를 가장 가까이서 제일 정확하게 지켜본 사람이 됐다.

훗날 함윤식은 김대중의 암살음모론을 부인하며 이 사건의 진상에 대해 이런 증언을 남겼다.

김대중 씨가 대중연설을 할 때마다 자신은 다섯 번의 죽을 고비를 넘겨왔다고 주장하는 사건 중의 하나가 이 사고이다. 김대중 씨는 사고 후 '기묘하게도 트럭 운전사는 어디론가 사라져 버렸다'고 지적하면서 '정부가 자동차 사고를 빙자해서 나를 살해하려고 한 충돌 사건'이라고 주장, '이 사고는 누가 보아도 고의적인 것이었다.'고 말하고 있다. 그러나 운전사는 경호원들이 붙잡고 있다가 분명히 경찰에게 인계되었다. 사고를 처음부터 끝까지 살펴본 내 경험과 상식으로 그 사건은 어느 누구에 의해 저질러진 '고의적'인 것이 아니며, 비가 오는 날 일어난 우발적 교통사고에 지나지 않았다(함윤식, 1987: 121).

김대중의 4대국 안전보장론

박정희가 자주국방을 국정목표로 설정하고 다양한 방위정책을 추진해나간 데 비해 김대중은 그에 반대 입장을 보이며 4대국 안전보장론을 내세웠다. 1971년 4월 27일의 제7대 대통령 선거를 앞두고 두 사람의 안보논쟁은 격화됐다.

김대중은 1970년 9월 29일 신민당 전당대회에서 야당의 대통령 후보로 선출됐다. 이어 10월 16일 대통령 후보의 자격으로 첫 기자회견을 가졌다. 이 회견에서 김대중은 박정희의 자주국방론에 정면 배치되는 안보공약을 내걸었다.

미·중·소·일 4대국의 한반도 전쟁억제 보장, 향토예비군 제도 폐지, 남북한의 화해와 교류 및 평화통일, 공산권 국가들과의 관계개선과 교역추진을 주장했다.

4대국 안전보장론은 한반도 주변 4대국으로부터 남과 북을 부추겨서 전쟁을 일으키지 않겠다는 약속을 받아내겠다는 것이었다. 이에 대해 공화당의 대통령 후보였던 박정희는 "우리의 적인 소련과 중공에게 우리의 안보를 맡기자니 무슨 소리인가? 국가의 기본인 반공에 정면으로 위배되는 주장"이라고 비난했다.

김대중은 살아생전 이 주장이 옳았다고 주장했다. 그러면서 훗날 한반도 핵 위기 문제를 논의하기 위해 마련된 6자 회담을 예로 들었다.

하지만 김대중이 이 공약을 내놓을 당시는 청와대 기습사건, 미 푸에블로함 납북 등 한반도 긴장이 6·25 전쟁 이후 최고조로 높았던 시기이다. 더욱이 중공과 소련은 공산주의 국가들로서 한국과 국교를 맺지 않은 상태였다. 그런 점에서 당시 김대중의 공약은 실현 가능성이 그리 높지 않았다.[2]

김대중은 향토예비군도 폐지하자고 했다. 향토예비군은 북한 게릴라의 청와대 기습사건을 계기로 1968년 4월 1일 창설됐다. 청와대 기습사건에 이어 그해 10월과 11월 울진·삼척지구에 무장공비가 나타났을 때는 그 효용을 인정받은 제도였다. 그럼에도 김대중은 이를 폐지하자고 했다. 제도가 도입된 지 불과 2년여 지난 시점이었고 당시 한국처럼 공산 게릴라들이 준동하고 있던 말레이시아, 필리핀 등지에서도 공산 게릴라의 확산을 저지하는 방편으로 비슷한 제도가 운영되고 있었다.

안보를 빌미로 전 국민을 군사 조직화할 우려가 있다는 점, 일부 예비군들이 돈을 주고 훈련에서 빠지거나 다른 사람을 대리로 참석시키는 등 부작용이 속출하고 있다는 점 등이 김대중의 폐지 논거였다.

이에 대해 정부여당은 국가존립에 중대한 위협을 주는 정책이라며 즉각적인 공약 철회를 요구하고 나서는 등 역풍이 강하게 일어났다. 하지만 김대중은 선거가 끝날 때까지 향토예비군 폐지 공약을 철회하지 않았다.

---

2   당시 야당지지 성향이었던 동아일보는 사설을 통해 "미·일·소·중 등 4개 국가에 대해 한반도에서의 전쟁억제를 공동으로 보장하도록 요구할 것이라는 안은 당장은 실현성이 희박하더라도 주목할만한 새로운 정책제시"라고 호평했다(1970. 10. 17자).

훗날 김대중은 이 정책을 고집한 이유가 정치적 계산에 있었음을 고백했다. 야당의 당력을 결집시키면서 국민적 관심을 촉발시킬 폭발력이 강한 이슈가 필요했고, 박정희 정권의 '반공독재'를 깨뜨릴 기폭제가 절실했기 때문이라고 해명했다(김대중, 2010: 219). 국가안보에서의 효용보다는 대통령 선거에서 이기고 보자는 정략적 의도에 비중을 둔 공약이었다.

남북교류와 평화통일 공약 역시 당시 정부정책과 정면 대립하는 공약이었다. 그때 정부는 성급한 통일보다는 북한과 대등한 국력을 갖춘 다음 통일을 논의하자는 입장이었다.

그때 기준으로 남한의 국력이 북한에 비해 열세였기 때문에 선부른 통일을 논하다 북한의 대남공작에 말려들 것을 우려하고 있었다.

김대중의 남북교류론에 대해 당시 김종필은 "김대중이가 피리를 불면 김일성이 춤을 추고, 김일성이 북을 치면 김대중이가 장단을 맞춘다."고 김대중의 친북적 남북교류론을 비판했다.

4장

**항명세력 제압과
평양 밀행**

70년대 초 국내외 정세의 요동

이후락이 제6대 중앙정보부장으로 재임하던 시기(1970.12~
1973.12)는 국내외 정세가 급변하던 시기였다.

제7대 대통령 선거(1971.4.27.)가 끝나고 10월 유신이 선포되는
1972년 10월 17일 사이 국내, 국제, 대북 분야에 큰 변화가 있
었다.

국내에서는 대학가의 교련반대 데모가 경찰력으로 감당하기
힘들 정도로 악화됐다. 교련폐지 공약을 내건 김대중 후보의 영
향이 컸다.

급기야 박 대통령은 위수령을 발동했다. 1971년 10월 15일 대
통령이 학원질서 확립을 위한 특별명령을 발동하자 서울시장이
위수령 제12조에 의거 군 당국에 병력지원을 요청했다. 이에 군

당국은 서울대, 고대 등 서울 시내 7개 대학에 진주하여 데모 주동학생 색출작업을 벌였다. 사태가 안정되자 그해 11월 9일 위수령은 해제됐다.

학원가의 반발과 함께 여당인 공화당 내부에서도 김성곤, 길재호 등 4인방이 박정희의 지도력에 정면 도전하는 사태가 일어났다. 4인방이 야당에서 제출한 내무부장관 해임안에 동의한 것이다. 박정희는 공화당의 항명 사태를 강압적으로 해결했다.

국제관계에서는 미국과 중공의 화해가 급격히 진전되고 있었다. 중공이 1971년 10월 15일 유엔에 가입함으로써 중국을 대표하는 국가는 이제 대만이 아닌 중공이 됐다. 이어 닉슨 미 대통령이 미국 대통령으로서는 처음으로 1972년 2월 21일 중공을 방문하여 마오쩌둥과 정상회담을 가졌다. 이러한 데탕트 분위기에 편승, 일본과 동남아 국가들도 중공과의 관계 개선에 나섰다.

한미일 동맹을 중심으로 동남아국가연합(ASEAN)과 반공전선을 펼쳐오던 한국으로서는 요동치는 아시아 정세에 불안할 수밖에 없었다.

이러한 위기국면을 모면하기 위해 박 대통령은 닉슨이 중공을 방문하기 전 자신과 회담을 가질 것을 제안했다. 닉슨의 중공 방문계획이 1971년 7월 15일 공개되자 박 대통령은 중공과의 회담에서 주한미군 철수문제가 거론될 것을 우려, 이에 대한 반대 입장을 전달하기 위해 한미 정상회담을 비밀리 추진했다.

하지만, 이 제안은 불발됐다. 미국 측이 한국과 정상회담을 가지게 되면 필리핀, 베트남, 태국 등 동남아 국가들과의 관계도 고려해야 한다는 이유로 거부했다(이홍환, 2002: 172).

대북 분야에서는 남북적십자회담이 시작됐다. 미국과 중공의 데탕트에 적응하기 위해서는 남북 간에도 대화가 필요했다. 그 출발점을 한국은 남북 이산가족 찾기 운동으로 정했다. 북한을 대화로 끌어내기 위해서는 북한이 거부하기 어려운 순수한 인도주의적 문제를 대화의 소재로 삼아야 한다는 판단 때문이었다.

예상대로 대한적십자사 총재가 1971년 8월 12일 이를 정식 제의하자 북한이 이틀 뒤 수용함으로써 그해 9월 20일 판문점에서 남북적십자 제1차 예비회담이 열렸다. 남북관계에서 남북대화라는 새로운 구도가 작동되기 시작한 것이다.

학원·종교·재야 대정부비판활동의 확산

1971년 4월 27일 대통령 선거가 끝났으나 선거의 여진이 계속됐다. 신민당은 "4. 27 선거는 중앙정보부에 의해서 계획된 완전 범죄의 선거였으며 전 국력을 동원하여 한 개 야당을 때려잡는 소리 없는 암살의 선거였다."는 성명을 발표했다.

대통령 선거를 앞두고 김대중 후보를 지원하기 위해 김재준, 이병린, 천관우 등 중심으로 조직(1971.4.19.)된 〈민주수호국민협의회〉도 선거결과에 승복하지 않았다.

전국에 1만여 명의 회원을 거느린 한국기독학생회총연맹

(KSCF)은 선거를 앞두고 김대중을 측면 지원하기 위해 전국 조직을 동원, 대학생 교련 반대운동을 전개했다. KSCF의 대학생 운동을 관장하는 대학부장이 김형욱 회고록의 공동 저자인 필명 박사월, 본명 김경재였다.

대선을 앞두고 4월 6일부터 고려대에서 시작된 데모는 서울대, 연세대, 성균관대 등으로 퍼져갔다. 여기에 김대중 후보가 불을 질렀다. 4월 18일 장충단 유세에서 예비군 제도 폐지와 함께 대학 교련을 철폐하겠다고 공언했다. "우리가 정권을 잡으면, 4월 27일 민주주의가 승리하면, 이와 같은 독재주의의 군사 교련은 당연히 자동적으로 폐지된다는 것을 여러분 앞에 다짐한다."고 큰소리쳤다.

김대중의 공약에 자극받은 대학생들은 선거가 끝나자 다시 교련반대 데모를 시작, 급기야 서울 문리대, 상대, 법대 등에 휴교령이 내려졌다.

8월 10일에는 경기도 광주, 지금의 성남 구시가지에 살던 5만 명 이상의 영세민들이 세금 면제와 실업자 구제를 요구하며 성남 경찰서 출장소를 불태우는 등 난동을 부렸다.

9월 15일에는 서울 시내 KAL 빌딩에 체불임금 지급을 요구하는 한진상사 기술자 4백여 명이 몰려가 국제선 항공 예약계에 불을 지르고 직원들을 구타하는가 하면 유리창을 파손했다.

10월 5일부터 3일간 강원도 원주에서는 지학순 주교가 1천여 명의 교인과 학생들을 동원해서 부정부패 규탄대회와 횃불데모를 벌였다. 해방 후 한국 종교계 최초의 현실참여 운동이었다.

북한의 허담 외상은 김대중의 통일론에 호응하고 나섰다. 김대중 후보의 4대국 안전보장론과 남북교류론 등을 받아들이겠다고 화답했다. 대신 주한미군 철수, 한미협정 및 한일협정 폐기, 남북 협상 등 8개 항을 선행조건으로 내세웠다(이종찬, 2015: 259).

아시아의 군사력을 감축하려는 닉슨 독트린에 따라 미 7사단이 철수하고 휴전선 전역을 한국군이 경계해야 하는 등 가중되는 안보위협에 불안해하던 박정희로서는 대선과 총선을 거치며 급격히 이완된 국내 사회질서와 북한의 위장 평화공세가 두려웠다.

대선이 끝나고 1년여 지난 1972년 6월 어느 날 박정희는 홍종철 사정특보와 동훈 비서관과 함께 점심을 나누며 대선 때의 심경을 솔직히 토로했다.

> 그런데 그 군중이 나는 참 무서웠어. 군중이 혼란을 일으키면 결국 무력을 동원해야 진정이 되어요. 내가 4·19 때 부산 계엄사무소장이었는데 그런 꼴을 보았어요. 내가 정복을 입고 군중 앞으로 나아가서 '같이 만세를 부르자'고 하여 진정을 시켰어요. 만약 그 장충동에서 북괴가 모략전을 펴서 경찰관 복장을 한 사람으로 하여금 총을 쏘게 해놓으면 걷잡을 수 없는 상황이 벌어진다고. 그를 빌미로 하여 북괴가 군대를 들여보낼 수도 있지 않겠어. 그날 나는 연설할 때 그런 걱정으로 내가 무슨 말을 하는지 모를 정도였어요. 연설을 마치고 내 자리로 돌아와서 수행원에게 맨 처음 물은 말이 '휴전선에 이상이 없느냐'였어. 청와대로 돌아와서도 군중들이 다 해산했다는 보고를 받고 저녁을 먹었어(조갑제, 2006: 188-189).

이후락의 라오스 잠입 경험

태양이 지구를 중심으로 돌고 있는가(천동설), 아니면 지구가 스스로 돌고 있는가(지동설). 이중 어느 관점에 서느냐에 따라 만물을 보는 시각은 달라진다. 코페르니쿠스가 지동설을 주장하기 이전까지 사람들은 모두 천동설을 믿었다.

한반도를 둘러싼 정세에 대한 인식도 한민족을 중심으로 세계 각국이 움직일 것이라고 믿을 것인가, 아니면 세계 각국이 저마다의 이익에 맞춰 한민족을 움직인다고 볼 것인가. 그 관점에 따라 국제정세에 대처하는 방식은 확연히 달라진다.

김대중의 4대국 안전보장론은 천동설에 가깝다. 주변 4국이 한민족을 위해 한반도의 안전과 평화를 보장해줄 것이라는 믿음을 전제로 하고 있다. 반면, 박정희의 자주국방론은 지동설에 가깝다. 주변 4국이 저마다의 이익을 위해 투쟁하고 있는 현실에서 주권을 수호하기 위해서는 한민족 스스로 자신을 지킬 군사력, 그 군사력을 지탱할 경제력을 가져야 한다고 본 것이다.

이 대조적인 시각이 1970년대 내내 박정희 중심세력과 김대중 중심세력을 뒷받침한 국가안보의 이론적 베이스다.

1971년 7월 16일 대통령 박정희를 불안하게 하는 사건이 또 일어났다. '미국의 키신저 백악관 안보 담당 특별보좌관이 7.9~11일간 비밀리 북경을 방문, 중공의 2인자인 주은래와 회담을 갖고 미국 대통령의 중공 방문에 합의하고 돌아왔다'고 닉슨 대통령이 방송을 통해 발표했다. 국내에서 대선과 총선이 막 끝나고 국회

개원을 앞둔 시점이었다.

그 당시 전 세계 언론들은 '우리 세대에서 가장 극적인 사건'이 일어났다고 묘사했다. 조선일보는 '동서체제에 신기원'이라고 기사 제목을 뽑았다.

박정희로서도 충격적인 사건이었다. 한반도의 안정과 평화를 위해서는 북한-소련-중공으로 연결되는 북방 삼각동맹에 대응하여 남한-미국-일본으로 이어지는 남방의 삼각동맹을 구축, 남북 간 힘의 균형을 이뤄야 한다고 보고 집권 이후 친일시비 등 극렬한 반대를 무릅쓰고 한일 국교를 정상화하는 등 한미일 동맹 강화에 전력을 기울여왔는데, 이제 남방 삼각동맹의 중심축인 미국이 한국과 사전협의도 없이 북방 삼각동맹의 한 축인 중공과의 화해에 나선 것이다. 박정희로서는 주한 미 7사단의 일방적 철수에 이은 큰 충격이었다.

키신저는 그해 7월 1일 워싱턴을 출발해서 베트남, 태국, 인도 등을 연쇄 방문한 다음, 7월 8일 파키스탄에 도착하여 '7.9~11일 간 파키스탄 산악의 조그마한 마을 나티아갈리에서 요양중'이라고 위장한 다음, 이 기간 중공에 몰래 들어가 주은래와 협상하고 돌아왔다. 적진에 비밀리 잠입하여 적진의 수뇌부와 담판을 벌인 것이다.

그 직전 미국은 중공에 대해 여러 가지 유화 제스처를 보냈다. 1971년 3월 16일 미국인의 중공 여행 제한을 해제하고, 4월 10일에는 탁구 선수단을 중공에 보내 친선게임을 가졌다. 비정치적인 스포츠 분야부터 교류를 트기 시작한 것이다.

1949년 10월 1일 모택동의 공산당 정권이 중화인민공화국을 선포하고, 1950년 1월 14일 미국이 중국 본토의 전 외교관 철수 명령을 내린 이후 처음 시도한 화해조치들이었다. 미국은 중공정권 수립 직후인 1949년 10월 3일 장개석 총통이 이끄는 중화민국이 중국의 유일한 합법정부라는 성명을 발표한 이후 이 입장을 고수해 왔다.

키신저의 비밀방문 방식은 이후락 중앙정보부장에게 자신도 이를 모방하고 싶은 자극을 주었다. 더욱이 이후락은 키신저에 앞서 적진에 비밀리 방문하여 교섭해본 경험이 있었다.

1958년 라오스에서 군사 쿠데타가 일어났다. 주동자는 좌익성향의 꽁레 대위였다. 라오스가 공산화될 경우 인접국인 캄보디아, 베트남까지 공산화될 수 있는 위험이 있었다. 그때 이승만 대통령은 라오스의 우익을 지원해줄 수 있는 가능성을 타진해보라는 지시를 내렸다.

그에 따라 당시 김정렬 국방장관은 79부대 이후락 부대장에게 라오스에 잠입해서 우익 지도자 노사반 장군을 만나 군사지원을 받을 의사가 있는지 타진해보고 오라는 임무를 줬다.

1958년 여름 창설된 국방부장관 직속 79부대의 정식명칭은 중앙정보부였다. 5·16 정변 직후 창설된 중앙정보부와 이름이 같다. 미 CIA의 요청에 따라 미국과의 정보협력을 위해 국방부장관 직속으로 만든 정보조직이었다.

미국과의 정보협력 이외 이승만 대통령의 특명을 수행하기도 했다.

김정렬 장관의 지시를 받은 이후락은 사복으로 갈아입고 최덕
신 당시 주 베트남 대사가 개척해놓은 비밀 루트를 따라 몰래 라
오스로 들어가 노사반을 만나고 돌아왔다.

귀국 직후 이후락은 김정렬과 함께 경무대로 들어가 이승만 대
통령에게 노사반이 한국의 지원을 요청한다고 보고했다.

이후락은 본래 긴장하면 말을 조금 더듬는 버릇이 있었다고 한
다. 그날은 대통령 앞에서 너무 긴장한 나머지 "노 노 노 노 노 노사
반 장군이…" 하고 심하게 말을 더듬어 김정렬이 옆에서 도와주
어 겨우 보고를 마쳤다고 한다.

라오스 파병문제는 여러 가지 국내 사정으로 불발되었다(김정렬,
2010: 196).

그즈음인 1958년 8월부터 10월까지 수개월 동안 중공군이 자
유중국 영토인 금문도를 대대적으로 포격하는 일이 일어났다.

이때도 이승만 대통령은 김정렬 장관에게 금문도 사건의 진상
을 알아보고 오라는 지시를 내리고, 다시 김정렬은 이후락을 금
문도로 보내 실상을 알아보고 오라는 명을 내렸다.

그 지역을 방문하고 돌아온 이후락은 자유진영이 연합하여 금
문도를 반공정책 차원에서 전략적으로 방어할 필요가 있다는 보
고서를 올렸다고 한다.

훗날 미국 국방장관이 한국을 방문했을 때, 김정렬은 이후락의
보고서를 인용하며 금문도 사수의 필요성을 역설했다.

경찰정보망을 장악한 김성곤의 도발

1971년 4월과 5월 두 번의 큰 선거를 거치며 박정희의 리더십은 흔들리기 시작했다. 장기집권에 대한 국민들의 식상이 드러나기 시작한데다 근대화 과정에서 억눌렸던 기본권을 되찾자는 인식이 부상하기 시작했다. 게다가 김대중이라는 새로운 지도자가 국민들의 불만에 불을 지르고 있었다.

이처럼 사회 전반의 대정부 압력이 커지고 있는 가운데 정부 내부에서도 박정희의 권위에 도전하는 세력이 늘어났다.

김형욱 전 중앙정보부장은 김종필, 정일권, 백두진, 길재호 다음의 높은 순위로 제8대 국회에 전국구 의원으로 진출했다. 하지만 대선 때 김대중을 몰래 지원한 사실이 드러날까 봐 노심초사하고 있었다.

두 번의 큰 선거를 치르며 권력 내부의 세력 판도가 요동치는 가운데 박정희에게 처음 도전장을 내민 사람이 김성곤이었다.

백남억, 김진만, 길재호와 함께 공화당 내 4인 체제를 만들어 3선 개헌을 주도하며 이후락 비서실장과 김형욱 중앙정보부장을 퇴진시켜 실력을 과시했다.

더욱이 그는 경찰의 정보망을 장악하고 있었다. 각 지방의 경찰서장들은 대부분 그 지방 출신 공화당 국회의원들이 영향력을 발휘하여 심어놓은 사람들이었다. 공화당 의원들이 심복을 경찰서장으로 앉혀 놓으면 지역구 관리에 많은 도움을 받을 수 있었다.

이런 식으로 경찰 정보망이 공화당 의원들에게 장악되자 공화당 실세인 김성곤에게 경찰의 고급정보가 몰렸다. 일선 경찰서장들이 직속상관인 치안국장이나 내무장관보다도 공화당 의원들에게 먼저 중요한 정보를 빼돌렸다.

두 번의 선거가 끝난 1971년 6월 3일 내무부장관에 발탁된 오치성은 이런 현실을 참기 어려웠다. 김성곤은 경찰 정보망을 통해 수집한 정보 가운데 고급정보를 종종 대통령에게 보고했다.

하지만 대통령이 김성곤으로부터 보고받은 정보를 오치성 내무장관에게 물어보면 오치성이 모르는 경우가 많았다. 이를 이상하게 여긴 오치성이 내밀히 조사해본 결과 각도의 경찰국장들이 상당액의 활동비를 김성곤으로부터 매달 받고 있었다.

돈을 받은 대가로 무슨 일이 생기면 내무장관보다도 먼저 김성곤에게 보고하고 있었던 것이다.

그에 화가 난 오치성은 김종필 국무총리를 찾아가 '경찰이 내무장관이 아닌 김성곤 관할하에 있다. 김성곤이 뭔데 세상을 어지럽히느냐'고 펄펄 뛰었다.

김종필과 오치성은 육사 8기 동기였다. 1960년 9월 10일 저녁 일식집 '충무장'에서 육군본부에 근무하던 육사 8기 동기 9명이 장면 정부를 전복하기로 결의할 때 자리를 함께한 5·16 주체세력이었다.

대선과 총선이 끝나고 6월 3일 내각을 대폭 개편할 때 박정희가 김종필을 총리에 앉히고, 오치성을 내무부 장관에 배치한 것은 5·16 주체세력을 권력의 핵심에 포진하겠다는 의중이 담겨 있었다. 대통령의 최측근에 앉힌 인물들이었다.

　오치성을 5·16에 끌어들인 인물은 김형욱이었다. 김형욱은 오
치성을 포섭한 과정을 이렇게 밝혔다.

> 오치성은 나와 오래전부터 인연이 있었다. 우선 우리는 황해도 신천
> 을 같이 고향으로 하는 동향인데다 그는 소학교 시절부터 나의 2년
> 후배였다… 해방의 와중에서 어쩌다 보니 우리 둘은 같이 육사 8기
> 로 들어가게 되었다. 그때부터 선후배가 아니라 동기생이 된 것이
> 다… 5·16 혁명 전 내가 정군운동에 가담하고 있을 때, 마침 오치성
> 은 4개월간의 육군대학 단기과정을 마치고 육군본부 부관감실 인사
> 과에 보직되어 있었다. 혁명동지를 주요 부대의 핵심부서에 박아 넣
> 기 위해서는 육군본부 인사과에 근무하던 오치성의 활용가치가 크
> 다고 판단, 그를 한번은 불고기집으로 초대하여 저녁 식사를 같이
> 하였다. 여러 가지 얘기를 나눈 결과, 나는 그가 정군운동에 흥미와
> 열의가 있다고 판단, 그를 혁명주체세력의 핵심 멤버로 가입시켰다
> (김형욱·박사월, 1985c: 101).

　오치성은 고집이 센 인물이었다. 그의 성격을 가장 가까이서
지켜본 김형욱은 그의 기질을 이렇게 평했다.

> 고집이 있다는 점에서는 나도 남에게 뒤지지는 않을 정도였다. 그러
> 나 오치성의 고집에는 두 손을 바짝 들어야 할 지경이었다… 오치성
> 은 상대에 비해 자기 힘이 딸린다고 생각하면 사정없이 달라붙어 아

첨을 하다가도, 상대방이 허점을 보이면 또 사정없이 이를 깔고 뭉
개려 들었다. 그는 보통 사람보다 복수 의식이 강한 타입이었다. 그
는 상승세를 타고 있을 때 결단성과 행동력은 강했으나 상대방을 잠
시나마 놓아두고 보는 마음의 여유 심지어 전략상의 여유마저도 없
었다(김형욱·박사월, 1985b: 102).

오치성은 1971년 총선(포천·가평·연천)에서 전국 최고 득표율로
당선됐다. 박정희도 이를 좋게 봐서 내무부장관으로 발탁했다.
그런 만큼 자신감도 충만해 있었다. 김성곤이 자신의 휘하인 경
찰에 깊숙이 간섭하고 있는 꼴을 볼 수가 없었다.

급기야 오치성은 칼을 빼 들었다. 4인 체제에 휘둘리고 있는 경
찰의 실태를 대통령에게 보고하고 4인 체제와 연결된 일선 경찰
서장과 간부들을 시골 벽지로 좌천시키거나 비위를 문제 삼아 사
표를 받았다.

이에 격분한 김성곤의 4인 체제는 오치성을 국회에서 해임시키
는 공작을 추진했다. 당시 국회의석은 총 204석이었는데, 공화당
이 113석, 민주당이 89석, 군소정당이 2석을 차지하고 있었다.
국회에서 오치성 내무장관의 해임안을 가결시키기 위해서는 재
적의석 과반수인 102석 이상의 찬성이 필요했다. 89석을 가진 민
주당은 해임안이 제출될 경우 당연히 찬성할 것이기 때문에 군소
정당 2명이 기권할 경우, 13표 이상을 공화당 내부에서 찬성에
던져야 했다.

4인방은 민주당으로 하여금 오치성 해임건의안을 제출하도록

하고 공화당 일부 의원을 동원해서 가결시키는 작전을 짰다. 정적이었던 박정희의 리더십에 흠집을 내는 일에 민주당이 마다할 이유가 없었다.

이런 움직임을 보고받은 박정희 대통령은 백남억 당의장을 불러 자중을 경고했다. 야당의 해임안이 제출되기 며칠 전 김성곤과 친분이 깊은 기업인을 골프장에서 만난 박정희는 "김성곤이한테 똑바로 전하쇼. 오치성이 같은 어린애 문제를 가지고 계속 덤빈다면 혼날 줄 알라고. 똑바로 전해야 돼요(조갑제, 2006: 202)."

김종필도 해임안이 국회에 제출된 9월 30일 밤 김성곤의 집을 찾아가 만류했다. "오치성을 쫓아내면 결국 대통령에게 덤벼드는 일인데 그건 안 됩니다. 지금 '내 세력이 이만큼 크다' 하는 걸 대통령에게 보이려고 하는 모양인데, 어림없습니다. 대통령이 얼마나 무서운 분인지 아직 모릅니까. 잘못하면 당신이 다칩니다."

하지만 김성곤은 김종필의 설득에 조금도 흔들리지 않았다. "아, 오치성이가 나를 사람 취급을 하지 않는 기색이 있어요. 자기가 내무장관이면 답니까. 난 내무장관을 치는 거지, 대통령을 치는 게 아닙니다"며 고집을 부렸다(김종필, 2016: 332).

박정희의 강력한 경고와 김종필의 만류에도 불구하고 4인 체제는 오치성 불신임안을 강행, 203명이 투표에 참여하여 찬성 107표, 반대 90표, 무효 6표로 10월 2일 가결됐다. 민주당 89석과 군소정당 2석, 총 91석이 똘똘 뭉쳐 찬성표를 던졌다고 가정할 때, 잔여 16석은 공화당에서 찍은 표였다. 박정희에 대한 도전이었다. 이른바 '10·2 항명파동'이다.

이후락의 항명 주동자 제압

김성곤이 박정희의 권위에 도전하고 나선 것은 우발적 감정에서 나온 단선적 행동이 아니었다. 그에게는 대권을 잡아보겠다는 큰 꿈이 있었다. 내각책임제로 헌법을 개정해서 내각제하에서의 최고통치권자인 총리가 되는 것이 그의 목표였다.

훗날 김성곤은 김종필에게 이러한 야망을 털어놓았다. "나는 대통령은 생각해 본 일 없습니다. 내각책임제에서 총리를 한번 지내보는 게 내 소원이었습니다. 여야 의원들 다수가 내 세력 하에 있으니 할 수 있겠다고 생각했습니다. (김종필, 2016: 335)"

김성곤은 여야 의원들 다수의 힘으로 저항하면 대통령이 타협적 태도로 나올 줄 알았다고 한다.

하지만 박정희는 물리적으로 항명세력을 제압하는 길을 택했다. 대화와 타협으로 국정현안을 해결하기보다는 자신이 가진 통치 수단을 최대한 동원해서 강압적으로 자기 견해를 관철해나가는 유신시대 박정희 리더십이 형성되는 시발점이었다.

이러한 통치방식을 구상하고 집행하는데 앞장선 인물이 이후락 중앙정보부장이었다. 박정희는 항명사태의 조사도 이후락에게 맡겼다.

박정희가 이후락에게 항명 추종자 조사를 지시하는 모습은 김종필이 증언을 남겼다.

박정희 대통령의 기질을 잘 아는 나는 '이거 야단났다'싶었다. 바로 청와대로 들어가 국회 표결 결과를 보고했다. 대통령은 노발대발했다. "이것들이 나한테 덤비는 거야?"라며 흥분했다. 노기 어린 목소리로 "중앙정보부장 불러!"라고 소리쳤다. 그 자리에 벌써 대령해있던 이후락 정보부장이 "ㅈ, ㅈ, ㅈ… 저 여기 와 있습니다"라고 대답했다. 이후락은 급할 때 말을 더듬는 습관이 있었다. "김성곤 일당을 다 잡아들여! 무슨 마음을 가지고 항명했는지 전부 조사해!" 대통령의 불호령이 떨어졌다. 이후락 부장은 "예. 다 준비돼 있습니다"라고 답하더니 나갔다(김종필, 2016: 332-333).

박정희의 명령을 받은 이후락은 보안사령부의 건장한 요원 10여 명을 지원받아 그날 밤 안으로 20여 명의 공화당 의원을 체포해서 중앙정보부로 데려왔다.

대통령이 무척 화가 나 있는 상황을 잘 알고 있었던 중앙정보부 요원들은 김성곤을 가혹하게 다뤘다. 김성곤의 심벌이었던 코 밑 수염을 모조리 뽑아버리기까지 했다.

항명 파동은 주동자인 김성곤과 길재호를 공화당에서 제명시켜 의원직을 상실하게 만들고, 내무장관으로 오치성 후임에 김현옥을 앉히는 방식으로 마무리됐다.

한편 항명파동을 지켜보던 김대중은 비록 여당의 일이었지만 정보기관이 국회의원을 조사하고 나서는데 강하게 비판하고 나섰다. 10월 23일 열린 국회 본회의 대정부 질의에서 그는 이렇게 말했다.

이 나라에서는 국민들이 또는 정치인들이 국무총리의 욕을 하거나 대통령에게 욕을 할망정 중앙정보부는 무서워서 비판을 못 합니다. 중앙정보부는 완전히 지금 무소불능의 권한으로 이 나라의 3권(權) 위에 올라섰습니다. 국회에 대해서는 중앙정보부가 3선 개헌에 반대한 사람들을 중앙정보부에서 구타를 하고 협박을 하더니 이번에도 또 그럽니다. 입법부가 완전히 중앙정보부에 의해서 유린당하고 있어요. 지금 우리가 이대로 가다가는 중앙정보부의 노예가 될 판입니다. 지금 이 자리에 정부의 김(종필) 총리가 계시지만, 대단히 미안한 말이지만, 지금 이 나라의 행정 각 부의 부처가 중앙정보부의 지시나 요구를 거부할 수 없다 이것입니다. 뿐만 아니라 중앙정보부에 불려가고 조사받지 않을까 날마다 벌벌 떨고 있습니다(김대중, 2010: 269).

남북 이산가족 찾기는 중앙정보부 작품

1970년 전후 국내외 정세가 급변함에 따라 정부로서도 대북정책상의 새로운 전략이 요구되고 있었다. 김신조 일당의 청와대 침투 시도(1968.1.21.)에 이은 미 첩보수집함 푸에블로호 납북(1968.1.23.), 아시아에서 군사력을 감축하겠다는 닉슨 독트린 선언(1969.7.25.) 등 대결로만 치닫던 동서 진영의 데탕트가 남북관계의 변화를 압박하고 있었다.

이에 당시 정부는 대북전략상 새로운 돌파구를 찾는 데 고심하게 된다. 그러한 고민들이 집약되어 공표된 것이 1970년 8월 15일 광복절 기념식에서 박정희 대통령이 발표한 8·15선언이었다.

남북긴장 상태의 완화 없이는 평화적 방법에 의한 통일이 불가능하다는 전제하에 '북한이 무장공비 남파 등의 모든 전쟁도발 행위를 중지하고, 적화통일이나 폭력혁명에 의한 대한민국 전복을 포기하겠다는 것을 선언하고 이를 실천에 옮긴다면, 유엔에서의 한국문제 토의에 북한이 참여하는 것을 반대하지 않겠다'며, 북한 동포를 희생시키는 전쟁준비를 중단하고 민주주의와 공산 독재 체제 중 어느 체제가 국민을 더 잘 살게 하는 사회인가를 입증하는 체제경쟁에 나서자고 촉구했다.

남북긴장을 완화시키려는 대북전략상의 획기적 전환이었다. 중앙정보부는 이 전략을 뒷받침하기 위한 방법에 고민했다. 그 결과 북한과의 대화가 필요하다는 결론에 이르렀다.

그리고 6·25 전쟁 이래 극한대립을 보여 온 북한의 적화통일론과 남한의 반공통일론의 중간 지점에서 남북이 대화를 나눌 수 있는 소재가 필요하다고 판단했다. 중앙정보부는 그 접점을 남북으로 흩어진 이산가족 찾기로 봤다. 이념을 초월한 순수 인도주의적 차원의 가족 찾기 운동을 북한이 거부하지 못할 것으로 생각했다. 6·25 전쟁을 겪으며 남북으로 흩어진 이산가족들이 서로 생사조차 모르고 있었다.

이러한 대북 전략적 판단하에 중앙정보부는 최두선 대한적십자사 총재를 내세워 1971년 8월 12일 북한에 이산가족 찾기 운동을 제안하여 이틀 뒤인 8월 14일 북측이 이 제의를 받아들여 남북 간의 접촉이 시작됐다.

당시 언론에서는 이 제의를 대한민국 정부수립 후에 나온 가장 획기적 제안으로 그때까지 나왔던 남북간 서신교환, 기자교류, 체육경기 교류 등 좁은 의미의 '교류'를 뛰어넘는 제안이라고 호평했다(동아, 1971.8.12.).

그로부터 15년 뒤인 1986년 12월 이후락은 오효진 기자와의 인터뷰에서 당시 대한적십자사 총재를 처음 대화채널로 내세운 배경을 이렇게 설명했다.

> 사실은 내가(당시 중앙정보부장) 대통령께 남북 적십자회담을 열자고 제의를 드렸습니다. 과거에는 제안에 조건이 있었는데, '이번에는 아주 완전히 상대방이 수락하지 않으면 안 되게 꼬타리 없는 제안을 합시다' 하고 말씀드렸지요. 또 그때 최두선 적십자사 총재가 허리를 다쳐서 그만두겠다고 사표를 내놓고 있었는데 내가 또 대통령께 그랬지요. '최두선 씨도 그냥 두시지요. 제가 가서 이 제안을 발표하게 하겠습니다.' 그러고 나서 최두선 씨를 정릉 집으로 찾아가서 '내일이라도 이걸 발표해 주십시오'했더니 '대통령께서 아시느냐'고 그래요. 그래서 그게 발표된 겁니다(오효진, 1987: 376).

평양의 정치회담 시도

남한이 중앙정보부 주도로 순수한 인도주의적 차원의 이산가족 찾기를 남북대화의 물꼬로 삼은 데 비해 북한은 비밀리 정치회담을 시도했다. 동서화해의 흐름에 적응하는 방법에 있어서 남북이 서로 다른 접근법을 택했던 것이다.

1972년의 7·4 남북 공동성명을 이끌어낸 당사자는 이후락 당시 중앙정보부장이었다. 이후락 부장은 그해 5월 2일 비밀리 평양을 방문해서 5월 4일 김일성과 두 차례 만나고 돌아왔다.

그 세달 전인 1972년 2월 3일 일본 삿포로에서 제11회 동계 올림픽이 열렸다. 아시아에서는 처음 열린 동계 올림픽이었다. 이 대회를 전후해서 장기영 전 부총리 겸 경제기획원 장관이 자주 삿포로를 오갔다. 국제올림픽위원회(IOC) 위원으로 한국 선수단 문제를 주최 측과 논의하기 위해서였다.

닉슨 미 대통령의 중공 방문(1972.2.11.)을 앞둔 시점이었다. 키신저가 그 전해 7월 북경을 비밀리 방문, 닉슨 대통령의 중공 방문에 합의한 후 양측은 구체적 일정 협의에 들어가 1971년 11월 29일 워싱턴과 북경에서 닉슨의 중공 방문을 동시에 발표했다.

동서 양 진영의 화해 무드가 고조되던 시기 삿포로 올림픽이 열리고 북한도 이 올림픽에 참석했다.

올림픽이 끝나갈 시점인 2월 17일 북한 선수로 참가한 한필화가 서울에 사는 오빠 한필성과 전화 통화를 해서 이산가족의 아픔이 다시 재조명되는 시기이기도 했다. 당시 군사력과 경제력이 앞서있던 북한은 남측과의 교류와 접촉을 통해서 북한체제를 선전하는 데 열을 올리고 있었다.

평양에서 장기영을 초청한 것도 이때쯤이었다. 당시 동경에 살던 전 진보당 당수 조봉암의 비서였던 이영근이 장기영에게 접근해서 '김일성 수상이 통일문제를 허심탄회하게 논의하기 위해 형을 한번 만나고 싶어 한다'는 북한의 뜻을 전했다.

장기영은 귀국하자마자 이 사실을 박정희 대통령에게 보고했고, 김형욱 전 중앙정보부장도 이러한 정황을 알게 되었다. 김형욱은 그것을 알게 된 배경을 이렇게 밝혔다.

> 나는 당시 사임한 전직 중앙정보부장에 불과했지만 아직도 과거의
> 충성스러운 심복들로부터 틈틈이 보고와 문의를 받고 있었기 때문
> 에 세상 돌아가는 일에 대해서는 중앙정보부장 재직 시에 못지않게
> 정통해 있었다. 즉 기동력은 없었으나 정보망은 여전하였다. 나는
> 장기영의 움직임도 손바닥을 들여다보듯 훤히 알고 있었다. 후임 정
> 보부장이던 김계원과 당시 정보부장 이후락에 의해서 많이 잘리긴
> 했으나 아직도 나의 심복들은 중앙정보부 내의 핵심부서에 많이 박
> 혀 있었다(김형욱·박사월, 1985c: 116).

장기영이 북측으로부터 평양방문을 은밀히 제안받을 즈음, 판문점에서는 남북 적십자 예비회담이 열리고 있었다. 1971년 8월 20일부터 판문점에서 적십자회담을 위한 예비회담이 시작됐다. 당시 예비회담에는 중앙정보부의 정홍진 심리전국 부국장이 남

측 대표의 일원으로 참여하고 있었다.

그런데 예비회담이 가족의 범위 등을 놓고 이견을 보여 지지부진해지자 정홍진은 북측에 새로운 제안을 내놓게 된다. 북측 대표의 실권자로 보이는 김덕현에게 예비회담과는 별도로 둘이서 비밀접촉을 갖자고 제안했다.

이렇게 해서 1971년 11월 20일부터 판문점 중립국감독위 회의실에서 두 사람만의 첫 비밀접촉이 시작됐다. 그해 12월 10일 열린 두 번째 만남에서 김덕현은 세계적인 해빙조류에 맞춰 남북 사이에도 정치회담이 필요하다는 뜻을 비쳤다.

12월 17일. 세 번째 만남부터는 서로의 신분을 확인하고 통일문제, 군사문제, 국제관계 등에 대해 얘기를 나누기 시작했다. 김덕현은 자신의 직책을 노동당 중앙위 조직 담당 책임지도원이라고 밝혔다.

해를 넘긴 1972년 3월 7일 열린 접촉에서 정홍진은 남북 간의 책임 있는 당국자로 남측에서는 이후락 중앙정보부장, 북측에서는 김영주 노동당 조직부장으로 정할 것과 중앙정보부장의 신임장을 휴대한 사람이 비밀리 북한을 방문하겠다는 제의를 내놨다. 그러면서 남한에서 먼저 가는 것을 원치 않는다면 북한에서 먼저 내려와도 좋다고 밝혔다.

그와 함께 "귀측에서 다른 계통으로도 이러한 이야기를 하고 있는데 다른 계통은 그만두고 정보부장과 김영주 조직부장으로 대화의 선을 확립토록 합시다"고 촉구했다. 장기영과의 접촉을 정리하고 중앙정보부장으로 남측 대화 창구를 단일화하자는 요구였다(안병훈, 1991: 329).

국가비상사태 선언에 대한 북측의 반발

남북 적십자 예비회담과는 별도로 남북 실력자 간 비밀회담이 시작된 후 11번에 걸쳐 정홍진, 김덕현 두 사람의 비밀접촉이 계속되다 이후락 중앙정보부장의 비밀 방북이 성사됐다.

그런데 세 번째 비밀 접촉(12.17)을 열흘 정도 앞둔 1971년 12월 6일 정부에서 국가비상사태를 선언했다. 중공의 유엔가입 등 국제정세의 급변과 북한의 남침위협이 비상사태선언의 명분이었다. 정부시책의 국가안보 최우선, 안보상 취약점이 될 사회불안 불용, 언론의 무책임한 안보논의 자제, 최악의 경우 국민들의 자유 일부 유보 등이 선언의 골자였다.

북한을 자극할 수 있는 선언이었다. 북한의 김덕현은 3차 접촉에서 이 문제를 들고나왔다. 김덕현은 수첩을 꺼내 평양에서 검토해서 준비해온 내용을 읽어 나갔다.

① 우리를 끌고 비상사태 선언을 내었는데 우리를 위협하자는 것인지, 다른데 목적이 있는 것인지요.

② 비상사태 선언과 평화통일 구상은 양립할 수 없지 않습니까

③ 통일문제는 민족 내부문제이니만큼 전쟁의 방법이 아니라, 평화

적 방법으로 통일을 바라고 있습니다.

④ 내외정세를 보더라도 화해 분위기를 조성하고 있습니다.

⑤ 전쟁 준비를 다해 놓은 것은 사실인데 이는 남침을 하려는 것이 아니고, 미·일과 대항하기 위해서입니다.

⑥ 민족단결하여 조국의 통일대책을 논의하자는 것입니다.

⑦ 남북 간의 무력경쟁은 소용없습니다. 평화통일을 해야 합니다.

⑧ 당신들의 비상사태는 내외적으로 더욱 고립되므로 그만두는 것이 좋지 않으냐는 것입니다.

여기에 대해 정홍진은 노동신문이나 평양방송에서 늘 해오던 얘기는 빼고 둘만의 접촉에서 나눌 수 있는 솔직한 대화를 하자고 제안하며 국가비상사태 선언에 대한 정부입장을 전달했다.

① 비상사태 선언은 당신들을 위협하려는 것이 아니고 당신들의 남침을 억제하려는 것입니다.

② 대통령의 8·15선언을 깊이 음미하십시오. 북이 도발을 그만둔다면 UN에 있어서 자리를 같이 할 수 있습니다. '선의의 경쟁에 나서라' 이러한 말씀을 특히 깊이 음미하십시오.

③ 일정한 군사력을 만들어 내놓고, 그것을 미·일에 대해서 쓰일 것이고, 남에 대해서 쓰지는 것은 아니다. 이러한 이야기는 삼척동자도 믿을 사람이 없으니 그런 말들 예컨대 남침을 하지 않는다. 평화통일을 하자는 말을 액면 그대로 이해케 하려면 당신네들의 대내 태도의 변화로 입증해야 할 것 아니겠습니까(안병훈, 1991:

제3차 접촉이 끝난 뒤인 1971년 12월 27일 정부여당은 대통령의 국가비상사태 선언을 법적으로 뒷받침하기 위해 〈국가보위에 관한 특별조치법〉을 제정했다. 이처럼 국내 정세가 급변하자 남북 간의 비밀접촉도 뜸해졌다.

해를 넘겨 1972년 1월 29일 4차 회의가 열렸으나 두 사람의 신분을 확인하는 문제를 놓고 잠시 다투다 헤어지고 2월에는 접촉이 이루어지지 않는 등 소강상태를 보였다.

이후락으로의 대북창구 변경

정홍진은 3월 7일 제5차 회의에서 남북대화 창구를 이후락 중앙정보부장으로 일원화할 것을 처음 제안하고, 이어 3월 10일 열린 제6차 회의에서는 중앙정보부장의 위상에 대해 자세히 설명했다. 이후락 부장으로의 대화 창구를 변경하려는 노력이었다.

"정보부장님의 정치적 위치를 단지 정부조직법상의 1개 부처의 장으로 생각하는 것은 큰 잘못이다. 우리나라에 있어서는 대통령께서 신임한다는 것이 가장 중요하고 정보부장님은 대통령의 가장 큰 신임을 받는 어른이란 것을 명심하기 바란다."고 주지시켰다.

이어 3월 14일 열린 제7차 회의에서 정홍진은 북측이 초청한 장기영 사장이 중앙정보부장의 신임장을 휴대하고 4월 25일 방북하겠다고 통보했다. 그러면서도 정홍진은 "장기영 사장의 방북은 남북 간의 길을 트게 하려는데 불과하고 남북한의 문제는 이후락 정보부장과 김영주 조직지도부장이 직접 만나는 것이 좋겠다."는 뜻을 다시 강조했다.

그와 함께 정홍진은 이후락 부장을 대화 창구로 삼아야 하는 이유를 구체적으로 덧붙였다.

> 이후락 부장님은 생각의 폭이 넓고 과감한 결단을 내릴 수 있는 분이고, 국제정세에 대해서도 가장 해박한 지식을 갖고 있다. 이 부장은 한반도 문제를 제3의 나라가 왈가왈부하는 것을 가장 싫어하고 우리 문제는 우리 민족 스스로가 자주적으로 해결해야 한다고 늘 주장하시는 분이다. 김영주 조직지도부장은 북한에 있어서 사실상의 제2인자로 알려져 있는데, 종국적으로 남북한 문제는 이후락 부장과 김영주 조직지도부장이 직접 만나 협의해야 가장 빨리, 가장 좋게 해결될 것 같다.

정홍진은 장기영 사장의 방문은 길을 트게 하는 것이고 김덕현과 자신이 알맹이 있는 일을 하면 좋겠다는 뜻도 밝혔다. 자신이 이후락 부장의 허락을 받아서 평양에 가고, 김덕현이 김영주 조직지도부장의 허가를 받아 서울에 오는 방식으로 실무자 접촉 창구를 만들자는 제안도 했다.

이날 정홍진은 대화 창구를 이후락 부장으로 바꾸는 데 많은 공을 들였다. 이후락 부장이 '어차피 일이 성사가 되어서 본격적인 단계에 가면 내가 관여 안 할 수가 없는데 만약에 북쪽에서 김영주가 나오면 남쪽에서 장기영 씨 대신 내가 평양에 가겠다'며 북측 의사를 타진해보라는 지침을 받고 있었기 때문이다(통일연구원, 2017: 215-216).

정홍진의 제안에 대해 김덕현은 3월 16일의 8차 회의에서 김영주 조직지도부장이 '이후락 부장 선생이 박 대통령의 신임이 두텁다면 그와 만날 용의가 있다고 말하였다'며 그렇게 된다면 문제를 직통으로 빨리 해결할 수 있을 것이라는 김영주의 말을 덧붙였다. 북측이 이후락 부장의 방북제의에 호의적 태도를 보인 것이다.

바로 다음 날인 3월 17일 열린 제9차 회의에서 정홍진은 이후락 부장의 지침을 다시 강조했다. 정홍진이 이날 구두로 전달한 이후락 부장의 뜻은 아래와 같다.

'한반도 문제의 평화적 해결 방법은 결국 김영주 선생과 이후락 부장이 직접 만나 이야기하는 것이 궁극적인 방법이라고 생각한다'는 의견을 말씀하시면서, '이 회담을 원칙적으로 김영주 선생께서도 환영한다고 하시니, 그렇다면 이 목적을 달성하기 위하여 제3자를 개입시키는 것보다는 오히려 현재 진행 중에 있는 김영주 선생의 신임자 김덕현 선생과 나의 신임자 정홍진 동지가 상호 방문함으로써 그 목적을 보다 효과적으로 달성하고 또 촉진할 수 있지 않겠느냐 하는

뜻에서 장기영 씨를 보내겠다는 먼젓번 제의를 철회하고 앞에 말씀
드린 김덕현 선생과 정홍진 동지들의 상호 신임에 의한 방문을 새로
이 제안코자 합니다'라고 말씀하셨습니다. '이 새로운 제안은 거대한
목표를 위한 적극적 의미의 새 제안이지 결코 소극적 제안이 아님을
강조코자합니다'라고 말씀하셨습니다.

이러한 제안에 대해 3월 20일 열린 제10차 회의에서 김영주 부
장이 이후락 부장의 제의를 전적으로 수용하겠다는 의사를 밝힘
으로써 이후락 부장의 방북이 타결되고, 정홍진이 두 사람의 회
담을 준비하기 위해 1972년 3월 28일 판문각을 통해서 북으로 넘
어갔다.

제10차 회의에서 북측의 김덕현이 읽은 김영주의 메시지는 아
래와 같다.

이후락 부장 선생이 나와의 직접회담에 커다란 의의를 부여하고, 이
를 적극적으로 추진시키고 있는 것을 우리는 대단히 좋은 일이라고
생각합니다. 우리는 장기영 씨를 파견하겠다는 부장 선생의 제의에
의하여 이미 그를 초청하였으며 그의 방문 날짜를 토의하는 과정에
있었습니다. 그런데 지난 17일 귀측에서 갑자기 장기영 씨를 보내
겠다던 제의를 철회하고 현재 접촉 중에 있는 두 대표들의 상호방문
으로 이를 대체할 것을 새로이 제의하였습니다. 우리의 견해로서는
이미 나와 이후락 부장선생이 서로 직접 만나는 것을 표면적으로 합
의한 조건에서 연락대표들이 왔다 갔다 하면서 중간 다리를 놓는 것

과 같은 단계는 이미 지나갔다고 생각합니다. 지금은 최고위급의 의사를 대변하여 국가대사를 논의할 수 있고 격폐된 감정을 툭 털어놓고 풀 수 있는 고위급 대표들이 직접 만날 때라고 믿습니다. 나와 이후락 부장 선생의 직접 회담은 바로 이러한 목적을 실현함에 훌륭히 기여할 것입니다(안병훈, 1991: 336-337).

밀사 정홍진의 평양 잠입

1972년 3월 28일 휴전 이후 정부 공직자로는 처음으로 북한 당국자를 만나러 평양으로 올라간 정홍진.

비밀 입북이었던 만큼 보안을 유지하기 위해 식구들에게는 제주도에 출장 간다고 둘러댔다. 입북에 앞서 노동당 조직부장이 우리측 중앙정보부장 앞으로 보내는 신변안전 보장각서를 받아 냈기 때문에 불안감은 없었다고 한다.

그 이전 김덕현과는 판문각과 자유의 집을 오가며 비밀접촉을 가졌기 때문에 그에게는 휴전선을 넘는다는 생각이 별로 없었다. 정홍진은 1992년 월간조선 기자와의 인터뷰에서 '흔히들 겁이 안 났는가 하는 소박한 질문들을 많이 하는데 안전문제를 전혀 걱정하지 않았다.'고 당시를 회고했다.

그날 오전 10시쯤 판문각에 도착하니 김덕현이 나와 있었다. 두 사람은 세단차를 함께 타고 30분 정도를 달려 개성 근처의 군용 헬기장에 도착했다. 거기서 다시 소련제 대형 헬기를 타고 평양으로 이동했다.

평양에 도착한 정홍진은 모란봉 초대소에 안내되어 여장을 풀었다. 가지고 간 물건은 간단한 옷과 세면도구, 수첩밖에 없었다. 녹음기는 가져가지 않았다.

그날 오후에는 흥부 초대소로 안내되어 거기서 김영주 조직부장을 만났다. 김덕현 이외 노동당 대남연락부장 김중린이 배석했다. 정홍진은 김중린으로부터 아주 날카로운 사람이라는 인상을 받았다.

정홍진이 김영주에게 '이후락 부장님이 한번 만났으면 한다'는 말을 건네자 김영주도 '나도 만나고 싶다. 만나서 이야기해 보자'고 화답했다. 그러면서 김영주는 '제3국에서 만나면 비밀보장이 어려우니 평양이나 원산에서 만나는 게 좋지 않겠느냐'고 했다. 정홍진은 평양에서 회담을 가져야 김일성과도 만날 수 있다는 뜻이 담긴 것으로 해석했다.

흥부 초대소에서 김영주를 만나고 나서는 김일성 생가, 만경대 등을 둘러보고 저녁에 극장 구경을 하고는 모란봉 초대소로 다시 돌아왔다. 그 외에도 북측이 안내하는 대로 여기저기를 둘러봤다.

정홍진이 서울로 돌아온 날은 3월 31일이었다. 3박 4일간의 북한체류를 마치고 돌아올 때도 입북 당시와는 역순으로 헬기를 타고 개성 근처에 내려 자동차로 판문각을 통해 남으로 내려왔다.

평양을 떠나는 날 눈이 많이 와서 헬기가 늦게 이륙하는 바람에 당초 예정되었던 서울 도착 시간이 오전에서 오후로 늦어져 서울에서 걱정들을 많이 하고 있었다.

서울에 도착한 즉시 이후락 부장과 함께 청와대로 들어가 박정희 대통령에게 방북 결과를 설명했다. 박 대통령은 수고 많았다며 정홍진에게 술을 권했다.

정홍진의 방북에 대한 답방으로 1972년 4월 19일 김덕현이 서울로 내려왔다. 김덕현은 서울에 오자마자 이후락 부장을 면담하고 조선호텔을 숙소로 잡았다. 비밀을 유지하기 위해 김덕현에게 김일성 배지를 떼도록 하고 호텔 옆문의 엘리베이터를 이용해서 움직이도록 했다.

이후락 부장은 김덕현에게 남한의 개방체제를 보여주기 위해 당시 서울에서 제일 높은 빌딩이었던 3·1 빌딩의 꼭대기 식당으로 데려가 서울의 야경을 보여주기도 했다.

정홍진-김덕현의 상호 방문은 이후락과 북측 상대방의 상호방문을 확인하기 위한 절차였기 때문에 문서화된 서류를 남기지는 않았다고 한다(안병훈, 1991: 341-343).

두 사람은 이후락 부장의 평양 방문일자를 놓고 상의를 한 다음 1972년 5월 2일에서 5월 5일간으로 정하고 정홍진 이외 비서 1명, 의사 1명을 대동하기로 합의했다.

남북 비밀접촉의 누설과 김형욱 조사

정홍진은 김덕현과 만나면서 비밀접촉의 보안을 유지하는데 많은 신경을 썼다. 보안유지를 위해 이후락과 김영주의 만남을 제3국에서 하자고도 제안했으나 북측이 한반도 내에서의 접촉을 고집했다.

이후락의 방북은 정부 고위층에서도 극비사항이었다. 김종필 총리와 김용식 외무부장관도 이후락이 평양을 방문(5.2)하기 일주일 전인 4월 26일에야 처음 알았다. 당시 적성 국가를 방문하기 위해서는 외무부장관과 총리의 허가가 필요했다.

이에 따라 박 대통령은 4월 26일 총리와 외무장관을 청와대로 불렀다. 김 장관이 청와대에 들어가 보니 대통령 집무실에 박 대통령을 중심으로 김 총리, 이후락 중앙정보부장이 앉아 있었다.

김 장관은 그 자리에서 이 부장의 평양행을 듣고 깜짝 놀랐다고 한다. 그전까지 전혀 모르고 있었던 사항이었다. 김종필도 그때 처음 이후락의 방북계획을 알았다(김종필, 2016: 396). 김 장관이 분위기를 보니 모든 것이 결정되고 마지막 형식적 절차만 남은듯했다.

하지만, 회담장소가 평양이라는 점이 김 장관의 마음에 들지 않았다. 정치회담의 성격을 띤 남북회담이 북한의 공포 분위기 속에서 진행된다면 우리 측의 주장을 제대로 밝힐 수 있을지 걱정됐다.

그에 김 장관은 "그런 회담이라면 판문점 중립지대에서 하는 것이 옳을 줄 압니다. 평양에서, 신변이 보장되지 않는 상황에서 회담을 하는 것은 어려운 일입니다." 하고 반대하며 김일성은 도대체 믿을 사람이 못 된다는 말도 덧붙였다.

그때 옆에 앉은 이 부장이 조용히 귀에 대고 속삭였다. "김 장관, 사실은 각하와 애기가 다 된 것입니다. 외무부 장관이 반대하지 않는 것이 좋겠습니다." 그러나 김 장관은 만일 이 부장이 평양에 가서 신변이 불확실해지면 국가적으로 중대한 문제가 초래될 수 있다며 반대의 뜻을 분명히 했다.

그러자 다시 이 부장이 자신의 결심을 강하게 피력했다. "제가 평양에 가는 것은 후세의 사가들에게 각하가 얼마나 평화통일에 열의를 가졌던가를 알게 하기 위해서입니다. 만일의 경우에 저는 결사의 각오가 되어 있습니다."

말이 끝나고 잠시 정적이 흐르자 이 부장이 준비한 결재서류를 꺼냈다. '특수 지역 출장에 관한 건'이었다. 이 서류에 외무부장관, 총리, 대통령 순으로 결재했다. 이로써 평양 밀행을 위한 행정적 절차가 마무리됐다.

이 부장은 5월 2일 평양으로 출발하기 직전인 11시경 김 장관에게 전화를 걸어 인사를 했다. 김 장관은 그의 밀행이 중요하고도 위험한 여행이었기 때문에 단지 '잘 다녀오십시오' 하는 말밖에 할 수 없었다고 한다(김용식, 1987: 281-283).

그런데 정부여당 내에서도 극비에 속했던 대북접촉 사실이 이후락 부장의 5월 2일 평양 방문 이전에 김형욱 전 중앙정보부장에게 누설됐다. 4월 말 김종필 총리와 골프를 치던 김형욱은 이 사실을 확인하기 위해 넌지시 관련 동향을 물었다.

깜짝 놀란 김종필은 골프를 끝내고 이 사실을 이후락에게 알려 주었다.

평양 방문길에 나서기도 전에 보안이 누설된 것을 알게 된 이후락은 즉시 중앙정보부 감찰실장 이재걸에게 보안조사를 시켰다. 이후락의 조카인 이재걸은 검사 출신으로 부장의 신임을 받아 당시 중앙정보부 내에서 실권자로 인정받고 있었다.

김형욱을 찾아간 이재걸은 이후락 부장의 평양방문을 어떻게 알게 됐는지 물으며 '지금 중앙정보부가 발칵 뒤집어졌다.'며 사안의 심각성을 주지시켰다.

그에 대해 김형욱은 '김종필 총리가 내 말을 전했느냐'고 확인하며 '정확한 사실을 잘 모르고 김 총리를 떠보았는데 김 총리가 자신의 유도심문에 넘어갔다'고 둘러댔다. 자신에게 정보를 제공한 중앙정보부 내 제보자를 보호하려는 임기응변이었다. 훗날 김형욱은 조사받던 날들을 이렇게 회고했다.

> 나는 중앙정보부 내에서 나에게 정보를 제공해 주던 옛 심복들이자 나의 정보망이 되고 있던 사람들을 보호했었다. 처음에는 험악한 분위기였는데 이삼일 간 조사를 하는 척 하다가 이재걸은 조사를 흐지부지하게 끝내고 말았다. 이재걸은 전직 부장에 대한 예우를 보여주었는지 모르나 이 사건으로 나도 까닥하면 김성곤, 길재호 등처럼 이후락에게 가차없는 보복을 당할 수도 있다는 불길한 예감이 나를 엄습하기 시작하였다(김형욱·박사월, 1985c: 121-122).

김일성의 이후락 예찬

이후락 중앙정보부장이 국가 최고정보기관장으로서 평양에 잠입한 것은 대단히 위험한 행동이었다.

정홍진과 김덕현 사이에 신변안전 각서교환 등의 안전조치가 사전 합의되었으나 북측이 이를 일방적으로 무시하고, 이후락을 감금하거나 살해할 경우 국가안보상 큰 문제를 가져올 수 있는 위험한 도박이었다. 비밀접촉이 지니고 있는 약점이었다.

평양으로 처음 떠나던 1972년 5월 2일 아침 10시 이후락은 박 대통령에게 인사를 하러 청와대로 갔다. 김종필 총리와 최규하 대통령 특보도 함께 자리하고 있었다.

'각하, 평양 갔다 오겠습니다. 각하께서 10년 통치하시는 동안 온 힘을 기울여서 통일을 위해 노력해 보셨다는 기록을 남겨야 되지 않겠습니까. 그러기 위해서는 내가 가서 김일성이와 통일에 대해 얘기를 나눠보는 수밖에 없습니다.'

그러자 박 대통령은 '그래, 잘 갔다 와. 그 사람들이 말을 듣든 안 듣든 우리가 말을 해 봐야지' 하면서 '준비됐나' 하고 물었다. 북한으로 들어가 위험에 처하면 자결할 준비가 되어 있느냐는 물음이었다.

그에 이후락은 캡슐 두 개에 넣어서 윗저고리 주머니에 넣어두었던 자살용 청산가리 캡슐을 만지며 '예, 여기 준비했습니다'라고 대답했다(오효진, 1987: 377).

적진으로 잠입하기 전 이후락은 불안한 마음을 달래기 위해 많은 노력을 기울였다. 전국을 돌며 사찰도 가고, 명소를 찾아 묵상도 했다. 이후락은 독실한 불교 신자였다.

그때 이후락의 심경은 당시 중앙정보부 강창성 차장보 밑에서 보좌관으로 일하고 있었던 이종찬 전 국정원장에게 남긴 그의 말에 잘 드러나 있다.

이종찬은 이후락이 퇴임한 직후인 1973년 12월 우연한 기회에 그를 홍콩에서 만나 깊은 속내를 들을 수 있었다.

> 나는 정말 목숨을 걸고 평양에 가기로 결심했네. 누구도 이런 경험을 한 사실이 없고 또 누구에게도 안전을 보장받을 수 없는 여행이지 않은가? 참으로 착잡했네. 만약 그들이 나를 잡아놓고 '남조선의 정보부장이 망명했다'고 발표하면 그만 아닌가?(이종찬, 2015: 275)

북으로 올라간 이후락은 5월 3일까지 김영주와 여러 차례 만나 여러 가지 긴장완화와 통일방안을 논의했으나 아무런 진전이 없었다. 큰 성과 없이 돌아오게 된 이후락은 5월 3일 밤 송별 파티에서 실망에 빠진 나머지 많은 술을 마시고 잠에 들었다.

그런데 잠시 후인 새벽 1시쯤 누군가 와서 방문을 두드렸다. 문을 여니까 시커먼 옷을 입은 건장한 사내들이 옷을 갈아입으라고 재촉했다. 불길한 생각이 든 이후락은 준비해간 옷 세 벌 가운데 청산가리가 들어있는 옷을 챙겨 입었다.

이후락을 태운 차는 억수같이 비가 내리는 비포장도로를 달렸다. 밖을 내다보니 평소에 가던 대동강 길로 가지 않고 모란봉 길로 가고 있었다. 그 순간 이후락은 '아, 이제 올 날이 왔구나' 하며 체념에 빠졌다.

그런 생각에 빠져있을 때 차량이 갑자기 아스팔트 길로 접어들더니 어느 4층 빌딩 앞에 섰다. 그러고 나서야 데리러 온 사람들이 여기가 수상 관저이고 수상님이 부장 선생을 만나자고 하신다고 했다.

엘리베이터를 타고 4층으로 올라가 문이 열려 앞을 보니 김일성이 서 있었다. 14년이 지난 뒤 이후락은 오효진 기자에게 그 순간을 이렇게 회고했다.

> 4층에서 문이 열리는데 보니까 김일성이 마중을 나와서 손을 내밀더만. 나도 악수를 하려고 손을 내미는데, 여차하면 입에 넣을라고 청산가리를 쥐고 있어서 캡슐이 녹아가지고 손에서 안 떨어져요. 그래 손을 내밀었다가 다시 주머니에 집어넣고서 캡슐을 뗀 다음에 손을 내밀어 악수를 했지요. 그때 내 태도가 수상했던지 김일성이 멈칫합디다. 김일성이 긴 복도를 가면서 내 어깨를 탁 잡고 끼고 가는데, '부장 선생이야말로 통일의 영웅이요, 민족의 영웅이요' 하면서 영웅 소리만 몇 번을 늘어 놉디다(오효진, 1987: 378).

김일성의 박 대통령에 대한 사과

5월 4일 0시 15분에서 0시 30분까지 평양 만수대 김일성 관저에서 김일성을 처음 만난 이후락은 무척 허심탄회한 얘기들을 나눴다. 김일성은 이후락에게 연신 대담한 사람이라고 생각한다는 둥, 영웅이라는 둥 치켜세웠다.

이 자리에서 김일성은 남북관계사에서 의미 있는 말을 남겼다. 1968년 1월의 김신조 일당 청와대 기습사건에 대해 정식 사과한 것이다.

1968년 1월 21일 북한 124군 부대 제6기지 소속 31명이 박정희를 살해하러 청와대 인근까지 접근했으나 경찰 검문으로 신분이 탄로 나 교전 끝에 29명이 사살되고 김신조는 체포됐다. 나머지 1명인 박재경은 북으로 넘어갔다.

김일성은 이후락에게 1·21 사태에 대해 이렇게 말했다.

> 박 대통령에게 말씀드리시오. 그 무슨 사건이더라 청와대 사건이든가 그것이 박 대통령에게 대단히 미안한 사건이었습니다. 이 문제에 대해서 전적으로 우리 내부에서 생긴 좌경맹동분자들이 한 짓이지 결코 내 의사나 당의 의사가 아닙니다. 그때 우리도 몰랐습니다. 보위부 참모장 정찰국장 다 철직하고 지금 다른 일 하고 있습니다. 이런 오해부터 풀어야 합니다. 내가 뭣 때문에 박 대통령을 죽이려 하겠습니까(안병훈, 1991: 352-353).

이 말에 대해 이후락은 북한에 좌경기회주의자, 우경기회주의자, 좌경맹동분자가 있듯이 남한에도 그렇다고 맞장구를 치며 오늘 내가 수상과 자리를 같이 했다는 걸 알면 나를 테러할 사람이 있는데 그런 사람 눌러가면서 해야 한다고 분위기를 맞췄다.

이때 김일성의 사과는 훗날 전두환 정부 때 남북정상회담 개최의 중요한 변수로 작용하게 된다.

1983년 10월 9일 미얀마의 아웅산 묘지에서 북한의 테러로 서석준 부총리 등 고위 관리 17명이 즉사했다.

그로부터 1년여 뒤인 1984년 9월 서울이 큰 수해를 당하자 북측이 수해복구 지원을 제의해왔다. 전두환 정부는 아웅산 테러 사건에도 불구하고 1988년의 올림픽을 성공적으로 개최하기 위해서는 남북긴장을 완화해야 한다고 보고 북측의 수해지원 제의를 받아들였다. 거기서 더 나아가 전두환 대통령은 1985년 초 북측에 남북한 최고 책임자 회담을 제의했다.

이런 배경 아래 남북정상회담을 위한 비밀접촉이 시작됐다. 정상회담을 추진하며 남측은 북측에 아웅산 테러 사건의 사과를 전제조건으로 내걸었다. 청와대 기습사건을 사과했던 것처럼 아웅산 테러 사건에 대해서도 사과할 것을 요구했다.

하지만 북측은 그에 응하지 않았다. 게다가 북한은 장세동 안기부장과 박철언 안기부장 특보가 비밀리 평양을 방문하고 돌아온 이틀 뒤인 1985년 10월 20일 부산 앞바다로 무장 간첩선을 침투시켰다.

그에 화가 난 전두환 대통령은 남북정상회담 추진을 중단시켰다(박철언, 2005: 203-204).

1972년 5월 4일 새벽 심야 시간에 이어 그날 낮 13시에서 14시 10분간 평양 만수대 김일성 관저에서 김일성과 이후락의 2차 면담이 있었다. 회의록을 보면 두 번째 면담에서 김일성은 6·25 전쟁의 책임을 박헌영에게 돌리는 듯한 발언을 하고 다시 남침하지 않겠다는 약속도 했다.

> 우리 내부에 맹동주의, 종파분자, 종파분자는 반대파지요. 반대파가 꼭 생기지요. 예를 들면 해방 직후 내가 나만 옳다고 말하는 것은 아니지만 박헌영이는 남한에서 '소련과 의논해서 연방공화국을 만들겠다'고 했는데, 조선 사람이 이걸 좋아하는 사람이 어디 있겠습니까? 오해는 여기서 발생했습니다. 우리가 소련에 예속된 줄로 오해하고 있지요… 우리는 절대 남침하지 않는다. 과거에 이러쿵 저러쿵한 것 내가 한 것이 아니라는 말씀…(안병훈, 1991: 358).

이후락은 또 전쟁하지 않는다는 약속만 하면 모든 문제가 쉽게 해결될 수 있을 것이라며 남침하지 않겠다는 약속을 재차 촉구했다. 그에 대해 김일성은 "'절대 전쟁하지 않는다'고 박 대통령께 전하시오. 내 그러기 때문에 당신이 영웅이오. 대담한 영웅이오." 하며 이후락을 다시 치켜세웠다.

두 사람의 대화 내용을 보면 이후락은 김일성으로부터 남침하지 않겠다는 약속을 다짐받기 위해 많은 노력을 기울였다.

하지만, 김일성은 이후락에게 남침하지 않겠다고 말하면서도 민족 대단결을 위해서는 이념을 초월해야 한다며 북은 남측에 사회주의를 강요하지 말고, 남은 북에 '승공통일하자', '공산주의 하지 말라'고 강요해서는 안 된다는 단서를 달았다.

북한 제2인자에 대한 중앙정보부의 오판

중앙정보부는 남북대화를 시작하면서 북한의 2인자를 김일성의 친동생 김영주로 봤다. 그러한 판단하에 이 부장이 상대할 대상으로 김영주 조직지도부장을 지목했다.

그러나 훗날 드러난 바에 의하면 이것은 오판이었다. 당시 이미 북한 권력층 내부에서는 김일성 후계자로 김정일을 추대하려는 움직임이 일어나고 있었다.

그 당시 북한 권력층 내부의 실상에 대해서는 10·26 사건 직후 우리의 해외 대사를 포섭하러 평양을 떠났다가 안기부에 체포된 박병엽이 자세한 증언을 남겼다. 박병엽은 안기부 조사과정에서 전향한 뒤 신평길, 황일호, 서용규, Q씨, P씨 등의 필명으로 1960~70년대 북한 내부의 권력투쟁과 대남공작에 대해 많은 구술을 남겼다.

박병엽에 의하면 1960년대 당시 노동당 핵심부는 비밀리에 '김일성-김영주-다음 세대'로 이어지는 후계구도가 자리 잡고 있었다. 김영주는 1959년 당 조직지도부장에 임명된 후 1966년 10월

제4기 14차 전원회의에서 당 조직비서로 선출됐다.

그러나 1960년대 중반 이후 김영주는 질병에 시달리고 있었다. 부상 치료차 휴양지와 소련, 루마니아를 전전했다. 그 틈을 김일성 아들 김정일이 파고들었다.

1968년 당 조직지도부에서 선전선동부 문화예술 지도과장으로 자리를 옮긴 김정일은 1969년 선전선동부 부부장에 올랐다. 김영주가 병치레로 자주 자리를 비우게 되자 김일성 대학 당위원장을 맡고 있던 박수동을 조직지도부 제1부부장에 앉혀 놓고 조직지도부의 업무까지 좌지우지했다(신평길, 1996: 131).

1970년 제5차 당 대회 준비과정에서부터 김정일을 후계자로 옹립하려는 움직임이 가시화됐다. 김일, 최용건, 최현 등 빨치산 원로들이 국가경영 능력과 대중적 신망을 쌓기 위해 김정일을 당 중앙위원으로 선출해야 한다고 주장하고 나섰다. 그러나 김일성은 28세에 불과한 김정일을 성급하게 내세울 경우 원만한 권력승계에 차질을 빚을 것을 우려, 이를 보류시켰다.

김정일로의 권력세습 문제는 1971년 4월 하순 당 중앙위 회의에서 다시 논의됐다. 이번에는 김영주가 나섰다. 김정일을 당 조직사상 비서 자리에 앉히자는 제안이었다. 김정일을 후계자로 선정하자는 뜻이었다. 김영주의 항복 선언이었다. 김영주의 제안은 빨치산 출신들의 호응을 받았으나 이번에도 김일성이 일단 결정을 보류했다(신평길, 1996: 135).

이처럼 김영주에서 김정일로 권력이 이동되는 시점에 남북대화가 시작됐다. 그리고 중앙정보부는 북한권력의 내부에서 은밀히 논의되던 이러한 동향을 감지하지 못하고 있었다.

중앙정보부의 오판은 이후락 부장이 1972년 5월 4일 김일성과 처음 가진 대화에서도 여실히 드러난다. 이후락은 김영주를 2인자로 보고 김영주의 서울 답방을 김일성에게 끈질기게 요구했다. 김일성이 박성철 부수상을 보내겠다고 밝혔으나 이후락은 김영주의 서울 방문을 고집했다.

(이후락) 박성철 부수상께서 오시는 것은 영광스러운 일이지만 역시 조직지도부장 선생이 오시고 그 다음에 부수상이 오시는 것이 좋겠다는 것을 수상께 건의드립니다. 박성철 부수상이 오시기 전에 김 부장이 한번 오시는 것이 의례적인 것이라 생각하는데…

(김일성) 현재 조직부장이 앓고 있는데 이번에도 이 부장 못 만나겠다는 것을 '네가 가서 만나라'고 내가 했습니다. 너무 과로하여 현재 병 치료하고 있고, 반나절만 일하고 있습니다. 이것 가짜 말 하는 것 아니고… 긴장하는 일 하지 못합니다.

(이후락) 수상님. 반나절만 오셨다 가면 어떻습니까.

(김일성) 병명이 식물신경불화증인가? 병중에도 무릅쓰고 내가 하라고 하고, 당의 명령이고 조직의 명령이니 이번에 이 부장을 만났는데… 가는 것은 후에 병 나은 다음에 보내지요.

(이후락) 박성철 부수상께서 먼저 오시는 것은 반대입니다. 정치는 비공식적 측면에서 이루어지는 것이니 구면으로 차례가 끝나고 그 다음에 부수상이 다녀가시는 것이 좋지 않겠습니까.

이왕 김영주 부장과 시작된 일이니 말입니다.

(김영주) 먼저 부수상 동지가 가시고 그 다음에 내가 가야 하지 않겠
습니까.

(김일성) 박성철 부수상은 내가 동생 못지않게 믿는 사람이고 40년
동안이나 동지로서 같이 일한 사람입니다.

5월 4일 새벽에 이어 그날 13시에서 14시 10분간 재개된 김일
성과의 2차 회담에서 다시 서울 답방에 적합한 인물에 대한 논의
가 있었다. 김일성은 대안으로 박성철을 내려보내되 김영주와의
연락을 유지하는 방법을 제시했다.

(김일성) 나도 박성철 동지를 보내겠으니 비밀을 지켜 주십시오. 연계
는 어떻게 하느냐. 조직부장 아파도 내가 시켰지요. 조직부
장은 사업에서 2~3년 손을 떼었지요. 이 부장이 조직부장을
지명했는데 우리가 거절하면 단절되니까… 그래서 조직지도
부장과의 연결은 가져놓고 조직부장 못지않게 신임하는 박
성철 동지를 박 대통령께서 만나면 우리가 구면이 되는 것이
지요.

(이후락) 수상 말씀 그대로 보고드리겠습니다… 내가 20여 차례 김영
주 부장 동지와 간접적 이야기가 되어 왔으며 박 대통령께도
김영주 부장이 온다고 말씀드렸는데 박성철 부수상이 오시
면 '사람이 왜 달라졌나' 하실 것입니다.

(김일성) …다른 병이면 모르되 신경병이 되어서… 단지 병입니다. 응

당히 이 부장하고 약속했던 것을 지켜야 하는데⋯ 의사들이

자꾸 걱정을 하니까⋯ 이번에는 아마 좀 어려울 것입니다(안

병훈, 1991: 357).

결국 이후락은 김일성의 뜻을 꺾지 못하고 5월 5일 서울로 돌아왔다. 이어 1972년 5월 29일 김덕현, 유장식 등과 함께 내려온 박성철은 5월 31일 박정희 대통령을 예방했다. 박 대통령은 "귀하들은 남북 간의 장벽을 한꺼번에 허물자고 하는데 신뢰를 회복하기 위해서는 벽돌을 한 장 한 장 쌓듯이 해야 합니다. 박성철 부수상도 시험 쳐본 적이 있지요. 시험을 볼 때도 쉬운 문제부터 풀고 어려운 문제는 나중에 풀지 않습니까. 남북대화도 같은 식으로 풀도록 합시다(조갑제, 2006: 224)."

그때 병 때문에 내려오지 못한 김영주(1920년생)는 그 후 50여 년을 더 살다가 2021년 12월 15일 101세에 사망했다.

남북대화는 강력한 국가건설을 위한 '시간 벌기'

이후락의 평양방문과 박성철의 서울 방문 후 남북은 1972년 7월 4일 공동성명을 발표했다. 외세에 의존하지 않는 자주적 평화통일, 이념을 초월한 민족대단결, 상호비방 중지, 통일문제를 해결하기 위한 남북조절위원회 구성 등이었다.

이후락은 남북조절위 구성문제 등을 협의하기 위해 장기영, 최규하 등과 함께 11월 2-4일간 다시 평양을 방문, 김일성을 단독으로 만났다. 11월 30일에는 서울에서 남북조절위 회의를 개최할 예정이었다.

그사이 11월 20일 이후락은 남북대화에 대한 솔직한 자신의 입장을 하비브(Philip Charles Habib) 주한 미 대사를 만나 전달했다. 하비브가 이후락을 접촉한 후 11월 22일 미 국무부에 보낸 2급 비밀 전문을 보면 이후락의 남북대화에 대한 속내가 잘 드러나 있다.

훗날 비밀 해제된 이 전문에서 이후락은 2차 평양 방문 시 김일성과 나눈 대화 내용을 아래와 같이 밝혔다.

○ 김일성은 1968년 1월 21일 청와대 기습사건에 대해 다시 사과하는 데 많은 시간을 할애했음. 김일성은 재차 북한의 강경분자들을 비난하고, 박 대통령에게 자신의 사과를 전해줄 것을 요청했음.

○ 대화에 임하는 평양의 목표는 북한의 대남 공작이 한국에 잘 먹혀드는 상황을 만드는 것임. 북한은 한국의 경계태세가 늦춰지고 반공수위가 약화되며 반공법이 개정되기를 희망하고 있음.

○ 통일은 남북조절위원회라는 방법으로는 달성될 수 없음. 남북은 (지금) 똑같은 목적을 가지고 있는데 다름 아닌 시간벌

기(buy time)임. 한국이 시간을 필요로 하는 것은 강력한 국가 건설을 위한 것임. 즉 서독이 동독의 우위에 서 있는 것처럼 남한이 북한의 우위에 서야 한다는 것임. 북한 역시 시간이 필요함. 자본주의 체제의 내부 모순으로 남한이 취약해지고 혁명의 분위기가 조성되기를 기대하고 있음.

○ 김일성이 여러 차례에 걸쳐 박정희 대통령과의 정상회담을 촉구했는데 가까운 장래에는 없을 것임. 약 5년 후에는 한국 의 경제상황이 북한경제보다 경쟁에서 우위를 접하게 될 것 임. 그렇게 되면 김일성이나 그의 후계자는 남한을 접수하 려는 그들의 희망을 포기할 것임. 현재 평양은 한국이 경제 적으로 심각한 퇴보를 겪게 될 것이며, 이 때문에 혁명적 상 황이 야기될 것으로 믿고 있음. 따라서 현재는 정상회담을 할 적절한 시기가 아님(이흥환, 2002: 245-249).

이후락과 김종필의 국가보안법 문제를 둘러싼 충돌

이후락이 남북회담을 주도하며 평양을 오르내리던 시절 정부 내에서 가장 강력한 경쟁자는 김종필 총리였다. 두 사람은 제2인 자 지위를 놓고 경합하고 있었다.

김종필은 이후락이 개인적 입지를 강화하기 위해 대통령을 흔들고 있다고 봤다. 이후락을 '자기가 아니면 안 되는 문제를 꾸며서 존재를 과시하고, 그것 때문에 박정희 대통령이 자신을 제거하지 못하도록 만드는 특별한 재주를 가진 사람'으로 보고 있었다.

김종필의 불만은 남북 공동성명이 발표된 직후 열린 안보장관 회의에서 폭발했다. 이후락이 갑자기 '북한이 우리와 대화를 하겠다고 하니까 아무래도 국가보안법을 없애야겠다'고 말했다.

그에 김종필이 격분, "당신, 도대체 무슨 생각을 하는 거요"라며 고함치듯 공박했다. 이어 그 부당성을 따졌다.

> 국가보안법은 개인의 생활을 제한하거나 억제하는 법률이 아닌 거요. 규정에 위반되는 일을 하지 않으면 설사 공산주의자라도 처벌받지 않는 법이오. 충실하게 살아가는 선량한 국민들이 일상생활을 영위하는 데 아무런 지장이 없지 않소. 이것을 없애자고 하는 건 어불성설이오(김종필, 2016: 399).

훗날 김종필은 평양을 다녀온 이후락이 김일성으로부터 대담한 영웅이라는 등 자기를 치켜세우는 말을 듣고 우쭐해져 그에 보답하는 뜻에서 국가보안법 폐지를 불쑥 꺼낸 것으로 추정했다.

2차 평양회담(11.2~4)에 이어 3차 서울회담(11.30)을 앞둔 시점인 11월 24일 하비브 주한 미 대사를 단독으로 만난 김종필은 이후락의 독주를 더욱 신랄하게 비판했다.

이후락 자신이 회담을 지휘하기 때문에 모든 단계에서 진전이 있어야 위신이 서는 것으로 생각하고 있다. 그래서 지나치게 서두르고 있고, 신중히 접근해야 할 문제들에 적절한 주의를 하지 않고 있다. 예를 들면, 회담 초기에 이후락이 남북조절위원회에 내각 각료들을 포함시키길 원했다. 이렇게 되면 남북대화가 정부 대 정부 차원으로 옮겨가게 되는 것이다. 그래서 내가 그에 반대했고, 대통령도 동의했다. 지금 어느 누구도 남북대화에서 이후락이 어떤 입장에 있는지를 알지 못한다. 북측에서 김영주가 남북조절위원장 자리에서 물러난 것처럼 우리도 이후락을 남북조절위원장 자리에서 물러나게 하는 방안을 대통령과 상의했다(이홍환, 2002: 252-253).

김종필처럼 당시 박 대통령도 정부당국자들이 남북대화에 급급한 나머지 북한의 위장평화 전술에 말려들 것을 우려하고 있었다. 그 당시 박 대통령의 우려는 1972년 8월 평양에서 열린 남북적십자회담에 참석하고 돌아온 이범석을 격려하는 자리에서 당부한 아래와 같은 말에 잘 나타난다.

그 자리에 배석했던 유재홍 국방부 장관은 박 대통령의 당부를 일기에 적어놓았다. 유재홍이 그의 회고록에서 공개한 박 대통령의 당부 내용을 보면 아래와 같다.

1. 평양에서 있었던 일은 공식 비공식을 막론하고 보고하여야 한다.
2. 공산주의자들과 접촉하려면 전략을 세워서 대처해야 한다.
3. 북한 위정자와 피가 같다고 생각하면 큰 오산이다.

4. 적십자는 인도적인 사업이나 북한은 정치적 사업으로 본다.

5. 북한 요인들의 한 마디 한 마디는 정치적임을 알라.

6. 우리의 말은 한 마디 한 마디가 신념이 있어야 한다.

7. 술을 마실 때도 상대방이 공산당이라는 사실을 잊지 말라.

8. 북한 사람과는 어떤 자리에서건 감상적으로 흐르지 말라.

9. 북한이 남한 언론을 비판하면 자문위원들은 즉각 반박하라.

10. 대표단과 자문위원 사이는 긴밀한 협의를 하되 매일 저녁 결산

　　토록 하라(유재흥, 1994: 487-488).

이후락의 정치성 공개행보에 대한 비판

중앙정보부는 비밀정보기관이었다. 그 존립 목적을 국가비밀 활동 수행에 두고 있었다. 중앙정보부 창설자인 김종필은 중앙정보부를 창설할 때 '우리는 음지에서 일하고 양지를 지향한다'라고 부훈을 직접 지었다. 음지에서 묵묵히 일하면서 정부를 뒷받침한다는 원칙과 철학을 담고 있었다.

그런데 이후락 중앙정보부장이 7·4 남북공동성명 후 공개적인 행보를 보이자 비밀정보기관 책임자로서의 이후락의 처신에 대한 비판이 여권 내부에서 일어났다. 당시 청와대 대변인이었던 김성진은 이후락이 영웅심 혹은 후계자 자리를 노리고 평양 밀행을 자처한 것으로 봤다.

김성진에 의하면 그 당시 이후락은 박 대통령에게 평양 잠행을 허락해주도록 간청하고 있었다. 닉슨 대통령의 중공방문 등 급변하는 안보정세에 직면하여 '직접 북한에 가서 그쪽 사람들을 만나 그곳 실정을 직접 본 다음에 결과를 보고 하겠다'고 박 대통령을 설득하고 있었다고 한다.

그에 대해 박정희는 처음 비밀정보기관의 수장으로서의 이후락의 지위에 대해 걱정하며 방북을 만류했다.

> 제2차 세계대전 당시 나치 독일의 루돌프 헤스도 화평조약을 체결하기 위해 영국으로 단신 잠행했으나 영국에서 그것을 받아들이지 않고 감옥에 처넣지 않았소? 이 부장은 우리나라의 정보 총책임자요. 만에 하나 그와 같은 사태가 발생하면 국가적 중대사가 되는 것이오(김성진, 2007: 122)!

하지만 이후락은 여차하면 독약을 먹고 자결하겠다며 거듭 방북 승인을 요청했다. 그에 못 이겨 박정희는 이후락의 방북을 승인했다고 한다.

김성진은 북한을 방문한 이후락이 김일성을 만나는 장면에 대해서도 비판했다. 5월 4일 새벽 00시 30분 예고도 없이 폭우가 쏟아지는 칠흑 같은 산길을 달려갈 때 이후락을 짓눌렀던 공포감과, 김일성을 만났을 때의 안도감이 순식간에 교차되면서 이후락으로 하여금 이성적 판단을 내리기 어렵게 만들었을 것으로 봤다.

그 결과 북한 측에 대해 대한민국 국시인 자유민주주의에 입각한 통일에 대해 한마디도 언급하지 않았다고 김성진은 비판했다.

두뇌 회전이 보통 사람보다 몇 배 더 빠르기로 소문난 이후락이 공
포와 불안 그리고 안도감이 교차하는 상황에서 어떤 생각을 해냈을
까. 더욱이 그는 서울로 돌아갈 시간이 얼마 남지 않았는데 이룬 것
이 아무것도 없었다. 우둔하다 싶을 만큼 담이 큰 사람이라면 서두
를 것 없이 당초 목적대로 있는 대로 보고 듣고 돌아가면 된다고 생
각했을 것이다. 그러나 이후락의 입에서는 이상한 말이 튀어나왔다.
박정희 대통령의 생각과는 달리 그가 외세배격을 주장하는 것처럼
말해 버린 것이다… 그들이 구두선처럼 되뇌던 이른바 통일 3원칙
을 이후락에게 던진 것이다. 이후락은 무슨 이유인지 우리의 국시인
자유민주주의에 입각한 통일을 주장하지 않았다(김성진, 2007: 125).

당시 공화당 전국구 의원으로 있던 김형욱 전 중앙정보부장도
7·4 남북공동성명 이후 이후락의 행보에 대해 다음과 같은 평을
남겼다.

7·4 공동성명 발표에 따른 문제점은 과연 중앙정보부가 통일문제에
있어서 국가와 정부를 대표할 수 있느냐 하는 점이었다… 그 경과발
표도 정부 대변인인 문화공보부 장관이나 하다못해 청와대 대변인
이 발표할 성질의 것이었다… 나는 더 이상 사태를 좌시할 수 없다
고 판단하고 박정희가 진심으로 통일과업에 있어서 이후락을 필요
로 한다면 그를 통일원장관으로 임명하든지 아니면 대통령에 직속

되는 특별한 별도기구의 책임자로 만들어야 한다는 것을 여야와 청와대 요로를 통해 반영시켰으나, 나에게 돌아온 반응이란 오직 이후락의 압력뿐이었다. 그는 모든 문제에 있어서 사사건건 나에게 시비를 걸어왔고 심지어 나를 잡아넣기 위해 나의 뒷조사를 명령했다는 정보까지 입수되었다… 이후락은 장차 통일한국의 대통령을 꿈꾼다는 풍문까지 돌기 시작하였다. 나는 이후락의 독주를 막는 데 역부족을 느꼈다(김형욱·박사월, 1985c: 125).

5장

국가비상관리체제의
구축

박정희의 정치제도 변혁 구상

1970년대 유신체제가 성립되는 배경과 과정에 대해서는 그 시기 박정희의 곁에 있었던 사람들이 많은 증언을 남겼다. 하지만, 박정희가 언제 처음 그것을 구상했는가에 대해서는 정확한 자료가 남아있지 않다.

김대중은 제7대 대통령 선거 마지막 유세(1971.4.18., 장충단공원)에서 '공화당이 박정희를 남북통일이 될 때까지 대통령을 시키려고 하고 있고, 이번에 박정희 씨가 승리하면 앞으로는 선거도 없는 영구집권의 총통시대가 온다는 데 대한 확고한 증거를 가지고 있다'고 주장했다. 그러나 그도 증거를 내놓지는 않았다.

지금까지의 자료로는 김종필의 증언이 유신의 시초를 보여주는 제일 신빙성 있는 자료로 보인다.

1971년 4월 28일. 박정희는 김종필을 찾았다. 그 전날 있었던 선거에서 박정희는 김대중을 94만여 표라는 근소한 차이로 이겼다. 온양관광호텔에서 김종필을 독대한 박정희는 대통령 선거 얘기를 꺼냈다. 자신을 압도적으로 지지해주지 않은 국민들에 대한 서운한 감정을 비쳤다.

> 나는 그래도 빈곤을 추방하려고 열심히 일을 했어. 한 10년 열심히 하여 이제 굶지 않을 정도는 됐어. 수출도 잘 되고 말이야. 그런데 국민들이 내가 삼선을 하겠다니까 언짢게 생각하는 것 같아. 그걸 모르겠어. 내가 영구 집권한다는 것도 아니고 말이야. 지금은 정하지 않았지만 선거가 끝난 뒤에는 후계자를 정하겠다고 이야기했잖아. 그랬는데 김대중이가 뭔데 차이가 그것밖에 안 나나. 이 사람과 비교해서 국민들이 나를 대접하는 게 겨우 이 정도인가. 민주주의가 역시 약점이 있어. 우리나라 같은 경우 선거 바람이 불면 엉뚱한 사람이 당선될 가능성이 얼마든지 있어. 그랬을 때 과연 이 나라가 일관성 있게 자유민주주의 체제를 유지할지 의심스러워. 그래서 내가 심각하게 걱정을 해(조갑제, 2006: 192).

김종필이 박정희를 위로하기 위해 '각하께서 침통해 하시는데 그 원인이 어디 있느냐 하는 점을 여러 각도로 연구할 필요가 있다'고 말했다.

그러자 박정희는 '그래서 요담에 내가 그만두기 전에 그런 면에서 취약점을 확실히 보완할 수 있는 체제를 정비해 놓는 게 내가 마지막에 해야 할 일이 아닌가 하는 생각이 요새 들어'라며 속내를 보였다.

김종필의 기억은 이종찬 전 국정원장의 회상과도 맞아떨어진다. 이종찬에 따르면 박정희가 중앙정보부에 정치제도 개편을 검토하라고 지시한 때는 1971년 5월에서 9월 사이였다.

이후락 부장은 강창성 보안차장보에게 은밀하게 향후 정치일정을 수립하라는 지시를 내렸다. 강창성 차장보가 1971년 9월 23일 육군보안사령관으로 전보한 것을 보면 그해 5월에서 9월 사이 박정희의 지시가 떨어졌다.

당시 강창성의 보좌관으로 일하던 이종찬은 그 지시를 받을 때의 일을 이렇게 회상했다.

> 1971년, 그렇게 해빙 무드가 짙게 깔려갈 즈음에 이후락 부장은 강창성 차장보에게 은밀하게 향후 정치 일정을 수립하라는 지시를 내렸다. 강 차장보는 즉각 김성락 판단기획실장에게 같은 지시를 내렸고, 그 결과 김영광 판단기획실 부실장 등이 합동으로 계획서를 작성했다. 가칭 'KM 계획'(아마 '계엄'의 음에서 따온 말인 것 같다)이라는 지극히 초보적인 습작품이었다. 그러나 계획의 핵심이 헌정 중단과 새롭고도 강력한 통치 체제에 있는 것만은 분명했다(이종찬, 2015: 274-275).

신앙적으로 모신 위대한 지도자

이후락은 대통령 비서실장(1963.12-1969.10)과 중앙정보부장 (1970.12-1973.12)을 역임했다. 그 사이 1년(1970.1-1970.12)은 주일대사로 나가 있었다.

비서실장과 중앙정보부장은 모두 대통령 직속기관의 수장으로서 대통령을 가장 가까이서 보좌하는 자리이다. 5·16 정변 직후인 1961년 12월부터 2년간은 국가재건최고회의 공보실장을 지냈다.

이후락은 비서실장을 그만둘 때 직원들에게 '박정희 대통령을 교주로 하는 박정희교를 신앙하는 기분으로 일해야 한다'고 훈시해서 '박정희교'라는 말을 남겼다.

박정희 대통령 서거(1979.10.26.) 후 17년이 지난 1986년 그는 오효진 기자와 인터뷰하면서 그 말을 한 이유를 이렇게 설명했다.

> "비서실에서 근무하면서 대통령을 모실 때 신앙으로 모셔야지. 믿어서 될까 안 될까 이런 마음이 있어서는 안 됩니다. 나는 신앙적으로 박 대통령을 모셨습니다. 그래서 그 얘기를 비서실 사람들에게 교훈적으로 얘기했지요."

이후락은 중앙정보부장으로 취임할 때도 이 말을 강조했다. "우리 부는 대통령 직속기관으로서 최고 통치자 박정희 대통령이 국정을 펴나감에 있어 공산주의는 물론 모든 잡스러운 요소를 제거하는데 최우선적인 임무가 있다… 우리는 모두 박정희교의 신도로서, 또 전도사로서 앞장서야 할 것이다. (이종찬, 2015: 249)"

오효진 기자는 이후락에게 대통령을 신앙적으로 모실 만큼 특출하고 훌륭한 분이었는가를 물었다. 거기에 대해서는 이렇게 답변했다.

> 결점이 없는 사람이 어디 있겠어요? 그러나 그런 사람도 일단 신앙적으로 모셔야지, 그 사람의 인격을 봐가면서 모셔선 안 됩니다. 또지금 누가 뭐라고 하더라도 그분은 우리나라의 위대한 지도자였습니다. 나는 지금도 그분을 증거하는 박정희교의 교인 노릇을 하겠어요. 나는 그분에 대해 신앙을 가졌지만, 그분은 국가를 위한 신앙을가졌던 사람이오. 시행착오가 있었든 없었든 그분의 마음엔 항상 국가밖에 없었습니다. 우리 부모도 나에게 그런 정성을 보여준 적 없어요. 그래서 그분은 국가를 위해 신앙적으로 일했고, 나는 그분을위해 신앙적으로 일했고…(오효진, 1987: 368).

이후락이 오효진 기자와 인터뷰한 1986년은 전두환 정부 시기로 박정희 정부에 참여했던 대부분의 사람들이 전두환의 눈치를보며 박정희 시대 얘기를 꺼리던 시절이다. 그런 분위기에서 이후락이 이런 말을 남긴 것을 보면 그는 진정으로 박정희를 존경했던 것으로 보인다.

오효진이 다시 박 대통령을 가까이서 가장 오랫동안 모셨는데, 내 자신을 위해서 산 것이 아니라 남을 위해서 살았다는 점을 후

회하지 않느냐고 물었다. 그러자 이후락은 이렇게 대답했다. "아니오. 내 일생에 위대한 영도자를 만나서 가까이서 보좌하고 있었다는 걸 대단히 다행스럽고 자랑스럽게 생각합니다."

자유권적 기본권의 일부 유보

대학가의 교련반대 데모와 공화당 일각의 항명 사태를 강압적으로 수습한 박정희는 그 후 정부 정책에 비판적인 세력을 억제하는 방법을 제도화하는 수순을 밟게 된다.

대선 직후 김종필에게 토로한 것처럼 정치제도 자체를 근본적으로 개편하는 길로 나아가게 된다.

그 첫 번째 행보가 1971년 12월 6일의 국가비상사태 선언이었다. 그 10년 전인 5·16 정변 때 6개의 '혁명공약'을 내걸었던 것처럼, 국가비상사태 선언도 6개 항목이었다. 그 내용은 아래와 같다.

1. 정부의 시책은 국가안보를 최우선으로 하고 조속히 만전의 안보태세를 확립한다.
2. 안보상 취약점이 될 일체의 사회불안을 용납하지 않으며 또 불안요소를 배제한다.
3. 언론은 무책임한 안보논의를 삼가야 한다.
4. 모든 국민은 안보상 책무수행에 자진 성실하여야 한다.

5. 모든 국민은 안보위주의 새 가치관을 확립하여야 한다.
6. 최악의 경우 우리가 향유하고 있는 자유의 일부도 보류할 결의를 가져야 한다.

이 선언문은 법적 구속력이 없는 국가안전보장회의와 국무회의 합동 결의문이었다. 박정희는 담화문을 통해 이 선언의 배경을 밝혔다. '공산체제에 대응할 최선의 체제가 민주체제임을 굳게 믿고 있으나 침략자의 총칼을 자유와 평화라는 구호로만 막아낼 수 없다', '필요할 때는 우리가 향유하고 있는 자유의 일부마저도 스스로 유보하겠다는 굳은 결의가 있어야 한다.'고 강조했다.

국민들에게 자유의 일부를 유보할 것을 공개 표명한 것은 많은 시비를 일으킬 수 있는 소지가 있었다. 거기에 대해 박정희는 선언을 발표하기 전 김성진 대변인에게 이렇게 설명했다.

> 오늘의 비상사태에 비추어 볼 때 우리의 평화체제에는 적지 않은 취약점이 내포되어 있다. 민주주의가 가장 소중한 것이라면 이것을 강탈하거나 말살하려는 자가 우리 앞에 나타났을 때 우리는 과연 어떻게 해야 할 것인가. 침략의 총칼을 자유와 평화의 구호만으로 막아낼 수는 없는 것이다. 이것을 수호하기 위해서는 응분의 희생과 대가를 지불해야 한다. 필요할 때는 우리가 향유하는 자유의 일부마저도 스스로 유보하고 이에 대처해 나가야겠다는 굳은 결의가 있어야 한다(김성진, 2007: 144-145).

여당인 공화당은 이 선언을 법적으로 뒷받침하기 위해 그해 12월 27일 야당의 강한 반대를 무릅쓰고 '국가보위에 관한 특별조치법'을 제정했다.

이 법은 국가안보에 관한 중대한 위협, 사회 안녕질서 유지에 필요할 경우 대통령이 국가비상사태를 선포할 수 있도록 규정하고 그해 12월 6일의 비상사태선언은 이 법에 의하여 선포된 것으로 본다는 조항을 명기했다.

또한, 대통령은 옥외집회 및 시위를 규제 또는 금지하기 위하여 특별한 조치를 할 수 있고, 국가안위 및 사회혼란을 조장할 위험이 있는 사항에 관하여 언론 및 출판을 규제하는 특별한 조치를 할 수 있다고 규정하는가 하면 공공기관에 근무하는 근로자들의 단체행동권을 제한하는 조치도 가능하도록 만들었다.

그리고 이러한 조치에 위반한 자는 1년 이상 7년 이하의 징역에 처한다는 벌칙조항도 두고 있었다.

베트남전 참전 조건을 저버린 미국

박 대통령이 국가비상사태를 선언할 당시 내세운 국가안보위협에 대해 실제로 그 당시 안보위협이 명백하고도 실질적인 위협이었는가 하는 문제가 쟁점의 소지가 있다.

박정희는 국가비상사태를 선언하면서 국가의 안전보장이 대통령의 책무 중에 무엇보다 우선해야 할 일이고, 국가안보의 위험도를 측정하는 일도 전적으로 대통령에게 주어진 의무일 뿐 아니라, 위험도 측정에 따라 적절한 조치를 적시에 강구해야할 책임도 대통령의 안보상 일차적 책임이라고 밝혔다.

실제로 훗날 공개된 비밀자료들을 보면 박정희는 그 당시 제2의 한국전쟁 발발을 두려워하고 있었다.

미국이 베트남전에 한국군 전투부대 파병을 정식 요청한 것은 1965년 5월 한미정상회담 때였다. 미국의 존슨 대통령이 한국에서 베트남에 파견한 의료부대, 공병부대가 큰 성과를 거두고 있다고 사의를 표하며 전투부대까지 보내줄 것을 요구했다.

그에 대해 박 대통령은 '주한미군 철수가 거론될 때마다 한국민들이 대단히 불안해하므로 주한미군을 현재 수준대로 유지하겠다고 미국이 확고하게 약속할 경우 전투부대 파병을 긍정적으로 검토하겠다'고 답변했다. 주한미군이 감축되지 않을 경우에만 한국 전투부대를 파견하겠다는 것이 전제조건이었다.

이에 미국은 박 대통령의 조건을 받아들여 양국 실무진 협의를 갖고 '한국군 1개 사단을 베트남에 증파한다.', '미국은 주한미군 5만 5천 명을 한국 정부와 사전 협의없이 감축하지 않을 것이며 현 수준을 유지한다.', '한국군 파병은 미국이 6·25 전쟁 때 한국을 지켜준 데 대한 보답의 차원으로 자유우방을 돕는다는 뜻이 있다.'는 점 등에 합의했다(김성은, 2008: 693-695).

이 합의는 해방 후 한국 전투병의 최초 해외파병이라는 역사적 의미를 지니고 있다.

하지만 1970년대 초 미국의 대통령이 존슨에서 닉슨으로 바뀌면서 미국의 대한정책이 급격히 바뀌었다. 닉슨 독트린에 따라 미국이 아시아 지역 군사력을 감축하면서 한국 정부와 아무런 사전협의도 없이 주한미군까지 감축을 추진했다.

그와 함께 미국이 베트남전에 투입된 미군을 철수하면서 남부 베트남은 패망으로 치닫고 있었다. 베트남전 참전 미군은 1968년 말 53만 6천여 명(1968.12.31. 기준)에 이르렀으나 3년 후인 1971년 12월 31일에는 15만 8천여 명으로 감축되어 있었다.

1971년 8월 11일에는 미국이 베트남에서의 모든 지상 전투 책임을 베트남(당시 국호로는 '월남')에게 인계하면서, 국방장관 레어드(Melvin Laird)가 미국이 추진해온 베트남전의 베트남화 계획 첫 단계가 완료됐다고 발표했다(해리 서머스, 1983: 299).

당시 박정희가 체감하고 있던 북한의 남침에 대한 두려움은 그가 1970년 4월 20일 닉슨 대통령에게 보낸 친서에도 잘 나타나 있다.

미 국무성은 1970년 3월 23일 주한 미국대사에게 '박정희 대통령과 주한미군 2만 명(1개 사단)을 감축하는 시기와 조건에 관해 협의하라는 지시를 닉슨 대통령으로부터 받았다'는 비밀전문을 보냈다. 한국 정부와 사전협의가 없었던 일방적 통보였다.

주한 미 대사를 통해 닉슨 대통령의 방침을 통보받은 박 대통령은 한 달여 지난 그해 4월 20일 주한미군 감축 시 예상되는 북한의 도발을 걱정하면서 주한미군 감축계획을 재고해달라고 간곡히 요청하는 서한을 닉슨 대통령에게 보냈다. 그 서한의 주요 부분을 발췌하면 아래와 같다.

> 소위 북괴 수상 김일성은 이 시각까지도 무력 또는 폭력에 의한 한
> 반도의 적화통일을 그들의 확고한 방침이라고 공언하고 있으며, 그
> 동안 오로지 군사력 증강에 광분하여 전면전 또는 비정규전의 재개
> 를 위한 모든 준비를 갖추고 그들에게 가장 유리한 국제적 여건의
> 조성에 힘쓰면서 이른바 '결정적 시기'의 도래만을 기다리고 있습니
> 다…
> 공산침략을 방지하는 효과적인 방법은 한국군의 전투능력 증강과
> 함께 한미상호 방위체제의 상징으로서 현 수준의 미군 병력을 한국
> 에 주둔시키는 것입니다. 1950년의 한국전쟁이 한국민들의 반대에
> 도 불구하고 주한미군을 철수시킨 후 불과 1년여 만에 발발했던 사
> 실을 기억해야 합니다…(김용직, 2005: 416-419).

미국의 베트남전 참전은 닉슨 대통령이 1973년 1월 15일 군사
적 공격작전의 전면적 중지를 명령하고, 미국과 월맹 사이에 정
전협정이 체결(1973.1.23.)되는가 하면 레너드 국방장관이 병력징
집 종료를 선포(1973.1.27.)한 데 이어 미군이 베트남에서 완전히 철
수(1973.3.29.)하면서 종식됐다.

그리고 베트남전에 참전했던 한국의 수도사단 및 9사단, 지원
부대를 포함한 한국군도 모두 1973년 2월과 3월에 걸쳐 철수를
완료했다. 그로부터 2년여 지난 1975년 4월 30일 월남은 패망
했다.

유신의 주역과 본당

3선 개헌에서 시작된 박정희의 장기집권 가도에서 이후락 중앙정보부장은 박정희와 이심전심, 일심동체가 되어 움직였다. 오효진 기자는 1986년 이후락에게 남북대화가 유신을 꾸미기 위한 전초적인 작전이었다고 보는 견해에 대해 물었다.

그에 대해 이후락은 '하늘에 맹세코 그렇지 않다. 유신체제를 전제로 하고 남북대화를 했다면 내가 나쁜 놈이다.'라고 반박하면서 유신의 동기를 이렇게 설명했다.

> 남북대화를 하다 보니까, 저쪽은 영구집권을 하고 있고 우리는 3선의 마지막 기를 하고 계신 대통령으로 곧 물러나야 할 처지니까 항상 그쪽이 주동이 되고 우리가 수동이 되더라고요. 그래서 나는 우리도 체제를 고쳐서 통일문제에 대해선 한 가지 의견으로 나와야겠다. 그리고 그 의장이 대통령이 돼서 우리도 영구성이 있다는 걸 보여줘야겠다. 이런 생각을 하게 됐습니다. 나는 대통령께도 '이런 방법밖에 없습니다. 그거 없이는 대화 안 되겠습니다' 하고 말씀드려서 합의를 봤습니다. 이것이 유신의 시촙니다. 다만 유신 과정에서 집권자에 편리하게 변질된 점도 있지요.

이후락은 오효진에게 자신을 유신잔당이라고 비판하는데 대해서는 '조금도 반발하고 싶지 않고, 그러한 비판을 자신이 당연히 받아들여야 한다'며 '국가를 위해 좋은 일이라고 믿었기 때문에 그렇게 했다'고 당당하게 입장을 밝혔다.

그와 함께 이후락은 자신은 유신의 주역이었다며, 박 대통령으로부터 유신 작업을 지시받는 과정과 시점에 대해 이렇게 증언했다.

> 남북대화에 있어서 계속 밀리다 보니까, 우리가 통일문제에 대해서는 국론이 하나뿐인 체제를 갖고 대화에 응하지 않으면 어렵겠다는 얘기를 대통령하고 했는데 그 한 달쯤 후에 청와대에서 몇 사람이 궁정동 사무실로 날 찾아왔어요. '대통령께 무슨 말씀하신 일이 있느냐'고. 그래 내 소신을 또 말했지요. 이렇게 서로 만나서 얘기를 전개하도록 대통령께서 지시를 하셔서 유신이 시작된 겁니다. 그게 아마 7·4 성명 발표한 뒤니까 8월 초쯤 될 겁니다(오효진, 1987: 384).

이후락이 박정희로부터 유신 작업을 정식 지시받은 때를 7·4 공동성명 직후인 1972년 8월 초로 기억하는 데 비해 김종필은 박정희로부터 언질 받은 때를 1972년의 5월이라고 기억했다. 7·4 공동성명 이전이다.

김종필의 회상을 사실로 인정한다면 박정희는 김종필에게 먼저 속내를 보였다. 1971년 대선이 끝난 직후 김종필을 불러 대선 결과에 대한 서운한 감정과 체제정비 의중을 드러낸 것을 보면 박정희는 이후락보다는 김종필을 보다 깊이 신뢰한 것으로 보인다.

5·16 정변 계획을 처음 김종필과 상의하던 때와 유사한 두 사람

의 관계가 유신 시작 단계에서 형성됐다. 3선 개헌에 반대했던 김종필도 대선이 끝나고 국무총리를 맡은 다음부터는 박정희의 리더십을 적극 뒷받침하는 방향으로 태도가 전환되어 있었다.

1987년 6월 민주화 시위가 확산되던 시기 대전의 어느 교회를 방문한 김종필에게 대학생들이 나타나 '유신잔재 물러가라'고 구호를 외쳤다. 그러자 김종필은 "나는 유신 잔당이 아닌 본당이다. 그렇게 불러 달라"고 맞받아쳤다.

김종필은 임종 직전 남긴 증언록에서도 유신이 선포되던 1972년 10월 17일부터 1975년 12월 18일 퇴임할 때까지 3년 이상을 국무총리로 있었고, 박 대통령을 빼고는 유신시대의 중심에 가장 가까이 있었던 사람이므로 유신의 공과 과는 모두 자신의 업이라고 밝혔다. 이후락은 1973년 12월 2일 중앙정보부장직에서 물러났다.

김종필은 유신을 이후락이 주도했다는 주장에 대해서도 의견을 달리했다. '유신은 철저하게 박정희 대통령이 구상했고 직접 지휘해 이끌었으며 결국 죽음으로 마지막 책임까지 지고 갔다'고 말했다.

그러면서 박 대통령이 유신을 주장한 시기를 1971년 4월 김대중에게 근소한 표차로 이겨 위기감을 느낀 때라고 단정했다(김종필, 2016: 403). 박정희의 이런 마음을 읽고 강력한 통치체제 구축이 필요하다고 건의한 사람이 이후락인 것은 맞으나 처음 구상과 지휘, 마지막 책임까지 모두 박정희가 지고 갔다고 그 시대 맥락을 정리했다.

김종필에 의하면 박정희는 1972년 5월 김종필에게 유신에 대한 구상을 알려줬다. 이후락이 그해 8월 초 구체적인 지시를 받은 걸 보면 이후락보다 3개월여 앞서 김종필에게 자신의 복안을 드러냈다.

김종필은 3선 개헌 때와는 달리 유신 때는 처음부터 박정희의 뜻을 존중하기로 마음먹었다. 김종필은 그 이유를 시대상황에 들었다. 1970년대 들어 국내외 정세가 한국에 불리하게 전개되고 있어 이를 극복하기 위한 비상수단이 불가피하다는 시대인식에 공감했기 때문이라고 한다.

1972년 5월 어느 날 고양의 뉴코리아 컨트리클럽으로 골프를 치러가는 차 중에서 박정희가 김종필에게 언급한 내용은 이랬다.

> 내가 국가비상관리 체제를 생각하고 있어. 국민 총동원 체제가 필요해. 이대로는 1970년대가 순탄하지 않아. 심한 반대에 부닥칠 수 있겠지만 일단 해놓고 보면 나중에 1970년대를 잘 이겨냈다는 말을 들을 거야. 이 체제는 국가 위기를 극복할 때까지 한시적으로만 갈 거야(김종필, 2016: 404).

새로운 정치체제의 창조

김종필의 증언에서 보는 것처럼 박정희 대통령은 3선 선거에서 당선된 직후부터 대통령 간선제 개헌을 추진하고 있었다.

그런데 김형욱 전 중앙정보부장이 총통제를 언급해서 말썽이 생겼다. 문제가 된 때는 1972년 7·4 남북공동성명 발표 직후였다. 그즈음 김형욱은 일주일에 한 번 정도 미 CIA 한국지부장 존 리차드슨(John H. Richardson)을 만나고 있었다.

리차드슨은 1969년에 부임하여 1973년까지 근무하면서 3선 개헌, 7대 대선, 남북회담, 유신선포 등을 모두 지켜봤다. 미 CIA 전신인 미 전략정보국(OSS, Office of Strategic Service) 출신으로 1960년대 초반에는 사이공 CIA 지부장을 지냈다.

7·4 공동성명 발표 직후 어느 날 김형욱을 만난 리차드슨은 박 대통령이 총통제를 강행할지 어떨지를 김형욱에게 떠보았다. 중앙정보부장에서 물러난 이후에도 한국 고위층의 동향에 정통한 김형욱으로부터 정보를 수집하려는 유도성 질문이었다.

리차드슨의 물음에 김형욱은 "박 대통령이 지금 이 판국에 하려고 들면 총통제 아니라 무엇을 못하겠느냐. 박 대통령의 정치적 지도역량이 지금 한계점에 도달했다. 강행하지 않을 수가 없을 만큼 막다른 골목에 몰려 있다."는 답을 주었다.

훗날 김형욱은 회고록에서 그때 이미 중앙정보부 내의 소식통으로부터 그런 정보를 듣고 있었다고 밝혔다.

그런데 김형욱의 이 발언이 리차드슨을 거쳐 이후락 중앙정보부장의 귀에 들어갔다. 이후락이 평양을 방문하기 직전, 외곽에 있던 김형욱이 그것을 알아차린 것처럼 이번에도 박정희와 이후락이 극비리 추진하고 있던 사항을 김형욱이 먼저 알고 있었던 것이다.

이후락은 이번에는 중앙정보부 제3국 부국장 김성주를 시켜 발언경위를 조사했다. 김성주는 김형욱이 재직 시 발탁한 인물로 김형욱 계열로 분류되는 사람이었다.

김형욱을 찾아간 김성주는 "박 대통령이 총통제를 추진하고 있다고 발설하고 다니신다며 이후락 부장이 펄펄 뛰며 조사하라는 지시를 내렸다."며 경위를 물었다.

그에 대해 김형욱은 시중에 떠도는 얘기를 전했을 뿐이라며 둘러댔다. 김성주는 김형욱의 말을 듣고 부장님에게 잘 보고 드리겠다며 크게 문제 삼지 않을 태도를 보였다.

김성주를 돌려보내고 난 후의 심경을 김형욱은 이렇게 표현했다.

김성주를 보내면서 나는 새삼스럽게 이후락이 결국 나를 파멸시키고야 말겠다는 결심을 굳히고 있음을 아프게 깨달았다. 김성주의 방문을 계기로 나는 이후락이 과연 무슨 일을 벌이고 있는가를 알아둘 필요를 절감했다. 사실 나는 그때까지도 총통제를 준비하고 있다는 막연한 얘기만 들었을 뿐, 누가 어디서 무엇을 하고 있는지는 정확히 모르고 있었다. 나는 중앙정보부 내에 있던 나의 개인정보망을 약간 가동시켰다. 며칠 후에 엄청난 정보가 입수되었다. 박정희의 진두지휘로 이후락이 중간 지휘자가 되어 어느 비밀 아지트에서 학자들을 동원, 대만의 장개석식 총통제와 스페인의 프랑코식 총통제를 종합하여 한국식 총통제를 연구하고 있다는 무시무시한 정보였다(김형욱·박사월, 1985c: 129-130).

　이후락은 1986년 오효진 기자에게 7·4 남북공동성명 발표 직후 유신 작업에 착수했다고 발언했다. 그러나 이 발언은 그 후 다른 증언들과 비교해보면 사실과 차이가 있다.

　이후락은 7·4 성명 발표 이전인 평양을 처음 방문(1972.5.2~5.5)한 직후 5월 중순경 중앙정보부 간부에게 검토지시를 내렸다. 이는 당시 청와대 비서실장이었던 김정렴이 증언하고 있다. 김정렴은 체제변혁이 본격 착수된 시기를 1972년 5월로 기억했다. 김정렴은 1991년 김충식 기자에게 이렇게 말했다.

　　이후락 씨가 평양 갔다 온 직후 그 작업은 구체화되기 시작했다. 이
　　북은 바윗덩이 같은 단단한 체제인데 우리는 뭐냐, 민주주의라 해서
　　중구난방으로 혼란과 정쟁만 거듭하는 상황에서 북과의 대결에 승
　　산이 있겠느냐. 이런 것이 박 대통령 결심의 배경이었다. 국제적으
　　로도 닉슨 미국 대통령, 다나카 일본 수상이 북경을 방문하고 동서
　　독이 기본조약을 체결하는 그런 때였다. 해빙 조류에 따라 북과 대
　　화는 해야 하는데 국론이 흔들려서는 어렵다는 판단이 생겼던 것이
　　다. 따라서 내부결속을 강화할 수 있는 체제 정비가 당시의 출발점
　　이었고 '장기집권' 문제는 나중에 덧붙여진 것일 뿐…(김충식, 1992:
　　380)

　훗날 관계자들의 증언을 종합해보면 이후락은 궁정동의 중앙

정보부 안가에 비밀작업팀을 차렸다. 1979년 10월 26일 박 대통령이 시해된 그 건물이었다.

이후락으로부터 실무 지시를 받은 인물은 중앙정보부 판단기획실 부실장 김영광. 김 부실장을 팀장으로 4명의 팀원이 안가에 상주하며 헌법개정, 계엄선포, 대국민 홍보 등 체제를 변동시키기 위한 계획을 짜나갔다.

궁정동에서 수립한 방안들은 박 대통령, 이후락 부장, 김정렴 실장 3인 회의에 보고하여 새로운 아이디어와 보완점을 논의하는 방식으로 작업이 진행됐다. 청와대 비서실의 홍성철 정무수석, 유혁인 정무 비서관, 김성진 공보수석도 이따금 참여했다.

김영광은 이후락으로부터 처음 지시를 받을 때의 정황을 이렇게 기억했다.

국가와 대통령 각하의 운명을 좌우할 중대 사안이니 보안을 생명처럼 여겨 일하시오. 이 작업이 끝날 때까지 당신 팀은 여기서 숙식을 해야 합니다. 우리는 새로운 체제를 창조하는 것이오. 쓸데없는 정쟁을 지양하고 행정능률을 극대화하며 수출과 경제발전에 박차를 가할 체제, 대통령 각하께서 마음 놓고 일하실 수 있는 정치 환경을 조성하는 겁니다. 북괴와의 대결이나 국제사회의 변화에도 효율적으로 대처할 수 있는 체제정비가 우리의 과제요(김충식, 1992: 379).

이후락의 김형욱 은닉자금 출처 조사

1972년 7·4 남북공동성명과 10월 17일의 유신 선포 사이에 역사적으로 매우 의미가 큰 정부조치가 있었다. 그해 8월 3일의 사채동결 조치.

이 조치로 김형욱이 가진 힘의 원천이었던 개인자금이 바닥났다. 김형욱이 망명의 길을 택하는 중요한 요인으로 작용했다.

제2차 세계대전 후 국제통화기금(IMF), 관세 및 무역에 관한 일반협정(GATT) 체제 아래 자유무역체제를 주도하며 번영을 구가하던 미국의 경제가 1960년대 하반기에 이르러 후퇴의 국면으로 빠져들고 그 여파로 세계 각국도 불황에 빠져들고 있었다.

미국은 그러한 불황을 타개하고자 제1차 세계대전 직후 대공황에 이어 두 번째로 1971년 8월 15일 대통령 긴급명령에 의한 경제조치를 단행했다. 임금과 물가의 동결, 재정지출의 삭감 등 국내조치와 함께 공정 환율제도에서 변동 환율제도로의 변동, 달러화의 평가절하, 대외원조의 삭감 등 대대적인 조치였다.

이에 따라 외국에서 많은 차관을 들여와 사용하던 우리 기업들의 자금사정이 악화됐다. 외채상환액이 1970년 1억 6천만 달러에서 1972년 4억 5천 5백만 달러로 늘어났다(김정렴, 1997: 278-279).

금융기관의 부실채권이 누적되기 시작했고 자금부족에 시달리던 기업들이 이자가 매우 높은 사채를 끌어다 쓰기 시작했다. 부도기업이 늘어나 기업들의 연쇄파산이 우려되고 급기야 금융신용제도의 파탄까지 예상되자 정부는 1972년 8월 3일 모든 사채를 동결하는 긴급조치를 단행했다.

높은 이율의 사채(고리사채)는 모두 신고해야 하며 연 40% 이상이던 이자도 최고 연 16.2%로 인하됐다. 이때 신고 된 고리사채의 총액이 통화량(M1)의 약 80%에 달했다. 채권을 신고할 경우 실명으로 해야 했기 때문에 떳떳하지 못한 자금을 가진 사채업자들은 채권을 신고할 수가 없었다.

그 당시 거액의 사채를 굴리는 전주 가운데는 김형욱 전 중앙정보부장도 끼어 있었다. 야당 의원 홍영기는 1972년 1월 15일 국정감사에서 '출처불명의 자금 수십억 원이 전직 정보부장 김 모 씨, 내무장관 김 모 씨 등 권력층의 것이라는 증거가 있다'며 관련 자료를 내놓으라고 호령하기도 했다.

8·3 사채동결 조치로 개인적으로 치부해온 자금을 날려버린 김형욱은 가택수색 조치까지 당했다. 그리고 그 모든 걸 이후락 부장이 지휘하고 있다고 믿고 김재춘 전 중앙정보부장을 찾아가 하소연했다.

내가 명색이 정보부장도 오래 했고 현역 의원인데 간밤에 가택수색을 당했어요. 돈이 묶인 것도 억울한데 그 돈이 어디서 났느냐고 자료를 찾겠다는 겁니다. 청와대에서 내 돈이 너무 많다고 노발대발했다나. 글쎄, 삼선교 집을 몽땅 뒤져 권총이 나오니까 그것마저 가져가 버렸소. 이후락이 애들 시켜서 그런 짓을 할 수 있느냐 말입니다. 혁명은 누가 했는데 엉뚱한 자들이 차고 앉아 이런 식이니 울화통이 터질 일이오. 이후락이는 만나려 해도 만나주지도 않고 비서실장 김

정렴이도 면회는커녕 전화도 안 받고… 대통령이야 날 피한다 해도

그들이 그럴 수 있소(김충식, 1992: 382-383).

김형욱은 중앙정보부장을 그만두고 대만 대사로 나가있던 김계원을 찾아가서도 하소연했다. 김계원의 회고에 의하면 김형욱은 김계원을 만나자마자 '8·3 조치로 큰 피해를 봤다. 민주자본주의 국가에서 그런 강제조치도 있을 수 있느냐'고 불평했다고 한다(김충식, 1992: 175).

유신 전야

훗날 '유신'으로 통칭되는 1972년 10월의 체제변동은 1972년 10월 17일 오후 7시 전국에 비상계엄령이 선포되고, 대통령 특별선언을 통해 국회해산 등 헌법의 일부 기능을 정지시키면서 시작됐다. 특별선언은 네 가지 조치를 공표했다.

① 1972년 10월 17일 오후 7시를 기해 국회를 해산하고 정당 및 정치활동의 중지 등 헌법의 일부 조항 효력을 정지시킨다.
② 일부 효력이 정지된 헌법조항의 기능은 비상국무회의에 의하여 수행되며 비상국무회의의 기능은 당시 헌법의 국무회의가 수행한다.

③ 비상국무회의는 72년 10월 27일까지 조국의 평화통일을 지향하는 헌법 개정안을 공고하며 이를 공고한 날부터 1개월 이내에 국민투표에 붙여 확정시킨다.

④ 헌법 개정안이 확정되면 개정된 헌법 절차에 따라 늦어도 금년 연말 이전에 헌정질서를 정상화시킨다.

또한, 계엄포고 제1호는 모든 정치활동 목적의 옥내외 집회 및 시위 금지, 언론·출판·보도 방송의 사전검열, 대학교 휴교조치 등을 포고하고 이를 위반한 자는 영장없이 수색, 구속한다고 공포했다.

열흘이 지난 10월 27일 최규하를 좌장으로 하는 청와대 특별보좌관들은 10월 17일의 특별선언을 '10월 유신'으로 부르도록 대통령에게 건의해서 승낙을 받았다.

유신을 준비해온 중앙정보부는 적절한 선포일을 고민하다 10월 17일로 잡았다. 그해 11월 7일 미국 대통령 선거가 예정되어 있었던 점을 감안, 그 이전에 선포하는 것이 미국의 압력을 줄일 수 있다는 판단에서였다.

유신선포 직전일인 10월 16일에는 극비리 중앙정보부 전 부서장 및 분실장 회의가 소집됐다. 이 회의에 보안차장보 보좌관 자격으로 배석해서 회의내용을 지켜봤던 이종찬은 회의내용을 개인적으로 기록했다. 이종찬 기록의 주요 내용을 보면 다음와 같다.

09:05 김치열 차장 인사말

내일 10월 17일 19시를 기해 혁명적인 헌법 개정 선포가 있을 것이다. 간부들은 그 헌법개정의 당위성을 숙지하고 충분히 대처할 수 있도록 준비하기 바란다.

09:45 이후락 부장 발언 요지

국제적으로 긴장완화 분위기지만 각국은 이런 정세변화에 충분하게 대비하기 위해 체제의 내부 정비를 해나가고 있다. 미국식 민주주의는 현재의 우리 실정에 맞지 않는다. 데탕트 분위기를 경화시킨다는 이율배반의 모순은 있지만 국제정세는 수시로 변하는 것이고, 남북대결은 불가피하다.

그러나 지금 북한을 자극하거나 감정을 상하지 않게 하면서 국내체제를 강화하는 것은 참으로 어려운 작업이다. 일단 혁명으로 생각하고 밀고 나가야 한다.

5·16 때는 일정이 유한하다는 것을 명시하지 않았지만 이번에는 분명하게 명시했다는 점에서 다르다. 대통령의 임기가 아직 3년이나 남은 시점에 대통령직을 걸고 헌법과 체제를 정비하는 애국적 결단임을 홍보해야 한다.

13:10 이후락 부장 퇴장 후 김치열 차장이 헌법개정안 설명

통일주체국민회의에서 대통령을 간선으로 선출한다. 대통령의 임기
는 6년이다. 대통령이 지역구 국회의원의 3분의 1을 임명한다. 대통
령에게 긴급권을 부여했다. 종전에는 비상계엄에 한해 긴급권을 가
졌다. 그러나 이번에는 광범한 긴급권을 부여한 것이다.

14:50 김치열 차장 당부 및 폐회선언

이번 혁명은 세계에 내놓아도 명분 있는 조치로서 역사와 민족 앞에
부끄럼 없도록 여기 모인 모든 분들이 같이 노력하자. 제2차 세계대
전 이후 여러 번 혁명이 있었지만 모두 정권을 탈취 또는 연장하기
위한 것이었다. 그러나 이번 우리의 것은 남북대화를 위해 불가피한
것이다. 가장 모범적인 혁명이 되도록 노력하자(이종찬, 2015: 284-
289).

이후락과 김치열은 혁명적 조치라는 점을 강조하고 있다. 두
사람의 언급처럼 10월 17일의 비상계엄 선포와 특별선언은 헌법
의 관점에서 보면 헌법의 일부 기능을 대통령이 정지시킨 궁정혁
명, 즉 쿠데타였다.

1971년 4월의 대통령 선거가 끝난 직후부터 박 대통령이 구상
해온 체제변동이 완성되는 순간이었다. 이날 이후 유신체제를 지
키려는 박정희 세력과 유신체제에 반대하는 반박정희 세력의 암
투가 더욱 격화되기 시작한다.

그리고 그 중심에 중앙정보부가 있었다. 대통령이 정당 중심의

국정운영보다는 중앙정보부를 통한 통치에 치중했다. 정치보다는 통치가 우선시되는 시대로 접어들었다. 그 결과 자연히 중앙정보부는 통치권에 도전하는 세력과 최전방에서 부딪쳐야 하는 지위에 놓이게 되었다.

긴급조치권의 탄생

유신헌법은 헌법안 공고(1972.10.27.), 국민 찬반투표(1972.11.21.) 등을 거쳐 그해 공포됐다. 당시 헌법학자들은 구헌법질서에 따른 헌법의 개정이 아니기 때문에 헌법의 제정이라고 봤다. 제3공화국 헌법이 폐지되고 제4공화국 헌법이 탄생했다는 것이다.

유신헌법의 두드러진 특징은 대통령으로 권한이 집중된 점이다. 행정·입법·사법의 견제와 균형보다는 대통령 중심으로 통치구조가 개편됐다.

그 이전 헌법과 다른 유신헌법의 특징을 보면 첫째, 대통령의 임기는 6년으로 연장되고, 연임을 제한하는 아무런 규정이 없었다. 대통령은 국민의 직접선거가 아니고 통일주체국민회의에서 간접 선출하는 방식으로 바뀌었다. 통일주체국민회의에서 토론 없이 무기명 투표를 통해 대통령을 선출했다.

1972년 12월 23일 통일주체국민회의는 단독후보로 출마한 박정희 후보를 전체 대의원 2,359명 가운데 2,357명(무효 2명)의 찬성으로 선출했다.

둘째, 대통령에게 긴급조치권을 부여했다. 대통령의 긴급조치는 국회통제 밖에 있었다. 사법 심사의 대상에서도 제외됐다. 긴급조치를 발동할 수 있는 사유도 매우 포괄적이었다.

'천재·지변 또는 중대한 재정·경제상의 위기에 처하거나, 국가의 안전보장 또는 공공의 안녕질서가 중대한 위협을 받거나 받을 우려가 있어, 신속한 조치를 할 필요가 있다고 판단할 때' 대통령은 긴급조치를 내릴 수 있었다.

대통령의 긴급조치에 대해서 국회는 사전 동의권도 없었고 사후 승인권도 없었다.

긴급조치가 발동될 경우, 헌법에 규정되어 있는 국민의 자유와 권리를 잠정적으로 정지하는 긴급조치를 할 수 있고, 정부나 법원의 권한에 관하여 긴급조치를 할 수 있었다. 긴급조치를 내린 때, 대통령은 지체없이 국회에 통고하여야 하나 사법적 심사의 대상이 되지는 않았다.

국회는 재적의원 과반수의 찬성으로 긴급조치의 해제를 대통령에게 건의할 수 있으며, 대통령은 특별한 사유가 없는 한 이에 응하여야 했으나 국회 정원의 1/3을 대통령이 추천하고 있는 현실에서 국회 과반수의 찬성을 얻기는 어려웠다.

셋째, 대통령에게 국회 해산권을 부여했다. 특히, 대통령에게 국회의원 정수의 1/3에 해당하는 국회의원을 추천할 수 있는 권한을 부여했다. 대통령이 추천한 국회의원은 통일주체국민회의에서 후보자 명부에 대한 찬반투표를 붙여 대의원 과반수의 찬성으로 선출하는 방식이었다. 찬성을 받지 못하면 대통령은 후보자 명부를 고쳐 다시 찬반투표를 붙이도록 규정했다.

다만, 국민이 직접 뽑은 국회의원의 임기는 6년이나 통일주체 국민회의에서 뽑은 국회의원의 임기는 3년이었다. 결과적으로 국회가 정부에 대하여 가진 여러 가지 권한의 행사를 제한하는 효과를 가져왔다.

넷째, 국정운영의 중추기관으로 대통령이 의장을 맡는 통일주 체국민회의를 신설했다. 유신헌법은 이 기관의 성격에 대해 '통 일주체국민회의는 조국의 평화적 통일을 추진하기 위한 온 국민 의 총의에 의한 국민적 조직체로서 조국통일의 신성한 사명을 가 진 국민의 주권적 수임기관'이라고 정의했다(35조).

통일주체국민회의는 국민의 직접선거에 의해 선출된 2,000인 이상 5,000인 이하의 대의원으로 구성되며 대통령 선출, 대통령 이 추천한 국회의원의 선거, 국회에서 의결된 헌법개정안의 최종 확정, 통일에 관한 중요정책 결정 등의 권한을 가지고 있었다. 통 일주체국민회의의 대의원들은 정당에 가입할 수 없었다.

김재규의 유신헌법 비판

박정희 대통령의 신임을 놓고 윤필용 수경사령관과 암투를 벌 이다 육군 보안사령관 자리를 1971년 9월 23일 강창성 중앙정보부 보안차장보에게 내주고 동해안의 3군단장으로 밀려나 있던 김재규.

1979년 10월 26일 저녁 그는 고향 큰 형님뻘 되는 박정희 대통령을 모든 정분을 끊고 야수의 심정으로 저격함으로써 유신체제를 종식시켰다. 그는 10·26 사건 후 법정에서 박정희를 시해하게 된 동기를 유신헌법을 읽고 난 직후부터라고 진술했다.

1979년 12월 8일 그가 계엄보통군법회의 2회 공판에서 남긴 진술은 이러했다.

…제가 1972년 10월 유신이 반포되면서, 유신헌법을 제가 전방 3군단장을 하면서 구해서 보게 됐습니다. 이걸 쭉 보니까, 완전히 이것은 자유민주주의 헌법이 아니다, 이것은 3권이 전부 한 사람에게 귀속돼버렸고, 입법부 사법부는 전부 시녀로 전락을 해버렸다, 또 가만히 보니까 이것은 독재헌법이라도 국민을 위한 헌법이 아니라, 대통령 각하께서 계속해서 집권하기 위해 만들어놓은 헌법이지 이 헌법은 전혀 국민을 위한 것이 아니다라고 생각했기 때문에, 저는 그때부터 이 헌법을 타도해야 되겠다는 생각이 제 마음 속에 움텄습니다. 그 다음에 생각했던 것은 저 혼자 단독으로 행동할 수 있는 것은 혁명이 아니라, 대통령 각하와 제가 동시에 이 세상에서 없어져 버린다, 이것이 말하자면 유신체제를 없앨 수 있는 방법입니다. 그래서 중앙정보부 차장에서 건설부장관으로 발령되는 날, 1974년 9월 14일입니다. 그날 저는 몸에 권총을 휴대하고 사령장을 받으러 들어갔습니다. 그 다음에 1975년 정월 27일, 대통령 각하께서 건설부

에 초도 순시를 오셨습니다. 그때 저는 태극기 밑에 권총을 숨겼었습니다…(김재홍, 1994: 109-110)

그러나 이와 같은 김재규의 진술은 그 직전 검찰 조사에서 그가 남긴 진술과는 다른 내용이었다. 김재규가 2회 공판에서 범행 동기를 진술하기 직전 검찰관은 김재규를 이렇게 신문했다.

범행결행의 시기를 애초에는 이 검찰관 앞에서 조사를 받을 때요, 처음에는 본관 2층 화장실에 소변보러 올라갔다가 거기서 결의했다고 하셨죠? 그 다음에, 그 다음 다음 날인가 가서는 아니다, 차지철 실장으로부터 각하 만찬의 연락을 받았을 때, 그때가 16시 10분경이다. 이렇게 얘길 하셨죠? 세 번째로 저한테 진술을 하실 때는요, 검찰에서 조사가 거의 끝날 때는, 1979년 4월경에 3군 총장을 만찬에 초대하고는 이와 같은 방법으로 하려고 했다. 그랬죠? 그 다음에 공소가 제기되고 난 이후에, 대통령 각하를 건설부 초도순시 때, 그때 살해하려고 태극기를 찢고 그 밑에 넣어 두었었다 하고 그다음에 건설부장관 사령장을 받을 때, 그때부터 대통령을 살해하려고 그랬었다, 이 중에 어떤 것이 더 정확한 것입니까?(김재홍, 1994: 108)

그러면 그때 김재규와 검찰관의 공방을 현장에서 지켜보았던 재판장은 무슨 생각을 하고 있었을까? 당시 재판장은 김영선 중장이었다. 3사관 학교장으로 재임 중 노재현 국방장관과 정승화 육참총장의 추천을 받아 재판장을 맡았다.

당시 재판장을 맡을 수 있는 10여 명의 중장 중 사건 당사자들인 김재규, 김계원, 차지철 등과 연고가 없어 가장 공정하게 재판을 진행할 수 있는 장성으로 지목되어 재판장을 맡게 됐다.

재판이 끝나고 10여 년이 지난 1990년대 중반 김영선은 서울신문 김 문 기자에게 재판을 맡았던 경험으로 미루어 10·26 사건은 김재규의 계획적 범행이 아니라 우발적 범행이라고 단호하게 말했다(김 문, 1998: 209-210).

그날 오전 김재규를 지나치게 자극한 차지철의 처신이 그날의 불행을 가져왔다는 것이다.

그날 오전 김재규는 삽교호 준공식에 이어 대통령 참석리 비공개로 열릴 예정이었던 KBS 대북방송 중계소 준공식에 참석할 예정이었다. 이 방송시설은 중앙정보부에서 관리하는 시설이었다. 중정부장으로서 김재규는 대통령을 안내하고 싶었다. 그에 김재규는 대통령과 함께 헬리콥터 1호기에 동승할 뜻을 전화로 차지철 경호실장에게 비췄다. 1호기 탑승여부의 권한은 경호실장에게 있었다.

그러나 차지철은 김재규에게 "지금 시국이 불안하고 대통령께서 서울을 비우시니까 김 부장은 자리를 지켜주면 좋겠다."며 냉정하게 거절했다(조갑제, 2006b: 35).

10·26 그날 시해 현장에 있었던 김계원 비서실장도 시해 사건을 우발적 범행으로 보고 그 이유를 법정에서 이렇게 설명했다.

전반적으로 제가 볼 때, 이번 사건이 김재규 피고인이 그날 저녁에 마당에서 나하고 얘기할 때부터 각하를 살해하겠다는 결심이 서 있었는지에 대해 저 자신 의심을 가집니다. 왜냐하면 만찬식장에 들어가서 식사 전 30~40분간 주로 정치 얘기를 했는데, 그 당시 김재규 피고인의 입장이 대단히 어려운 데로 몰려갔습니다. 혹시 그때의 돌연적인 결심이 아니었나 생각합니다만, 그건 어디까지나 제 추리에 지나지 않습니다. 그러나 마당에서 저에게, "오늘 해치우겠습니다. 뒷일을 부탁합니다", 만일 자기가 결심이 서서 한 일이면 좀 더 구체적인 얘기가 저에게 있었을 것이고, 뒷일을 부탁한다면, 경호관들이 먼저 자기를 사살할까 봐 그걸 막아달라는 얘기인지 혹은 자기가 그걸 할 때 경호관들의 처치를 어떻게 할 것인가 이런 뭔가 구체적인 얘기가 있었을 것이고, 제가 그날 일을 인지했달 것 같으면 반드시 어떻게 해달라는 말인지 그걸 물었을 겁니다. 그런데 저는 그런 걸 전혀 인지 못 했습니다(김재홍, 1994: 189).

청와대 해외 정보 담당관제 신설

지미 카터(Jimmy Carter) 미국 민주당 대통령 후보가 주한미군 완전철수, 인권외교 등을 공약으로 내세우며 선풍을 이끌고 있던 미국 제39대 대통령 선거(1976.11.2-3)를 불과 일주일여 앞둔 1976년 10월 24일.

미국의 유력한 일간지 워싱턴 포스트 지는 '워싱턴 거주 한국인

실업가인 박동선이 한국중앙정보부(KCIA)의 워싱턴 공작책이며 KCIA의 정보수집활동과 의회로비활동에 자금을 제공해왔다'고 대서특필했다.

워싱턴 파견 중앙정보부 직원 김상근의 미국 망명(1976.11.23.), 김형욱의 미 의회 프레이저 청문회 증언(1977.6.22.) 등으로 이어지는 코리아게이트의 신호탄이었다. 일련의 사건 전개 과정에서 한국 정부는 정부가 관련된 사실을 전면 부정하는 입장으로 일관했다. 그 당시 한미 간 쟁점 가운데 하나는 청와대 내부에 대미 로비를 통합조정하는 별도 조직이 설치되어 있다는 것이었다. 그에 대해서도 한국 정부는 부인했다.

그런데 훗날 드러난 바에 의하면 그 당시 청와대 내부에 대미관계 정보를 통합조정하는 비서관을 비밀리 운영하고 있었다. 대외적으로는 직책을 청와대 의전실 섭외담당비서관으로 표방하고 있었으나 실제로는 대미관계 정보를 통합조정하는 일이었다.

이와 같은 사실은 1990년대 중반 당사자가 서울신문과의 인터뷰에서 공개함으로써 그 실체가 확인됐다. 그 인물은 김윤호. 청와대 비서실에 근무할 때는 육군 소장이었고 전두환 정부 때 대장까지 승진했다.

그는 김형욱 전 중앙정보부장과 가까운 사람이었다. 김형욱 부장 취임 초기인 1964년 8월부터 부장 비서실장으로 일하며 김 부장의 지원 아래 중앙정보부를 김형욱 친정체제로 전환시키는데 앞장섰다.

1966년 3월 중정 비서실장을 그만둔 김윤호는 현역 대령의 신분으로 주미공사로 전근했다. 거기서 미 CIA 요원 등 한국관계자들과 교류하며 해외 정보 경력을 쌓았다. 1969년 1월 준장으로 진급한 김윤호는 1969년 4월 주월 백마사단 작전 부사단장으로 부임하게 된다.

1년간 월남 근무를 마치고 돌아온 김윤호는 1970년 6월 김계원 중앙정보부장의 호출을 받았다. 김계원은 "각하께서 미국 정보계통에 밝은 사람을 찾고 있는데 아무리 생각해봐도 김 장군이 적임자 같다"며 청와대 비서실 근무를 권했다.

이렇게 해서 김윤호는 현역 육군소장의 신분으로 청와대에서 일하게 됐다. 중앙정보부와 외무부, 문공부 등 각 부처에서 올라오는 해외 정보를 검증해서 대통령께 보고하는 해외 정보담당관이었다(김 문, 1998: 371).

박 대통령이 당시 청와대로 올라오는 정보가 혼선을 보이자 미국과 관련된 정확한 정보를 보고받기 위해 신설한 직제였다. 청와대로 올라오는 미국 관계 정보 가운데 부처 간에 그 내용이 중복되거나 사실관계가 분명하지 않은 해외 정보를 역추적하고 확인하는 일이었다.

미국이 한국 정부와 사전협의도 없이 1개 사단 규모의 주한미군 감축계획을 일방적으로 통보(1970.3.27.)해 오는가 하면 전출병력을 추가 보충하지 않는 방법으로 한국 정부 모르게 미군을 감축해나가자 미국에 대한 한국의 불신이 싹트기 시작하는 시점이었다.

김윤호는 1972년 12월 청와대를 떠나 33사단장으로 나갈 때까지 2년 6개월간 대통령의 최측근에서 해외 정보를 관장했다.

그는 유신이 선포된 직후 유신의 적절한 영문 표기에 고심했다고 한다. 외무부에서는 처음 미국 측에 유신 배경과 내용을 설명하며 'Renovation(혁신, 쇄신)'이라고 표기했다.

그러자 미국 측에서 정치변동을 Renovation으로 표기한 사례는 일본의 메이지 유신밖에 없는데 그러면 한국의 10월 유신도 메이지 유신처럼 왕정복구를 의미하느냐고 문의해왔다.

이에 유신의 영문 표기에 문제가 있다고 본 김윤호는 유혁인 정무 비서관, 김성진 청와대 대변인 등과 논의한 다음 영문표기를 'Revitalization(새로운 힘, 활성화)'으로 바꾸어야 한다는 결론을 내리고 이를 외무부에 통보했다. 그렇게 해서 외무부에서는 유신의 영문 표기를 'Revitalization'으로 바꿔서 쓰기 시작했다.

유신이란 중국 고전에서 따온 말이다. 당시 유명한 철학자로 청와대 특별보좌관을 맡고 있었던 박종홍은 중국 역사와 한학에 조예가 깊었는데 10. 17 특별선언에 의한 국정개혁 전반을 유신으로 명명하자고 대통령께 건의했다(김정렴, 1997: 179-180).

중국 고전인 시경(詩經)에 '주수구방(周雖舊邦) 기명유신(其命維新)'이라는 구절이 있는데 주나라는 오래된 나라이나 국정혁신으로 그 생명력이 새롭다는 뜻이다. 또, 서경(書經)에는 '함여유신(咸與維新)'이란 구절이 있다. 하왕의 명으로 윤후가 적을 정벌하러 갈 때 양민을 벌하지 아니 할테니 다 함께 국정개혁에 참여하자고 선포한 고사이다.

강창성 보안사령관의 수사권 장악

1972년 10월 17일 전국에 비상계엄령이 선포되면서 계엄사령관인 육군 참모총장, 그리고 계엄포고를 위반한 자에 대한 수사권을 가진 육군 보안사령관, 국가 중요시설이 밀집된 서울지역의 계엄업무를 총괄하는 서울 계엄사무소장을 맡게 된 수방사령관의 정부 내 입지가 강화됐다.

계엄령이 선포되면 계엄사령관이 모든 행정 및 사법기관을 장악하게 된다. 현행 계엄법(8조 1항)도 "계엄지역의 행정기관(정보 및 보안업무를 관장하는 기관을 포함한다) 및 사법기관은 지체 없이 계엄사령관의 지휘·감독을 받아야 한다."고 규정하고 있다.

전두환 보안사령관이 10·26 사건 직후 모든 정보수사권한을 일거에 장악할 수 있었던 것도 10·26 다음날인 10월 27일 새벽 공포된 계엄공고 제5호 때문이었다.

계엄공고 제5호는 계엄사령부에 합동수사본부를 설치하며 합동수사본부가 모든 정보수사기관(검찰, 군검찰, 중앙정보부, 경찰, 헌병, 보안)의 업무를 조정감독한다는 내용을 담고 있었다. 이에 따라 중앙정보부의 모든 기능도 합동수사본부장을 겸직하고 있던 전두환 보안사령관의 통제 아래 들어갔다.

비상계엄이 선포됐을 때 나타나는 군에 대한 권력의 집중에 대비, 박정희는 유신선포 직전 육군참모총장, 육군 보안사령관, 수방사령관을 차례로 청와대로 불러 유신선포 일정을 알려주고 치밀한 준비를 지시했다.

조갑제 기자가 발굴한 박 대통령의 재임 중 청와대 면담일지를 보면 노재현 육군 참모총장은 1972년 10월 11일 오전 11시 35분부터 15분간 대통령을 면담했다. 다음 날인 10월 12일에는 강창성 보안사령관과 윤필용 수방사령관을 함께 불러 유신계획을 알려주며 준비를 당부했다.

강창성은 훗날 그때 대통령으로부터 받은 지침을 이렇게 소개했다.

> 유신을 발표하기 5일 전에 박 대통령께서 윤필용 장군과 저를 불러 놓고 설명을 하셨습니다. 그전에는 그런 작업이 진행 중인지 몰랐습니다. 이때 박 대통령의 설명은 이랬습니다. 이후락이가 북한에 다녀왔는데 '그곳은 일사불란하게 움직이고 있는데 남쪽은 단결이 안 되고 흩어져 있다. 이북하고 대결할 수 있는 국력을 기르기 위해 비상한 수단을 감수해야 한다. 이후락이 그게 안 되면 나는 이민을 가야겠다'고 하더라. 유신은 민주화로 가는 길이다(월간조선, 1993년 9월호).

10월 17일 비상계엄을 선포한 직후 박 대통령은 강창성 보안사령관을 불러 "이 친구들을 잡아넣고 철저히 조사해" 하면서 명단을 주었다. 이세규, 조윤형, 조연하 등 17명의 김대중·김영삼 계열 야당 의원들이었다. 박 대통령은 한 사람씩 짚어가며 문제점과 비리를 알려줬다.

강창성이 충격을 줄이기 위해 김상현, 이세규, 이기택 등 7명은 제외해달라고 건의했으나 이세규하고 조윤형은 절대로 안 된다며 단호한 입장을 보였다. 이렇게 해서 연행 대상자 14명이 정해졌다. 김상현은 이때 명단에는 빠졌으나 한 달 쯤 뒤 유신을 비난하다 보안사에 잡혀갔다.

이때 야당 의원들이 연행되어 가는 동향을 김형욱은 초조하게 지켜보고 있었다. 1971년 대선 때 김상현을 통해 김대중에게 정치자금을 지원해줬기 때문에 김상현이 조사과정에서 이를 실토할 경우 김형욱 자신도 무사할 수 없었다. 그때의 심경을 김형욱은 이렇게 남겼다.

김상현의 경우에는 10월 17일 계엄발표 직후 보안사령부 요원 2명이 무전기를 휴대하고 그의 집을 방문하여 그를 연금시켜 버렸다. 11월 5일 보안사령관 소장 강창성이 면회를 요청하여 사령관실로 가서 30분간 그와 면담하였다. 김상현의 가택연금에 가장 당황한 사람 중의 하나는 다름 아닌 나였다. 나는 김상현이 고문에 못 이겨 내가 김대중 선거운동에 자금을 제공했다는 것을 실토하기라도 한다면 나는 그야말로 끝장이 난다고 각오하고 있었다. 다행히도 김상현은 박정희를 지지하라는 강창성의 압력을 물리치고도 극비사항을 실토하지 않았는지 아직 나에게까지는 수사요원이 들이닥치지 않고 있었다. 나는 내심 김상현의 사나이다운 무거운 입에 감탄하는 일방, 그의 행방을 탐문하는 데 온 신경을 집중시키고 있었다(김형욱·박사월, 1985c: 138).

당시 수사관들은 김대중의 자금출처 및 조직계보와 함께 이후락 부장의 야당 지원 자금내역도 조사하고 있었다. 박 대통령으로부터 '이후락 정보부장이 야당 의원들에게 돈을 얼마나 주었는지도 집중적으로 캐라'는 지시도 받아놓고 있었다.

조사 결과 이후락 부장이 야당 의원들에게 돈을 쓰고도 남아 흥청거릴 정도로 돈을 준 것이 드러나자 이 부장이 대통령에게 불려가 질책을 받았다. 그러자 이후락은 강창성 보안사령관에게 사람을 보내 '내 부분은 좀 빼달라'고 부탁했다고 한다(김진, 1992: 192-193).

미 CIA 한국지부장에 대한 박정희의 경고

국내외로부터의 장기집권 비판을 각오하고 중화학공업과 방위산업 육성을 통한 자주국방 노선을 자신의 주도하에 추진하기로 결심한 다음 유신을 선포했던 박정희.

그의 예측대로 미 중앙정보국(CIA)에서 먼저 압력을 가해왔다.

유신이 일어날 때 미 CIA 한국지부장이었던 죤 리차드슨은 아시아 전문가였다. 1963년 11월 1일 월남에서 군부 쿠데타가 일어날 즈음에는 월남 지부장으로 근무하고 있었다. 오늘날의 국호인 베트남이 북위 17도선을 경계로 남북으로 분단되어있던 시기 북부 베트남은 월맹, 남부 베트남은 월남으로 불리고 있었다. 리차드슨은 미 국무성이 고딘디엠 대통령을 축출하려는 군부세력을 지원하자 그에 반대하다 본국으로 소환되기도 했다.

노련한 정보관답게 한국에 부임해서 현직의 이후락 중앙정보부장과 김형욱 전직 부장을 두루두루 접촉하며 정보를 수집하고 한국의 지도층을 미국의 국익에 맞는 방향으로 조정하고 있었다.

유신이 선포되고 3일이 지난 10월 20일 리차드슨은 강창성 보안사령관을 찾아갔다. 계엄령 선포로 모든 정보와 수사 권한을 장악하게 된 보안사령관을 만나 중요한 정보를 수집하고 미국의 입장도 전달하려는 목적이었다.

강창성은 미리 준비한 대로 남북대화를 뒷받침하기 위한 체제 개혁의 불가피성 등 정부 홍보 논리를 설파했다.

하지만 리차드슨은 "강 장군은 이런 체제하에서 국민의 인권, 자유가 보장되리라고 봅니까. 우방이 납득할 수 있는 환경으로 빨리 환원되어야 한다는 게 미국 정부의 입장입니다."라며 불쾌한 반응을 보였다.

그와 함께 리차드슨은 "미국 내 여론 때문에 군사원조가 감축되거나 중단될 수도 있습니다. 나아가 주한미군 감축이나 철군도 불가피할지 모릅니다. 양국 관계의 불행을 미리 막기 위해 박 대통령의 적절한 조치가 있어야 하겠습니다."라며 노골적으로 협박했다.

리차드슨의 발언 수위가 심각하다고 본 강창성은 곧 그의 말을 정리해서 박 대통령을 찾아가 보고했다. 그에 대해 박정희는 단호한 태도를 보였다.

"그자에게 이렇게 설명하시오. 우리가 민주복지국가를 지향하고 월남처럼 되지 않도록 하기 위해 체제를 강화하는 것이라고… 2년 후에나 우릴 평가하라고 하시오. 미국이 뭐라고 간섭해도 우리는 일보도 후퇴하지 않을 거라고 분명히 전하시오."

보고를 마치고 돌아서는 강창성에게 박정희는 한마디 덧붙였다. "미 CIA 그자들, 당분간 누굴 만나 뭘 하는지, 예의 감시하시오."

강창성은 다시 리차드슨을 만나 대통령의 뜻을 그대로 전했다고 한다. 그러자 리차드슨은 더 이상 강창성 앞에 나타나지 않았다(김충식, 1992: 396-397).

박정희의 고독

유신선포 무렵 이건개 검사는 박정희가 총애하는 인물이었다. 박정희가 군에서 가장 존경했던 인물인 이용문 장군의 장남으로, 이용문이 1952년 젊은 나이에 비행기 사고로 숨지자 어린 이건개의 뒤를 박정희가 돌봐줬다.

서울법학대학을 우수한 성적으로 졸업하고 검사가 된 이건개를 박정희는 자식처럼 대견스러워하며 1969년부터 청와대 민정비서실에 두고 중요한 일들을 맡겼다.

1963년 사법시험 1회에 합격해서 서울지검 검사로 일하던 이건개가 검사 생활에 지루함을 느끼고 미국 유학을 떠나기 직전인 1969년 출국 인사차 자신을 찾아오자 박정희는 유학은 천천히 떠나도 된다며 비서관으로 눌러 앉혔다.

"군에 있을 때 자네 선친과 나는 생명을 같이하는 그런 관계였고, 자네 선친은 부하장병들로부터 많은 존경을 받았다. 이곳 비서실에서 근무하면서 중요한 사항이나 정보가 있으면 직접 와서 보고하고, 국민의 어려운 생활을 세세히 직접 파악해서 보고하여라."

1971년 12월에는 30세에 불과하던 이건개를 서울시 경찰국장(지금의 서울 경찰청장)으로 임명했다. 사상 최연소 서울시경 국장이었다. 이건개에게 임명장을 수여하는 날 박정희는 둘만의 시간을 갖고 대통령으로서의 그의 내면을 깊숙이 들여다볼 수 있는 의미있는 말들을 남겼다(이건개, 2001: 24-28).

박정희는 먼저 대통령이 민심의 흐름을 정확히 읽을 수 있는 정보의 중요성을 강조하며, 지위고하를 막론하고 사실 그대로 정확한 정보를 수집해서 보고하도록 지시했다.

경찰의 공식적 보고에만 의존하지 말고 경찰 하부조직의 생생한 체험적 보고를 듣도록 하고, 자네가 직접 국민 생활에 파고들어서 국민들, 서민들의 고통과 어려움을 파악해서 나에게 직접 보고하도록 하게. 특히, 내가 국민들로부터 비난받는 사안이 있으면 그 사실을 직접 보고하고, 또한 정부 내의 정보부장, 경호실장, 비서실장 등이 권한을 남용하여 국민들로부터 지탄을 받는 사실이 있으면 그것도

남김없이 보고해 주기 바라네… 그렇게 해야만 내가 자신 있게 국가
라는 큰 배의 선장으로서 험난한 바다의 파도를 헤치고 배의 항로를
결정하여 역사의 방향을 잡아 나갈 수 있을 것 아닌가. 올바른 보고
가 없으면 나는 마치 국정현실과 동떨어진, 현실감도 없고 생명력도
없는 로봇이나 인형 같은 존재로 전락할 것이야.

이어 대통령 자리가 무척 고독한 자리라는 심경을 토로하며 당
시 그가 느끼고 있었던 고독감을 이렇게 토로했다.

과대한 권력을 가진 대통령으로서 엄청나게 많은 업무를 처리하며
바쁘게 기계처럼 움직이게 되면 광장의 고독을 느낄 경우가 있다네.
광장에 많은 사람들이 있고 그 많은 사람 속에 파묻혀 있지만 혼자
있는 듯한 고독을 느끼는 것이지. 나도 많은 권한을 가지고 있고 내
주위에 많은 사람들이 있지만 이런 광장의 고독을 가끔 느낀다네.
수도경찰 책임자를 하게 되면 가끔 내가 밖에 나가서 회식한다는 것
을 보고받을 것이야. 그것은 이와 같은 광장의 고독 때문이라네. 또
국력의 압축 성장을 향한 집념에서 오는 스트레스를 해소하기 위한
면도 있기도 해. 그러나 그와 같은 것이 나의 고독과 스트레스를 제
대로 해소시켜 주는 것은 아니야. 나에게 가장 보람을 주는 것은 국
력과 국가경쟁력이 상승되었다는 보고를 듣는 것이라네.

3선 개헌을 통해 장기집권의 길로 들어서고 있던 자신의 정치
노선을 해명하는 말도 남겼다.

일부에서 나를 비민주적이라고 주장하는 사람이 있을 수도 있으나, 나는 참된 자유민주주의가 이루어질 수 있도록 노력하고 있다네. 하지만 자유민주주의도 가난을 극복해야 이루어질 수 있어. 내 어머니께서는 나를 품으셨을 때 경제적 고통 때문에 나를 출산하지 않으시려고 간장도 마시고 산속에서 넘어지고 언덕에서 뒹구시면서 나에게 죽음을 강요하셨지. 그러나 하늘의 뜻인지 나는 죽음의 위기를 뚫고 기적적으로 태어나게 되었다네. 세상 만물에는 다 존재하는 이유가 있다는데, 내가 살아서 출생하게 된 것에는 필시 하늘의 뜻이 있지 않았겠나. 난 나에게 주어진 하늘의 뜻은 우리 민족의 가난을 추방하는 기적을 창조해 내는 것이라고 생각하고 있어. 나는 계속해서 우리 국가가 빠른 시간 내에 경제적으로 압축 성장할 수 있도록 최선의 노력을 다할 것이야. 그러한 국가운영의 목표 때문에 일부에서 비민주적이라고 비난할 만한 소지가 있을지는 모르겠지만…

마지막으로 박정희는 주한미군 철수 가능성과 북한의 대남공작을 우려하며 자주국방의 중요성을 강조했다.

우리가 무작정 주한미군에만 의존하여 우리의 국력과 안보를 유지할 수는 없는 것 아니겠는가. 언젠가는 그들이 철수한다는 판단하에 그것에 대비하여 우리의 안보를 우리의 힘으로 지키기 위해서는 국력을 향상시켜서 자주 국방력을 키워야 하고, 이를 위해 필요한 무기와 그와 관련된 시설의 자체 생산능력이 절대적으로 필요해. 이 모든 것이 경제력의 압축성장 없이는 불가능한 것이야… 북한의 김일성은 우리 쪽의 정세를 손바닥처럼 파악하고 있네. 특히 청와대 안의 방 위치, 하수구 시설, 나의 침대 위치까지도 상세히 파악하고 있어. 지난번에 검거한 간첩 소지품에서 이와 같은 것이 상세히 파악된 약도를 압수한 바가 있다네. 자네. 이제 수도치안 책임자로서 간첩 검거에도 주력하기 바라네. 그럼 부탁하네.

6장

이후락–
윤필용 커넥션 수사와 윤필용 숙청

김형욱과 박정희의 최후의 만찬

이후락 중앙정보부장 주도 아래 유신 작업이 한창 진행 중일 때 김형욱은 고국을 떠날 결심을 하고 있었다. 남북대화 비밀 누설, 총통제 발언 등으로 입지가 좁아져 있는 데다 유신 선포 후 김대중 연계 인물들에 대한 수사가 확대되고 있는 상황에서 김상현을 통한 김대중 선거자금 지원이 중앙정보부나 보안사에 포착될 경우 실형까지 감수해야 할 처지였다.

공화당 전국구 의원이었던 그는 유럽지역 해외 국정감사반장으로 스페인 공관에 대한 국정감사 도중 유신선포를 알게 됐다.

그날 저녁 김형욱은 박정희와의 인연을 끊기로 마음먹었다고 회고록에서 밝혔다. 다시는 박정희와 상종하지 않겠다고 결심했다고 한다.

국정감사를 중도 하차하고 김형욱은 한국으로 바로 들어오지 않고 미국으로 건너갔다. 당시 미국에서 고등학교를 다니던 큰아들의 하숙방에서 일주일쯤 지내며 국내동향을 살폈으나 정보수집이 어려워지자 일본으로 옮겨 계속 국내 동향을 주시했다.

일본에서 김대중계 정치인들이 검거되고 있다는 소식을 듣자 일본에서 망명해 버릴까 하고 몇 번이나 생각하다가 국내에 남아 있는 처자식 때문에 결심을 못 하고 평소 가깝게 지내던 정일권에게 전화를 걸었다.

정일권은 아무 걱정하지 말고 들어오라며 김형욱을 안심시켰다. 그에 김형욱은 유신선포 열흘쯤 지난 뒤인 10월 28일 귀국했다.

국내에 들어와서도 김대중과의 내통사실이 노출될까 봐 불안해하던 김형욱은 1972년 11월 11일 박정희로부터 청와대로 들어오라는 연락을 받게 된다. 이때 김형욱은 김대중과 내통한 사실이 드러난 줄 알고 무척 놀랐다.

그때의 심경을 그는 이렇게 표현했다. "나는 박정희로부터 벼락같은 호출을 받았다. 나는 사실 말이지 간이 콩알만큼 해졌으나 이왕 사실이 폭로되면 떳떳이 마지막으로 해줄 말이나 해주겠다고 결심하고 청와대로 들어갔다(김형욱·박사월, 1985c: 138-139)."

박정희는 김형욱을 보자 혼잣말처럼 "이놈들을 이제 뿌리를 뽑아야 해"라며 자신에 대해 비판적인 세력에 대해 적대감을 보였다. 그 순간 김형욱은 아직 자신에게 위험이 닥치지 않았구나 하고 안심했다고 한다.

박정희는 열흘 뒤로 예정되어 있는 유신헌법안에 대한 국민 찬반투표의 전망과 대책을 중심으로 김형욱에게 물었다. 전직 중앙정보부장이 청와대 밖에서 듣고 있는 민심이 궁금했던 것이다.

김형욱은 계엄령 아래 국민투표가 치러질 경우 너무 강압적으로 보이므로 요소 요소에 배치되어 있는 탱크와 군인들을 철수시킬 것을 건의했다. 박정희는 김형욱의 건의를 받아들여 곧바로 서울 시내의 탱크와 군인들을 줄였다.

이때의 면담 분위기를 김형욱은 이렇게 기록했다.

> 나는 매우 조심스럽게 말했다. 박정희가 나의 정체를 알고 무작정 잡아넣겠다고 들면 할 말을 다 할 결심이었지만 당시로 봐서 아직 사태가 그렇게까지는 악화되지 않은 것처럼 보였기 때문에 나는 더욱 말을 조심하였다. 이미 그때 나는 망명을 결심하고 있던 터였기 때문에 한국을 무사히 탈출할 때까지는 일부러 시빗거리를 만들 필요가 없었다(김형욱·박사월, 1985c: 140).

여러 가지 정국운영에 대한 대화가 끝나자 박정희는 김형욱에게 저녁을 하고 갈 것을 권유했다. 그날 저녁이 김형욱과 박정희가 이승에서 나눈 최후의 만찬이었다. 그로부터 7년이 지난 1979년 10월 두 사람은 앞서거니 뒤서거니 불귀의 몸이 되었다.

이날 만찬에서 김형욱은 박정희와 마지막이 될지도 모른다는 생각에 박정희를 위하는 척하며 신변을 조심하도록 권했다.

각하! 이제부터 신변을 좀 더 조심하십시오. 남북회담이 순조롭지
못하게 되어 결렬되는 경우 북한당국은 다음 두 가지 중 하나를 결
행할 것입니다. 무력통일을 추진하기 위해 전쟁을 도발하는 것이 그
제1안이고 아니면 다시 김신조 같은 결사대를 파견하여 각하를 암
살하려고 기도할 것이 그 제2안입니다. 반면에 국내적으로 강력한
정치탄압은 필경 격심한 정치적 반작용을 유발시킬 것입니다. 여야
를 막론하고 경호에 각별한 대책을 세우십시오(김형욱·박사월, 1985c:
143).

훗날 회고록에서 김형욱은 이 말의 뜻은 '몸조심하라 아니면 총
맞아 너 죽는다'는 뜻이었다고 기록했다. 복심을 감춘 무서운 말
이었다.

그해 11월 21일 실시된 유신헌법안에 대한 찬반 국민투표는 유
권자의 91.9%가 투표에 참여, 91.5%가 찬성했다.

이후락에게 물먹은 박종규의 분노

유신을 준비하는 과정에서 박종규 경호실장은 철저히 소외됐
다. 이후락 중앙정보부장이 모든 걸 주도했다. 이후락 부장과 김
정렴 비서실장이 박종규 경호실장 몰래 대통령의 지침을 받아 준
비해 나갔다.

중앙정보부에서는 김치열 차장과 김동근 보안차장보 및 김영광 판단기획실 부실장, 청와대 비서실에서는 홍성철 정무수석과 유혁인 정무 비서관, 김성진 대변인이 실무자로 참여했다. 법무부에서는 이선중 차관, 김기춘·현홍주 검사가 헌법학자 한태연 및 갈봉근이 만든 유신헌법 초안을 최종 검토했다.

유신을 선포하는 날짜를 잡는데 중요한 하나의 변수는 대통령의 방일이었다. 박정희 정부는 오랫동안 대통령의 방일을 추진해왔다. 박 대통령이 일본을 방문해서 일본 천왕을 만나는 일정이었다. 한국의 국가원수가 일본 천왕을 만나는 일은 정부수립 이래 처음이었다.

1972년 여름쯤에는 일본과 큰 윤곽이 대략 합의된 상태였다. 유신일정과 겹쳤으나 방일 계획을 미룰 경우 유신 준비의 보안까지 누설될 우려가 있었다.

유신 선포의 디데이가 10월 17일로 정해졌으나 대통령의 방일도 미룰 일이 아니었다. 그에 따라 유신선포를 11일 앞둔 10월 6일 김성진 청와대 대변인이 '박정희 대통령 내외가 일본국 히로히토 왕의 초청으로 11월 13일부터 18일까지 6일간 일본을 공식 방문한다'고 발표했다.

이에 따라 유신준비 작업을 전혀 모르고 있었던 박종규 경호실장은 대통령 경호준비를 위해 소수 요원을 데리고 일본으로 날아갔다. 북한과 연계된 조총련과 북한의 공작원들이 우글대는 도쿄에서 대통령의 안전을 지키는 일은 무척 어려운 과제였다.

하지만 유신 작업이 극비리에 진행됐기 때문에 박종규는 경호

준비에만 전념하고 있었다. 그러던 어느 날 박종규는 서울에서 온 사람으로부터 곧 중대발표가 있을 것이라는 소문을 들었다.

그에 따라 박종규는 궁금한 나머지 김정렴 비서실장에게 전화를 걸어 사실 여부를 확인했다. 그러나 김정렴은 초특급 비밀인 유신 작업을 경호실장에게까지 알릴 필요는 없다는 판단하에 박종규에게 아무 일 없다고 딱 잡아뗐다.

이렇게 해서 박종규는 10월 17일의 계엄선포와 국회해산 등의 중대발표를 도쿄에서 듣고 깜짝 놀랐다. 계엄이 선포되던 10월 17일 밤 박종규는 도쿄 시내의 어느 요정에서 당시 한일의원연맹 간사장 자격으로 도쿄에 와있던 이병희 공화당 의원과 술을 마시면서 이후락을 마구 비난했다.

> 아니, 각하가 정말 나한테 이러실 수 있을까. 그리고 이후락 그 친구
> 도 김정렴 실장도 말이야. 비밀이라지만 나한테까지 감출 수 있는
> 거냐 말이야. 나한테 말해줘도 내가 연기를 그만큼 못할까. 정말 각
> 하가 일본에 오는 것처럼 경호 준비하면 되는 거 아냐. 내 서울에만
> 가면 이후락 이 친구 가만 안 둘 거야(김진, 1992: 208).

경호 준비를 명분으로 박종규를 일본으로 내보낸 것도 이후락이었다. 그 경위에 대해서는 당시 보안사령관이었던 강창성이 증언을 남겼다.

72년 10월 유신을 발표하기 일주일 전께 박 대통령은 자신의 방일을 준비하라며 박 실장을 일본에 보냈지요. 그때 정보부장이던 이후락은 유신선포 작업을 총지휘하고 있었는데, 박 대통령 방일이 성사되지 않을 것을 뻔히 알면서 박종규에게 방일 준비를 시키자고 박 대통령에게 건의했죠. 이후락은 당시 보안사령관, 수경사령관을 비롯한 군의 핵심 인사들에겐 유신선포 20일 전께 계획을 은밀히 통보하고 역할분담을 시킨 뒤 10일 전까지 준비상황을 보고하도록 했어요. 그러면서도 박종규 경호실장에겐 귀띔은커녕 속여 일본에 보내버린 거지요… 분기탱천한 박 실장은 나를 비롯한 요직자들에게 유신 계획을 언제 알았느냐고 묻고 다녔지요. 자기만 물먹었다는 걸 알고 그는 이후락을 죽여 버리겠다고 흥분했지만 이후락이 측근에게 털어놓은 대답은 간단했어요. '박은 입이 싸 보안유지가 안 된다'는 거였죠(김진, 1992: 161).

20세기 김춘추가 된 이후락

유신헌법(제39조)은 통일주체국민회의에서 토론 없이 무기명 투표로 재적 대의원 과반수를 얻는 자를 대통령으로 선출한다고 규정하고 있었다. 통일주체국민회의는 국민의 직접 선거에 의해 선출된 대의원들로 구성됐다.

1972년 12월 23일 처음 열린 통일주체국민회의는 박정희 후보를 대의원 2,359명 중 2,357표의 찬성으로 제8대 대통령으로 선출했다. 박정희가 다시 임기 6년의 새로운 대통령으로 당선된 것이다. 무효표 2표를 제외하면 만장일치였다.

새롭게 대통령에 당선된 박정희는 1973년 1월 12일 연두 기자 회견을 가졌다. 이 자리에서 그는 지난 1년을 회고하면서 이후락을 평양에 보낸 일도 언급했다.

'작년 5월 이후락 중앙정보부장을 평양에 보낼 때 지난날 삼국 시대의 역사를 떠올렸다'고 전제하고 '당시 고구려, 신라, 백제가 정립해 있을 때 나중에 태종 무열왕이 된 신라의 김춘추가 김유 신 장군과 의논해서 고구려와의 협상을 위해 단신으로 당시 고구려 수도였던 평양을 방문했으나 고구려가 억류해서 나중에 탈출했던 고사를 생각했다'고 말했다.

그러면서 무슨 방법으로라도 전쟁을 막아야겠다는 생각에서 이후락 중앙정보부장을 비밀리 평양에 파견했는데 이것은 큰 모험이었다고 밝혔다. 이후락을 삼국시대 김춘추와 같은 반열로 올려놓은 격이 됐다.

훗날 태종 무열왕이 된 김춘추처럼 이후락이 박정희 다음의 대권을 물려받을 수 있는 제2인자로 해석될 수도 있는 발언이었다. 이후락을 지나치게 추켜세운 모양새가 됐다.

실제로 평양 비밀방문에 이어 유신 작업을 주도하여 박정희의 장기집권 가도를 개척한 이후락으로 권력의 무게 중심이 이동하고 있었다. 중앙정보부장, 경호실장, 보안사령관, 수경사령관으로 대표되는 4대 권력기관장이 수평적 위치에서 서로 자웅을 겨루다 이후락 중앙정보부장 1강의 모습으로 변형되는 모습이었다. 헌법상의 제2인자였던 김종필 총리의 자리까지 위협했다.

윤필용 수경사령관도 이후락 중앙정보부장과 경합하다 이후락 부장이 북한을 방문하고 오는 것을 보고 경쟁의식을 포기하게 된다. 그 입장의 변화에 대해 윤필용은 훗날 김진 중앙일보 기자에게 이렇게 말했다.

> 나는 원래 HR(이후락의 이니셜)과 관계가 좋지 않았어요… 처음엔 나도 기회가 있을 때마다 박 대통령에게 '어느 누구에게 물어봐도 이 부장은 각하를 해칠 인물이라는 등 세평이 좋지 않습니다. 그를 잘라야 합니다'라고 건의했죠. 그런데 내가 그런 말을 한 것을 박 대통령은 고스란히 HR에게 해주는 거예요. 그러면 HR가 나한테 거꾸로 전화를 걸어 '왜 각하에게 나를 자르라고 하느냐. 내가 그렇게 못마땅하냐'라고 항의하곤 했죠. 그런데 72년 5월에 HR가 평양에 가서 김일성을 만나고 7·4 남북공동성명이란 걸 내놓은 것을 보고 깜짝 놀랐어요. 보통 사람이 아니란 생각이 들었어요. 그래서 내가 생각을 고쳤지요. 내가 그렇게 건의했는데도 박 대통령이 HR을 신임하는 이유를 알 것 같았어요… 사실 한편으론 HR을 견제하는데 역부족이란 생각도 들었고요(김진, 1992: 16).

윤필용과는 달리 그 당시 청와대 대변인으로 근무하며 이후락을 가까이서 지켜본 김성진은 그 시절 이후락을 이렇게 혹평했다.

…그리고 남북조절위원회라는 명칭 자체가 북쪽에서 사용하는 용어일 뿐 아니라 그 기능이 모호하여 자칫 잘못하면 권력구조상의 옥상옥이 될지도 모른다는 우려도 제기되었다. 이후락은 세계 여느 나라 비밀정보기관의 장과는 달리 정치 일선에 얼굴을 드러낸 '제2인자'가 되기에 이르렀다. 이후 이후락을 부르는 호칭이 조절위원장으로 바뀌게 되었고, 그의 행동 범위도 종전의 정보부장의 그것과는 사뭇 다른 면모를 보이기 시작했다. 본인이 의도하지는 않았다 하더라도 중앙정보부라는 기구와 그 주변 인물들이 자연스럽게 유도해 나간 것이다… 긴장완화의 추세에 능동적으로 대응키 위한 것이라면 그것은 남북 간 적십자회담만으로 충분했다고 나는 보았다… 그런데 왜 굳이 정치협상의 길을 열어놓은 조절위원회라는 생소한 명칭의 기구까지 발족해야 했을까. 그 기구의 남측 대표를 중앙정보부장이 겸직한다는 것은 권력의 분산을 원칙으로 하는 정부조직의 원리에 부합하지 않는다(김성진, 2007: 130).

권한이 집중되고 인기가 오르면서 이후락의 행보도 과감해졌다. 광화문에 있었던 정부종합청사 맨 위층으로 중앙정보부장실을 옮겼다. 지금은 철거된 조선총독부 건물 안에 있었던 총리실을 밑으로 내려다보는 위치여서 위압적 인상을 줄 수 있었다.

뒤늦게 이 사실을 알게 된 박정희는 이후락을 불러 '정보부는 사람의 눈에 띄지 않게 일해야 하는 조직인데 어쩌자고 사람이 가장 많이 드나드는 종합청사의 맨 꼭대기 층에 들어가 있느냐'고 힐책하며 사무실을 폐쇄시켰다고 한다(김성진, 2007: 245).

김형욱의 유정회 탈락과 해외도피 준비

유신헌법(76조 1항)은 국민이 직접 뽑은 의원과 통일주체국민회의에서 선거하는 의원으로 국회를 구성한다고 규정하고 있었다. 단, 국민이 직접 뽑은 의원의 임기는 6년이나 통일주체국민회의에서 뽑은 의원의 임기는 3년이었다.

새로운 헌법에 따라 지역 국회의원을 뽑는 제9대 국회의원 선거가 1973년 2월 27일 실시되어 여당인 민주공화당 73명, 야당인 신민당 52명, 무소속 19명, 민주통일당 2명 순으로 총 146명이 당선됐다. 의원 정수 219명의 3분의 1인 73명은 대통령의 추천에 의해 그해 3월 7일 통일주체국민회의에서 선출됐다.

통일주체국민회의에서 선출된 국회의원들은 유신정우회(약칭 '유정회')를 만들어 원내 교섭단체를 구성했다. 결과적으로 여권이 민주공화당 73석과 유정회 73석, 총 146석의 의석을 차지, 공화당 총재를 겸임하고 있던 대통령의 뜻에 따라 국회가 좌우되는 형국이 됐다. 박정희 1인 중심의 강력한 통치체제가 완성된 것이다.

유정회 의원은 통일주체국민회의에서 선출되는 방식이었으나 실제로는 의장인 대통령의 추천에 당락이 결정됐다. 그에 따라 대통령을 둘러싸고 있던 중앙정보부와 군부, 5·16 주체세력들은 서로 지분을 차지하려고 경합했다. 중앙정보부는 유신체제 지지세력의 확립을, 군부와 5·16 주체세력은 친위세력의 확보를 명분으로 내세우고 있었다.

하지만 박 대통령은 인적쇄신을 통해 유신의 명분을 살릴 목적으로 직능을 대표하는 새로운 인물 중심으로 유정회 의원을 선발했다. 정계 중진과 공화당 간부 20명, 전직 관료 16명, 퇴역 장성 8명, 대학교수와 교육계 대표 10명, 언론인 7명, 중앙정보부 간부 출신 3명 등 사회각계 대표가 골고루 뽑혔다.

이 과정에서 김종필을 제외한 5·16 주체세력은 모두 배제됐다. 김형욱도 이때 유정회 명단에서 빠졌다. 8대 국회의원 선거(1971.5.25.) 때는 김종필, 정일권, 백두진, 길재호 다음 순위인 전국구 5번으로 국회의원에 당선됐으나 9대 국회에서는 빠졌다.

이후락의 평양 밀행 준비를 누설하고 미 CIA 한국지부장에게 유신계획을 제보한 사실이 드러나 이후락 부장으로부터 보안조사를 받아 코너에 몰린데다, 8·3 사채동결 조치로 감추어둔 비자금까지 털리고, 김대중에게 정치자금을 몰래 지원한 루트인 김상현이 입을 열기라도 하는 날에는 실형을 면키 어렵다는 심리적 압박이 김형욱을 짓누르고 있었다.

그런 가운데 유정회 명단에서도 배제되어 자신이 설 자리가 없음이 확인됐다. 조금 더 때를 기다려 국회의원에 버금가는 공직에 발탁되길 기다릴 수도 있었으나 1971년 대선 때 김대중을 지원한 사실이 드러날 것에 대한 두려움이 그를 초조하게 만들었다.

그 당시의 심경을 김형욱은 이렇게 남겼다.

> 나는 서서히 한국을 빠져나갈 여장을 꾸리기 시작했다. 이후락의 감
> 시가 어찌나 야멸찬지 매우 조심을 해야만 했었다… 나는 완벽하게
> 고립되고 있었다. 게다가 얼마 후에는 북한의 「암살지령 제1호」로
> 지목된 전직 중앙정보부장이라는 것이 고려되어 나에게 파견돼있던
> 수행비서와 2명의 경호원마저 철수시키고 나의 등록된 자살용 권총
> 마저 압수해 가버리고 말았다. 나는 완벽하게 무방비 상태에 노출되
> 고 말았다(김형욱·박사월, 1985c: 154).

유신이 선언된 직후부터 망명을 꿈꾸기 시작한 김형욱은 박정
희가 1972년 12월 23일 제8대 대통령으로 선출되고 열흘 정도
지난 1973년 1월 5일 아내를 일본교포로 위장해서 출국시켰다.
그 이전 두 아들도 미국으로 빼돌려놓고 있었다.

가족을 몰래 빼돌리는 데는 그가 현직 부장으로 근무할 때 심복
이었던 중앙정보부 해외 파트의 간부들이 도왔다. 주일공사로 나
가 있던 김기완은 김형욱의 와이프가 재일교포 여인으로 가장하
고 출국할 수 있도록 재일 교포 여권을 만들어 보내줬다. 워싱턴
공사로 나가 있던 이상호는 김형욱의 둘째 아들을 자신의 아들인
것처럼 꾸며 미국으로 데려갔다.

동백림 사건 때 서독 주재 중앙정보부 책임자였던 양두원은 김
형욱의 망명을 준비할 즈음에는 이상호란 가명으로 주미대사관
공사로 나가 있었다.

처자식을 먼저 미국으로 보내놓고 혼자 남아서 출국을 준비할 때의 심경에 대해 김형욱이 남긴 기록은 이렇다.

나는 박정희가 독재자라는 이유로 그를 거부하는 데에 있어서 인간 관계의 단절 즉 절연을 선언하는 가장 어려운 난관을 극복해야만 했었다. 솔직히 말해서 그것은 개인적으로 견디기 어려운 자기부정의 고행이었다. 그러나 내가 그런 상태로 우물쭈물 유신체제에 아부해 가며 연명하는 것은 곧 국가와 민족에 대한 반역이라는 양심의 질타가 나를 몰아쳤다. 나는 박정희 개인을 반역하는 일을 불사하고라도 국가와 민족의 역사에 대해 더 이상 반역할 수 없다고 비장하게 결심하였다… 다시 더 이상 국가와 민족에게 죄를 짓지 않기 위해서 박정희를 반대하기로 결심한 것이다. 며칠 밤을 새우며 이를 일단 결심하자 내가 해야 할 일이 명료하게 떠올랐고 마음도 호수처럼 잔잔해졌다. 나는 일단 고국을 떠나기로 최종적으로 결단하였다(김형욱·박사월, 1985c: 160).

병든 김재규의 서울 입성

유신 선포와 함께 박정희 곁을 떠나기로 결심하고 미국 망명을 준비하고 있던 김형욱이 유정회 명단에서 빠지자 출국을 서두르고 있던 시기, 거꾸로 박정희 곁으로 더욱 가까이 다가간 사람이 있었다.

김재규.

윤필용 수경사령관의 전화를 도청하려다 발각되어 1971년 9월 23일 보안사령관에서 동해안의 3군단장으로 밀려나 있던 그는 유정회 의원이 되어 1973년 3월 서울로 돌아왔다.

개인적으로는 군에서 주욱 성장하고 싶었지만 박정희가 군복을 벗겨 유정회 의원으로 앉혔다. 박정희와의 거리로 보면 권력의 중심부에 조금 더 다가섰으나 개인적으로 보면 불만스러운 인사였다.

더욱이 그는 3군단장 시절 유신헌법을 읽은 후 유신체제에 분개하고 있었다. 10·26 사건 후 사형을 당하기 하루 전인 1980년 5월 23일 김재규는 면회 온 동생 김항규에게 "내 마음은 이미 3군단장 때부터 꿈틀거렸지. 10월 유신이 시작됐을 때 난 유신헌법을 세 번씩이나 읽곤 집어던진 적이 있어. 그건 독재를 위한 문구였을 뿐 법이 아니었거든" 하고 말한 바 있다(이동원, 1992: 343-344).

그의 말을 사실로 믿는다면 박정희는 죽음의 그림자를 보다 가까이 불러들인 격이 됐다.

그때쯤 김재규는 육체적으로도 크게 병들어 있었다. 보안사령관으로 근무하던 1968년에도 이미 간이 좋지 않아 정기적으로 주사를 맞고 있었다. 당시 보안사 참모장이던 문홍구가 지켜보니 매일 아침 약방의 '감초'처럼 보안사 군의관이 나타나 김재규에게 주사를 놨다. 군의관은 내방객이 있거나 말거나 개의치 않고 주사기에다 간 특효약을 넣어서 김재규에게 주사하곤 했다(김 문, 1998: 325).

1973년 12월 박정희는 다시 김재규를 중앙정보부 차장으로 보낸다. 이후락을 퇴임시키고 신직수를 부장으로 임명하면서 그 바로 밑의 차장 자리에 김재규를 앉힌 것이다. 장관급 대우를 받던 의원이었던 김재규로서는 모멸적 인사였다.

더욱이 신직수는 김재규가 대령으로 5사단장 참모장을 할 때 법무참모(소령)로 김재규 밑에서 일하던 사람이었다.

이런 불만을 눈치챈 육영수는 김재규를 청와대로 불러 "지금 각하가 아주 힘든 고비에 있어요. 그런데 신직수 부장이 법에는 능통하지만 국가안보나 정치에는 경험이 없어요. 누가 가서 도와주지 않으면 큰일 나겠어요. 차장 자리가 마땅치 않지만 조금만 도와주세요"라며 달랬다(이종찬, 2015: 310).

중정 차장을 9개월간 지낸 김재규는 1974년 9월 건설부 장관으로 나갔다가 1976년 12월 중앙정보부장에 임명됐다.

그즈음 김재규의 간질환은 더욱 나빠져 있었다. 김재규는 부장에 임명된 직후 당시 중앙정보부 남북대화사무국 부국장을 맡고 있던 이동복을 불렀다. 그 이전 두 사람은 아무런 연고가 없었다.

이동복을 부른 김재규는 "내가 간이 몹시 나쁜데 철도병원 원장으로 간 전문의인 동서가 하루 3시간 이상 일을 하면 안 된다고 했다. 그리고 나머지 시간은 당분간 누워서 지내라고 한다. 그러니 내일부터 나는 9시에 출근해서 12시까지 회의를 주재하고 12

시부터는 궁정동에 가서 쉴 테니 나머지 시간에 부장에게 올라오는 모든 보고서를 당신이 처리해 주시오"라고 지시했다.

이렇게 해서 이동복은 김재규의 건강이 조금 회복되는 4개월간 부장을 대신해서 보고서를 처리하고 혼자 처리하기 어려운 일은 다섯 시 반에 궁정동으로 김재규를 찾아가 상의한 다음 처리하는 일을 반복했다(손기웅, 2017: 236).

10·26 임박해서 김재규의 건강은 최악으로 치닫고 있었다. 1978년 가을 이동원 전 외무부장관을 만난 김재규는 "지금 내 건강은 엉망이오. 술 마시지 말라는 의사 지시가 있었소. 게다가 여자도 가까이하지 말랍니다. 쳇… 인생에 이 두 가지 빼고 살려니 맛이 안 나지만 어쩔 도리 없습니다" 하고 푸념했다(이동원, 1992: 336).

간질환과 함께 김재규는 분노조절장애라는 질환을 가지고 있었다. 화가 나면 참지 못하고 '욱' 하며 과격한 행동을 했다. 그러한 증세에 대해서는 김종필 전 총리가 증언을 남겼다.

김재규는 겉으로 온건한 사람처럼 보이지만 치명적인 약점이 있었다. 일종의 병인데 욱하는 성질이 지나쳐 한번 흥분하면 얼굴이 빨개지고 전후좌우 분간을 못 하고 마구 욕을 해댄다. 세상이 보이는 것이 없고 자기가 무슨 일을 하는지도 자각하지 못했다. 그땐 발작증이라고 치부했다. 요즘 말로 분노조절장애라고 할 수 있을 것이다…

김재규의 발작증은 여덟 살이나 아래인 차지철과 경쟁하면서 증세가 더욱 심해졌다. 박 대통령은 김재규를 고향 동생처럼 친밀하게 대했으나 그가 발작증이 있고 정보부장이 된 뒤 더 심해지고 있다는 사실을 알지 못했다.

김재규가 10·26 당시 대통령을 향해 권총을 들이댈 때도 욱하는 충동에 발작 증세에 빠져 있었다. 제정신이 들어 재판을 받을 때 자기가 민주투사라도 되는 양 오래전부터 준비한 거사라고 했는데, 그의 병을 알고 있는 나에겐 가소로운 얘기였다(김종필, 2016: 487~489).

박정희가 유신 선포 후 김재규를 가까이 끌어들인 것은 고향 후배로서 마지막 순간까지 자기를 배신하지 않을 사람으로 믿었기 때문이다.

하지만 그건 오산이었다. 김재규는 5·16 직전 이미 박정희를 배신한 과거가 있었다. 박정희로부터 정변 참여를 권유받고 오히려 이 사실을 당시 국방부장관이던 현석호에게 밀고했던 것이다.

이 사실을 알게 된 국방부 정무차관은 국방장관에게 "박정희를 구속해서 전모를 밝혀야 한다."고 건의했으나 국방장관이 "성급하게 처리하면 안 된다"며 머뭇거리자 다시 장도영 육참총장을 찾아가 김재규 정보를 들이대면서 박정희를 즉각 구속하라고 독촉했다.

그러자 장도영은 "그건 죽은 정보다. 내가 참모총장으로 있는 한 누구도 쿠데타를 일으킬 수 없다. 혹시 과거엔 어땠을지 몰라도 지금은 절대로 그런 일이 없다."며 쿠데타 정보를 묵살했다(정대철, 2001: 199-200).

이후락과 윤필용 유착에 대한 박정희의 불안

이후락 중앙정보부장이 평양 밀행과 유신의 기획·집행으로 정국을 주도해 나가자 이후락이 차기 대권 주자라는 소문이 시중에 파다하게 퍼져나갔다.

점술가, 사주쟁이들 사이에서는 '쥐띠가 집권한다'는 유언비어가 떠돌았다. 김일성과 이후락이 쥐띠였다.

유신헌법에서는 통일주체국민회의가 국회에 버금가는 권한을 가지고 있었다. 대통령을 선출하고 국회의석의 3분의 1을 뽑았다.

그에 비해 국회의 입지는 상대적으로 줄어들었다. 유신헌법(59조 1항)은 대통령에게 국회해산권을 부여했다. 대통령이 국회를 견제할 수 있는 강력한 수단이었다. 대통령은 국회의 통제없이 긴급조치를 발동할 수도 있었다.

이처럼 권력의 새로운 주체로 떠오른 통일주체국민회의를 이후락의 중앙정보부가 배후에서 조종하고 있었다. 대의원 선발을 중앙정보부에서 심사했다.

이렇게 되자 박 대통령으로서는 이후락으로의 과도한 권한 집중이 불안해졌다. 그러는 가운데 이후락과 윤필용이 지나치게 밀착되는 징후가 박정희에게 감지되기 시작했다.

첫 번째 조짐은 윤필용이 유정회의 선출에 개입한 것이다. 윤필용이 이후락에게 유정회 의원의 3분의 1을 장군, 영관, 위관급 출신 군인들로 구성해 줄 것을 부탁했다. 이후락을 통해 보고를 받은 박정희는 "건방진 놈들 지들이 뭔데 국회의원을 마음대로 고르려고 해" 하면서 화를 냈다(조갑제, 2006: 280).

두 번째로 박정희는 이후락과 손영길이 울산농고 선후배 사이라는 점도 불안했다. 손영길은 당시 윤필용 수경사령관 바로 밑에서 참모장을 하고 있었다. 당시 중정 감찰실장에는 울산 출신으로 검사를 지낸 이재걸이 앉아 있었는데 동향인 손영길과 가까이 지내며 이후락과 윤필용을 밀착시키려 노력하고 있었다.

한때 이후락은 울산농고 후배인 손영길을 중정 차장보로 데려오려고 박 대통령에게 건의했다가 퇴짜를 맞기도 했다. 손영길이 육군 참모총장감이므로 계속 야전 지휘관으로 키워야한다는 것이 박정희의 거부 명분이었다(김진, 1992: 44).

손영길은 박정희가 아끼는 육사 11기 출신이었다. 전두환과 함께 11기의 선두주자였다. 박정희가 군수기지사령관으로 있을 때 발탁하여 전속 부관으로 데리고 있었던 것을 시발로 박정희의 총애를 받으며 고속 승진했다.

세 번째로 박정희를 자극한 것은 윤필용이 이후락을 박 대통령의 후계자라고 치켜세웠다는 첩보였다. 박정희는 두 사람의 관계가 더 이상 묵과하기 어려운 지경에 이르렀다고 봤다.

박정희는 1973년 3월 8일 강창성 보안사령관을 청와대로 불러 한 장짜리 보고서를 건네주면서 "지위고하를 막론하고 철저히 조사하라"고 지시했다. 강창성은 보고서의 내용을 이렇게 기억했다.

73년 초 이른바 10월 유신 작업이 마무리될 무렵 궁정동의 한 식당에서 이후락 중앙정보부장과 윤 장군이 저녁을 함께 먹으면서 이런 얘기를 나누었다고 한다. 시국담 끝에 윤 장군이 "각하가 노쇠하니 건강이 약해지기 전에 물러나시게 해 우리가 모시고 후계자를 내세워야 한다"는 요지의 이야기를 하자, 이 부장이 "각하가 물러나면 다음엔 누가 되느냐"고 물었다. 그러자 윤 장군은 "형님이 있지 않습니까"라고 말한 뒤 이 부장이 평양에 가서 김일성을 만나고 온 사실을 은근히 치켜세우며 "삼국시대에도 신라의 김춘추가 조정의 반대를 무릅쓰고 당나라와 고구려를 다녀온 일이 있으며 그 후 왕이 되지 않았습니까? 형님도 비슷하죠"라고 말했다. 당시 첩보로는 이 엄청난 말에 대해 이 부장은 사뭇 흐뭇해하면서 "윤 장군도 만년 수경사령관만 하란 법이 있소. 총리도 할 수 있는 것 아니오"라고 맞장구를 쳤다는 것이다(강창성, 1991: 361-362).

박정희 정권 친위부대 수경사의 탄생

수도경비사령부, 약칭 수경사의 창설 당시 이름은 수도방위사령부, 약칭 수방사였다. 5·16 정변을 계기로 정변주체세력과 주한미군과의 타협에 의해 생겨난 부대이다.

1961년 5·16 정변이 일어날 당시 한국군의 작전 지휘권은 주한미군 사령관이 가지고 있었다. 6·25 전쟁 발발 직후 유엔군 참전이 결정되자 이승만 대통령은 유엔군사령관이 한국군을 원만히 지휘할 수 있도록 지원하기 위해 1950년 7월 15일 한국군 작전권을 유엔군사령관에게 넘겼다. 휴전 후에도 한국군 작전권은 유엔군사령관을 겸직하고 있던 주한미군 사령관이 계속 행사했다.

5·16 정변은 한국군 작전지휘권을 가지고 있던 주한미군 사령관에 대한 도전이었다. 자신의 권한을 침해당한 매그루더(Carter Bowie Magruder) 주한미군 사령관은 1961년 5월 19일 혁명주체인물인 김종필을 불렀다.

그리고 "한국군 지휘권은 내게 있다. 당신들이 내 허락 없이 전방부대를 이동시킨 것은 마이어 협정 등 위반이다. 원위치 시키라"고 협박했다. 이에 화가 난 김종필은 "우리는 레볼루션을 한 사람들이다. 레볼루션을 하면서 어떤 녀석이 몇 날, 몇 시에 어떤 부대를 이끌고 혁명하겠다고 미리 신고하느냐, 그런 레볼루션도 있나" 하고 항의했다.

이와 같은 의견대립 속에서 찾은 접점이 수도방위사령부의 창설이었다. 주한미군 사령관의 한국군 작전권은 존중해주되 '혁명정부'를 스스로 지킬 병력은 주한미군이 인정해주고 대신 정변에 동원된 모든 병력은 원위치 시키기로 합의했다. 그때까지 서울만을 지키기 위한 독립부대가 없고 영등포에 주둔하고 있던 6관구 사령부가 서울까지 커버하고 있었다.

그리고 양측은 제30사단, 제33사단, 제1공수여단 및 전방 5개 헌병중대를 국가재건최고회의 통제하에 두기로 합의했다. 미군과는 별도로 한국 통치권자가 지휘할 수 있는 부대를 만들 수 있게 된 것이다.

이러한 합의에 따라 30, 33사단에서 1개 대대씩 차출해서 30대대, 33대대를 편성하고 제5헌병대도 만들어 1961년 6월 1일 후암동 미군부대에서 수도방위사령부 창설식을 가졌다. 그 후 수방사는 부대 본부를 필동으로 이전하였다가 다시 남태령으로 옮겼다.

이처럼 5·16 정변을 통해 탄생한 수경사는 박정희 정부 때 정권의 친위부대로 자리 잡았고 청와대 외곽을 경비하는 30대대, 33대대 대대장들은 엘리트 장교들이 거쳐 가는 출세 코스가 됐다. 전두환 전 대통령과 장세동 전 안기부장도 30대대장(후에 30경비단으로 개칭) 출신이다(김종필, 2016: 102-103).

이후락 후계론에 대한 박정희의 분노

박 대통령이 1973년 3월 8일 강창성 보안사령관을 불러 이후락-윤필용 커넥션에 대해 수사를 정식으로 지시하기 전 윤필용에 대한 내사가 있었다. 내사를 담당한 인물은 박종규 경호실장.

훗날 윤필용의 증언에 의하면 유신선언 직후 어느 날 박종규 경호실장이 자신을 불러 전날 뉴 코리아 골프장에서 있었던 일을 설명해주며 사실 여부를 물었다.

전날 박종규는 박 대통령, 신범식 서울신문 사장과 함께 뉴 코리아 컨트리 클럽에서 골프를 쳤다. 필드를 돌던 중 커피숍에서 커피를 마시고 있는데 신범식이 느닷없이 이런 말을 꺼냈다.

"각하께서 연만하시니 더 노쇠하시기 전에 후계자를 키우셔야 한다는 이야기들이 많습니다. 이후락 부장이 후계자로 좋다는 이야기도 있습니다."

이 말에 박 대통령은 처음 대수롭지 않게 받아넘겼다. "미친놈들, 내가 아직 노망하려면 멀었는데" 하고 지나갔다. 그런데 라운딩을 마치고 클럽하우스에 들어왔을 때 박 대통령의 얼굴이 굳어져 있었다.

"아까 그 말 말이야. 누가 그런 소릴 했어? 이후락이가 그랬나?" 하고 다그쳤다. 그에 놀란 신 사장은 겁에 질려 그 자리에 무릎을 꿇고 앉으며 "각하, 이름은 못 대겠습니다."고 했다.

이에 박 실장이 권총을 뽑아 들이대며 "이름을 대라"고 위협했다. 그러자 신 사장의 입에서 "윤필용 장군이 그럽디다." 하는 말이 튀어나왔다.

윤필용은 박종규로부터 이 말을 듣고 흥분한 나머지 그 자리에서 신 사장에게 전화를 걸어 확인하려고 했다. 하지만 박종규로부터 이 문제는 자신에게 처리를 맡겨달라는 얘기를 듣고 자리를 떴다(조갑제, 2016: 280-281).

조갑제 기자가 입수한 박 대통령 업무일지를 보면 박 대통령, 박종규, 신범식이 함께 뉴 코리아 골프장에서 운동을 한 날이 11월 12일과 11월 18일로 기재되어 있다. 이 중 어느 날 신범식의 이후락 후계자 운운 발언이 있었던 것으로 보인다.

박종규가 윤필용을 불러 뉴 코리아 골프장에서의 신범식 발언

내용을 확인한 것은 박 대통령의 지시를 받은 1차 조사였다. 그런데 박종규 측근에 의하면 이 1차 조사에서 윤필용이 "미친 ×, 네 마음대로 해봐"라고 박종규에게 불쾌감을 보이며 확인해주지 않았다(김진, 1992: 18). 이러한 윤필용의 태도가 사건을 확산시키는 불쏘시개가 됐다.

노태우의 읍소

박 대통령으로부터 조사 지시를 받은 박종규는 윤필용으로부터 시원한 답을 얻지 못하자 노태우 대령과 전두환 준장을 자신의 집으로 불러 대책을 상의했다.

노태우는 윤필용과 가까운 사람이었다. 윤필용이 5·16 직후 국가재건최고회의 의장 비서실장 대리를 하고 있을 때, 노태우는 방첩부대 보안계장 겸 국가재건최고회의 연락장교로 일하며 윤필용과 가까워졌다. 윤필용이 방첩부대장을 지낼 때는 그 밑에서 정보과장을 한 인연이 있었다.

두 사람을 부른 박종규는 "고민 끝에 상의하고 싶어 불렀다"며 사건 경위를 이렇게 설명했다.

얼마 전 이후락 중앙정보부장, 윤필용 수도경비사령관, 신범식 서울신문 사장이 함께 만찬을 했다. 모두가 술에 취한 상태였는데 윤 사령관이 느닷없이 이 부장에게 "우리 영감님이 연세도 드시고 장래에 무슨 일이 생길지 모르니 미리 후계자를 정해야 하지 않겠느냐"고 말을 꺼냈다. 이 부장은 취중에 한 말로 여기고 화제를 돌려버렸는데, 며칠 후 신 사장이 박 대통령에게 이 일을 보고했다. 대노한 박 대통령은 나를 불러 윤 장군을 엄히 조사하라는 지시를 내렸다. 윤 장군이 대통령에게 불충한 생각을 가졌다고는 도저히 믿어지지 않는다. 신 사장이 취중 실언이라고 말씀을 드렸는데도 어른이 노하셨으니 어찌해야 할지 모르겠다. 그래서 당신들과 상의하고 싶어서 오라고 했다.

박종규의 얘기를 들은 노태우는 윤필용으로부터 자세한 이야기를 들어 본 후에 대통령의 화를 풀어주자는 심산에서 다음 날 윤필용을 찾아가 경위를 물었다. 하지만 윤필용은 취중실언이라고 대수롭잖게 받아넘겼다.

다음 날 노태우는 다시 박종규를 찾아가 윤 사령관이 취중에 한 실언이 잘못 전달된 것이라고 말했다는 말을 전하며 "윤 장군도 앞으로는 어떤 오해의 소지가 없도록 처신을 잘하겠노라고 약속까지 했으니 어른께 잘 보고드려서 노여움을 푸시게 해 주십시오" 하고 부탁했다(노태우, 2011: 181).

하지만 박종규의 보고를 받은 박 대통령은 박종규에게 그 사건에서 손을 떼게 하고 강창성 보안사령관에게 사건을 넘겼다. 박종규의 조사내용이 마음에 안 들었던 것이다.

박정희의 친국

박 대통령은 강창성 보안사령관에게 신범식이 제보한 첩보를 조사하도록 지시하는 한편 자신도 직접 관계자들을 불러 신문했다. 신범식은 박정희 정부 전반기 공화당 선전부장, 청와대 대변인, 문화공보부 장관 등을 지낸 박정희의 측근이었다.

박 대통령이 신범식으로부터 제보받은 첩보의 좀 더 상세한 내용은 이랬다.

> "1972년 연말 신범식 사장의 초대로 윤필용 수경사령관, 청와대 비서실의 김시진 정보비서관, 정소영 경제수석 비서관, 지성한 육군 중앙범죄수사단장 등 5명이 시내 비밀 요정에서 회식을 가졌는데, 이 자리에서 연만한 대통령을 사퇴시켜 쉬게 하고 이후락을 후계자로 내세운다는 요지의 발언이 있었다."

박정희는 먼저 김시진 비서관을 불러 "자네 연말에 윤필용 장군과 술 마시러 간 적 있나? 그 자리에서 윤 장군이 나를 '이놈의 영감, 저놈의 영감' 하고 부르면서 후계자를 빨리 정해야 한다고 떠들었다며? 자네도 그 자리에 있었다던데, 이런 버릇없는…" 하고 화를 냈다. 김시진이 그런 말을 들은 적이 없다고 말했으나 '정보비서관이 그런 것도 모르냐'며 더 크게 화를 냈다.

이어 박정희는 정소영을 불러 "자네도 그 자리에 있었다며?" 하고 다그쳤다. 정소영이 "그런 얘기는 절대로 한 적도, 들은 적도 없다."고 부인하며 "각하, 이건 누군가의 모함입니다. 고도의 모함입니다" 하고 결백을 주장했으나 대통령은 대꾸도 하지 않고 나가라고 고함쳤다.

사태가 심상치 않다고 느낀 김시진은 지성한 단장을 청와대로 불러 대통령이 하문한 내용을 알려주며 빨리 윤필용 사령관에게 가서 확인해보라고 독촉했다.

지성한이 그 즉시 윤필용을 찾아가 경위를 설명하자 윤필용은 '며칠 전에 박종규 경호실장도 똑같은 걸 묻던데, 그때도 별일 없었다'고 대답해줬다며 '왜들 이러는지 모르겠다'며 의아해했다.

그러면서 윤필용은 연말 회식 때 신범식과 나눈 얘기를 지성한에게 들려줬다.

> 그날 모임 중간에 화장실을 다녀왔는데, 신범식 씨가 로비 소파에 앉아 있더군. 그래서 마주 앉아 잠시 얘기를 나눴지. 신범식 씨가 '유신이 선포됐으니 대통령께서 종신토록 집권할 수 있게 되었습니다. 하지만 언젠가는 대통령께 충언을 드려야 할 때가 오지 않겠어요?' 하더라고. 그게 무슨 소리냐고 했더니 '당신이나 나나 대통령의 총애를 받는 사람들 아닙니까. 언젠가 각하, 이제 연세가 많이 드셨으니 물러나 쉬십시오' 하고 말씀드려야 할 때가 올 텐데, 그런 말씀을 감히 누가 드리겠습니까? 당신이나 나 같은 사람이 '각하, 이제 저희와 낚시나 하러 다니십시다 하고 말씀드려야죠'라고 말하더군. 그래서 내가 벌써부터 무슨 그런 이야기를 하느냐고 화를 냈네. 각하께서 아직 건강하신데… 그런 얘기 들으면 술맛 떨어진다고 더 이상 하지

말자고 말을 끊어 버렸어. 그게 다야.

윤필용의 말을 보면 신범식이 제보한 첩보는 연말 회식 도중 신
범식과 윤필용 둘이서만 나눈 얘기였다. 그리고 윤필용의 말이
아닌 신범식이 꺼낸 말이었다. 하지만 이 발언이 모두 신범식이
아닌 윤필용이 한 것으로 신범식의 첩보에 담겨 있었다. 그 결과
그날 회식에서 둘만의 대화에서 빠져있었던 김시진, 정소영, 지
성한 등은 그 발언을 알 수가 없었다.

윤필용의 말을 들은 지성한은 곧바로 신범식 사장에게로 가 그
날 음식점 로비 소파에서 나눈 대화를 얘기해주고 사실 여부를 물
었다. 신범식은 '그런 얘기를 했었다'며 사실을 부정하지 않았다.

두 사람의 대화를 확인한 지성한은 김시진에게 돌아와 "두 분
얘기를 다 들어 봤는데, 지나가듯 나눈 가벼운 대화였어요. 로비
에서 두 분만 나눈 얘기라 우리가 모르는 건 당연하고요. 그게 다
입니다" 하고 두 사람의 면담결과를 얘기해줬다(지성한, 2022:
21-25).

훗날 윤필용은 신범식의 첩보 내용은 자신이 완전히 거꾸로 뒤
집어쓴 것이라고 주장했다. 수사 결과를 보니 신 사장이 한 말이
전부 자신이 한 것으로 되어있더란 것이다.

그러면서 윤필용은 "골프장 사건 이후 다섯 달이란 시간이 왜 필
요했을까요. 그 기간 중에 누가 내 등에 칼을 꽂으려고 치밀한 계획
을 꾸민 게 아닌가 생각돼요"라며 의혹을 제기했다(김진, 1992: 20).

권총처럼 보인 녹음기

　지성한, 김시진, 정소영 3인은 윤필용과 신범식의 진술로부터 연말 회식 때 자신들도 모르게 두 사람 사이에 대통령 퇴진 운운 얘기가 오간 것을 확인하고 이를 증명할 근거만 있으면 자신들에 대한 대통령의 오해를 풀 수 있을 것으로 봤다.

　그에 따라 지성한은 신범식의 진술을 녹음해서 그것을 김시진 정보비서관을 통해 대통령에게 보고하기로 마음먹고 다시 신범식을 찾아갔다. 지성한은 신범식이 청와대 대변인으로 일할 때 그 밑에서 근무한 인연이 있어 막역한 사이였다.

　당시에는 녹음기의 성능이 오늘날처럼 발달하지 않아 몸체가 무척 컸다. 지성한이 지참하고 간 녹음기 역시 부피가 커 그것을 양복 안주머니에 넣으니 가슴 한쪽이 불룩하게 튀어나왔다.

　이런 모습이 다시 화근을 불러일으켰다. 지성한이 권총을 차고 자신을 위협하러 온 걸로 신범식이 오해한 것이다.

　신범식은 지성한이 돌아가자마자 보안사에 전화를 걸어 지성한이 권총으로 자신을 위협했다며 신변보호를 요청했다. 보안사는 그 즉시 신범식을 속리산으로 피신시켰다.

　지성한이 육군 보안사령부에 연행된 날은 1973년 3월 9일 오후 5시경이었다. 보안사는 지성한의 신병을 확보하자마자 녹음기를 가슴에 품고 신범식을 찾아갔던 것을 문제 삼았다.

　지성한은 훗날 신범식이 보안사에 녹음기를 권총으로 신고한 경위에 대해 이렇게 추측했다.

그가 왜 그런 거짓말을 했을까? 한마디로 거짓말이 들통나게 생겼기 때문이다. 실제로 그는 보안사에서 사실과 다른 내용을 허위 진술함으로써 윤필용 장군을 모함했다. 그런데 그가 한 거짓말과 전혀 다른 내용의 진실을 내가 녹음해 간 것이다. 그는 내가 그 녹음테이프를 김시진 비서관에게 넘길 것이고, 그러면 대통령에게 보고되는 것은 시간문제라는 것을 너무도 잘 알고 있었다. 그는 진실이 드러날지도 모른다는 생각에 또 다른 거짓말로 위기를 모면하려고 했다… 후에 듣자니 녹음테이프는 대통령에게 보고되기 직전에 보안사에 의해서 압수되었고, 그 후 대통령에게 보고되었다는 이야기는 듣지 못했다(지성한, 2022: 28-29).

윤필용의 불복

박 대통령으로부터 이후락-윤필용 커넥션을 수사하라는 지시를 받은 강창성.

당대 최고의 실력자였던 두 사람을 수사해야 하는 만큼 무척 조심스러웠다. 윤필용이 수도경비사령부 병력을 동원할 경우 자칫 군사 쿠데타로 연결될 수 있었다. 수도경비사령부 자체가 5·16 직후 제2, 제3의 쿠데타가 일어날 것을 우려, 서울을 방어하기 위해 신설한 부대였다.

이러한 위험성을 고려, 강창성은 대통령으로부터 수사 지시를 받자마자 청와대 외곽을 경비하고 있던 수경사 산하 30대대, 33대대의 대대장을 불러 '윤 사령관은 오늘부로 지휘권이 박탈됐다. 일절 동요하지 말고 지금부터는 내 지시를 받아라'고 명령했다.

이어 신범식 사장을 보안사로 불러 구체적인 진술을 녹음해뒀다. 윤 사령관의 진술과 대조하기 위한 사전 조치였다. 그런 다음 윤필용 사령관을 보안사로 불러 대통령의 수사 명령서를 보여주며 "내용이 약간 과장된 것도 있지만 대체로 맞는 이야기 아니냐. 박 대통령을 면회시켜 줄 테니 땅바닥에 엎드려 죽을 죄를 졌다고 빌어라"고 권유했다. 육사 8기 동기생으로서 사건을 원만히 처리하기 위한 배려였다.

하지만 윤필용은 절대 그런 일이 없다며 부인하고 나섰다. 그에 강창성은 미리 불러 놓은 신범식이 보안사 2층에 있으니 대면시켜 주겠다고 제안했다. 대질 신문을 통해 진실을 가려볼 심산이었다.

그 순간 윤필용의 얼굴이 벌겋게 달아오르면서 커피잔을 잡은 손가락을 마구 떨었다. 사태의 심각성을 알아차린 것이다. 그는 커피 한 모금을 더 마시더니 모든 걸 강 장군에게 맡길 테니 선처해달라고 부탁했다(김진, 1992: 20-21).

다음 날인 3월 9일 박 대통령은 수경사령관을 진종채 정보사령관으로 교체했다. 진종채는 박정희의 대구사범 4년 후배였다. 3일 후 손영길 수경사 참모장은 전방 사단의 부사단장으로 발령나서 거기서 체포됐다. 청와대 북방을 지키기 위해 서울 근교에 주둔해있던 26사단 76연대의 권익현 연대장도 연행됐다.

그와 함께 강창성은 전두환 준장과 노태우 대령도 함께 불러 조사했다.

박 대통령은 강창성에게 수사를 지시하면서 전두환 준장에게도 물어보라는 지침을 줬다(조갑제, 2006: 285).

강창성의 기억에 의하면 박종규 경호실장은 1972년 연말 전두환에게 윤필용 관련 첩보를 대통령에게 보고하도록 시켰다.

강창성 보안사령관이 사건을 맡기 전 박종규의 내사 단계에서 사건 정황을 알고 있던 전두환과 노태우는 강창성에게 불려가자 윤필용을 구제해 줄 것을 간곡히 부탁했다. 노태우는 그 당시의 부탁 내용을 이렇게 남겼다.

조사가 시작된 뒤 나와 전두환 장군은 강 장군에게 불려 갔다. 강 장군은 박 대통령의 이름을 내세우며 윤 장군에 대한 수사와 일대 숙군을 단행하겠다는 강한 의지를 표시했다. 전 장군과 나는 강 장군에게 "보안사령관께서는 윤 장군을 대통령에게 불충하는 분으로 보십니까? 결코 그렇지 않을 것입니다. 두 분은 동기생이 아니십니까? 대통령에게 큰 꾸중 받을 각오를 하시고 윤 장군을 구해 주십시오. 그렇게 해주시면 우리는 장군의 은혜를 결코 잊지 않을 것입니다. 이 미담은 우리 군에 멋진 선례를 남길 것입니다." 하고 사정했다…
강 장군은 선뜻 공감하는 듯한 반응을 보였으나 술책이었다. 권익현, 안교덕, 손영길 등 많은 친구와 후배들이 보안사 서빙고 분실에 끌려가 온갖 고문을 당한 것이다. 윤 장군과 친할수록 더욱 그러했다. 나도 예외가 될 수는 없었다. '언제든 당하겠지' 하고 각오를 하고 있던 중에 어느 안가로 불려가 조사를 받았다. 다만 고문을 당하지는 않았다(노태우, 2011: 181-182).

박정희의 이후락 체포 지시와 김정렴의 만류

강창성은 윤필용의 언동을 확인하기 위해서는 이후락을 직접 만나서 진술을 듣는 것이 불가피하다고 보고 이후락을 만났다. 1971년 제7대 대통령 선거 때 이후락 부장 밑에서 차장보를 지내며 함께 일했던 사람으로서 현직의 이 부장을 수사하기가 무척 어려운 입장이었다.

이후락을 만난 강창성은 "부장님, 지금까지 알아본 바로는 윤 장군과의 술자리에서 '각하가 노쇠하시니 건강이 더 약해지기 전에 물러나시게 하고 후계자를 세워야 한다. 후계자는 형님이 있지 않습니까. 김춘추도 고구려 갔다 와서 왕이 됐는데…'라는 말을 윤 장군이 했다고 합니다." 하고 사실 여부를 확인했다.

그에 대해 이후락은 "아니야, 말 같지 않은 소리 말라고 했다."며 딱 잡아뗐다. 그리고는 "윤 장군 그 ○○, 세상에서도 이야기가 많지 않느냐, 당장 잡아넣어야 한다."며 선수를 쳤다.

이후락, 윤필용에 대한 조사가 끝나자 강창성은 궁정동 중앙정보부 안가에서 조사 결과를 박 대통령에게 보고했다. 그 자리에는 박종규 경호실장, 김정렴 비서실장도 배석해 있었다.

이때 보고를 받은 박 대통령이 화를 내며 "이후락까지 잡아넣어"라고 했다는 것이 강창성의 증언이다(조갑제, 2006b: 292). 박종규도 옆에서 "이 부장이나 윤 장군을 추종하는 군인들을 모조리 잡아넣어야지" 하며 거들었다고 한다.

하지만 김정렴 비서실장이 이후락에 대한 추가조사를 말렸다. 그때의 상황을 김정렴은 이렇게 기록했다.

> 박 대통령의 호출이 있어 대통령 집무실에 들어가니 강 사령관의 보고에 배석하라는 분부였다. 보안사령관의 보고는 독대가 원칙이었으므로 나로서는 전무후무한 배석이었다. 보고 끝 무렵에 이후락 정보부장의 조사도 불가피하게 되었다는 보고가 있었다. 이때 나는 정보부장의 조사는 하지 않거나 적어도 상당 기간 보류하는 것이 좋겠다고 건의했다. 윤 소장의 처벌에 이어 권력의 핵심의 하나인 중앙정보부장까지 조사받는다는 사실이 세간에 알려지면 박 대통령의 권위가 크게 손상될 것이라는 이유를 들어 반대한다는 진언을 했다. 강창성 사령관도 동의를 해주어 중앙정보부장에 대해서는 당분간 불문에 부치기로 되었다(김정렴, 1997: 183).

이렇게 해서 이후락 부장은 이 사건에서 벗어날 수 있었다. 하지만 이재걸 감찰실장 등 중앙정보부 내 이후락 직계 인물로 알려진 30여 명이 이 사건에 연루되어 구속되거나 해직됐다(김진, 1992: 12).

1973년 3월 9일 윤필용을 연행하면서 시작된 이후락-윤필용 커넥션 수사는 4월 28일 육군보통군법회의의 선고로 종결됐다. 윤필용과 손영길 두 사람이 15년의 징역형을 선고받고 지성한, 권익현 등 모두 10명이 최소 2년 이상의 형을 선고받았다. 그 외 윤필용 계열 인물로 파악된 안교덕, 김상구, 박정기 등 30여 명이 강제 전역됐다.

이들에게 적용된 죄목은 수뢰, 직권남용, 공금횡령 등이었다. 대통령의 최측근인 수경사령관이 대통령의 권위에 도전했었다는 이미지를 국민들에게 심어주게 되면 대통령의 리더십에 큰 손상을 주게 된다. 유신을 선포한 명분도 대통령 리더십 강화에 있었다. 남북대화를 추진하기 위해서는 대통령을 중심으로 국론을 단합시킬 필요가 있다고 홍보해왔다.

이러한 점을 고려, 강창성은 그 사건을 일반 형사사건으로 만들어 발표해야 한다고 대통령에게 건의하여 대통령이 이를 받아들였다(조갑제, 2006b: 292-293).

박종규 계략에 강창성 협조설

유신 준비과정에서 박종규는 철저히 소외당했다. 보안누설을 우려한 이후락의 조치였다. 하지만 이것이 부메랑이 되어 이후락을 코너로 몰았다. 윤필용 사건에는 이후락을 밀어내고 중앙정보부장 자리를 차지하려는 박종규의 야심도 작용하고 있었다.

당시 권력층에서는 박종규가 차기 중앙정보부장을 노리고 이후락을 제거하기 위해 윤필용 카드를 이용하고 있다는 시각도 있었다. 박종규 계략에 강창성이 협조했다는 박종규 음모설이다.

훗날 사건 피해자인 손영길도 박종규-신범식-강창성 커넥션에 강한 의혹을 제기했다.

손영길은 그 예로 청와대 통일정사 사건을 들었다. 1972년 말 신범식 서울신문사 사장이 당시 수경사 참모장이던 손영길에게 사람을 보내 청와대 내에 절을 하나 짓겠다며 허가를 부탁했다.

"남한 전체를 돌아보니 청와대 내에 최고 명당이 있는데 이곳에 절을 지어 기도하면 각하가 삼국을 통일한 김유신 장군처럼 기운을 얻어 임기 내에 남북통일이 될 것이므로, 절을 지어 국무위원들이 정기적으로 예불을 올리도록 한다."는 얘기였다.

그에 대해 손영길은 '그런 걸 왜 수경사가 하느냐, 경호실에 부탁하라'며 거절했다. 그렇게 해서 청와대 내에 1973년 1월 20평짜리 통일정사가 세워졌다.

그런데 손영길은 나중에 옥중에서 이상한 소문을 들었다. '윤필용과 손영길이 통일정사를 지어놓고 여승을 데려다 이후락 부장이 대통령이 되도록 기도한 걸로 박 대통령이 오해하여 절을 철거했다'는 얘기였다. 손영길은 청와대 경내에 건축물을 짓는 게 경호실장 허락 없이는 불가능한 점을 감안, 통일정사 건립 역시 이후락을 제거하기 위한 박종규의 음모라고 봤다(김진, 1992: 23).

이종찬 전 국정원장도 박종규-강창성 음모설이 신빙성이 있다는 기록을 남겼다. 그 예로 이종찬은 사건 당시 보안사 연구실에 근무하던 육사 16기 동기생의 말을 증거로 제시하고 있다.

　이종찬에 따르면 10월 유신 직후 '윤필용을 제거하기 위한 연구 보고서를 작성하라'는 지시가 그 동기에게 떨어졌는데, 그 동기는 「중공의 모택동은 왜 임표를 제거했는가?」라는 제목으로 연구보고서를 작성해서 강창성 사령관에게 보고했다고 한다. 보고서의 요지는 정권을 강력하게 유지하는 길은 2인자를 허용하지 않는 것이라는 내용이었다(이종찬, 2015: 301).

7장
———

강창성과 전두환의
군권 암투

군인 전두환을 키우려는 자와 죽이려는 자

유신 선포로 갑자기 강창성 보안사령관이 권력의 핵으로 부상하는 등 박정희를 둘러싼 권력의 판세가 요동치는 가운데 한국 현대사에 커다란 이정표가 되는 또 하나의 일이 진행되고 있었다.

육사 11기의 선두주자였던 전두환 대령이 박종규 경호실장의 후원으로 별을 단 것이다. 대령을 단지 4년 만에 이루어진 파격적 인사였다.

유신 선포 당시 박정희를 둘러싸고 있던 네 명의 권력자 즉, 박종규, 이후락, 윤필용, 강창성 가운데 5·16 그날 박정희와 운명을 함께 했던 사람은 이제 박종규 하나뿐이었다.

그즈음 박종규는 박정희의 뜻을 받들어 전두환, 노태우, 손영길 등 육사 11기들을 군내 박정희 친위세력으로 육성하는 일을 하고 있었다. 구태의연해진 5·16 주체세력을 대체할 신진세력이었다.

1972년 가을 어느 날 저녁 박종규는 국방부 인사국장 문홍구 소장을 서울 시내 음식점으로 불렀다. 제1공수 특전여단장을 맡고 있던 전두환 대령의 준장 진급을 청탁하기 위해서였다.

박종규는 저녁 식사가 끝나갈 무렵 '장군 진급규정을 조금 바꾸면 어떻겠느냐'는 의중을 조심스럽게 비쳤다. 육사 11기생들도 장군 진급대상에 포함시키자는 말이었다.

그에 육사 9기 출신인 문홍구는 "일반 장교 출신들은 6·25 때 목숨 바쳐 싸웠습니다. 그런데 11기생들은 그렇지가 않습니다. 일반 장교들의 거센 반발이 예상되며 군의 사기 문제에도 영향을 미칩니다."라며 반대했다.

하지만 박종규는 "이것은 각하의 뜻이기도 하오. 잘 검토해서 장관한테 결재를 올리는 것이 좋겠소"라며 윽박지르듯 쐐기를 박았다(김 문, 1998: 339).

각하의 뜻이라는 말에 문홍구는 어쩔 수 없이 국방부장관, 육군 참모총장 등과 협의하여 진급규정이나 제도를 바꾸기보다는 진급심사위원회를 잘 운영해서 진급시키기로 방침을 정했다.

당시 장성진급심사위원장은 중장, 심사위원은 소장급 6명이었다. 막상 심사위가 열리자 문홍구의 예상대로 거센 반발이 일어났다. 대령 진급한 지 4년밖에 안 된 육사 11기들을 진급시키는 것은 순전히 정치성 인사라며 일부 위원들이 자리를 박차고 나가는 등 소란이 일어났다.

육군참모총장이 회의장을 들락날락하며 설득하는 등 우여곡절 끝에 전두환, 손영길, 최성택, 김복동 등 4명을 1973년 1월 1일부로 준장으로 진급시키기로 결정했다.

이처럼 박종규 경호실장이 전두환 키우기에 급급하고 있을 때, 강창성 보안사령관은 전두환을 곱지 않게 보고 전두환 죽이기에 골몰하고 있었다.

준장으로 진급한 전두환은 1973년 1월 6일 강창성의 집으로 세배를 하러 가 보안사 참모장에 자신을 앉혀달라고 청탁했다.

그에 강창성이 '지금 참모장이 잘하고 있고, 아직 자네는 참모장을 할 경력도 아니지 않느냐'며 거절했다. 그러자 전두환은 대통령의 뜻인 양 압박했다. 그에 화가 난 강창성은 "대통령께서 당신을 내 참모장으로 꼭 쓰라고 한다면 내가 사표를 내겠다. 내일 대통령을 만나 뵙겠다."라며 단호한 태도를 보였다. 그러자 전두환은 '그럼 됐습니다' 하며 물러났다.

그 이전에도 강창성은 자신을 찾아온 전두환을 심하게 꾸짖은 적이 있었다. 강창성은 그때 정황을 하나회 숙청이 한창이던 1993년 김연광 월간조선 기자에게 이렇게 밝혔다.

보안사령관으로 임명(71년 9월)되고 1년쯤 됐을 때입니다. 전두환 대령이 육사 11기 동기생인 박영선 보안사 비서실장을 통해 나를 찾아왔습니다. 전 장군이 최고회의 비서실, 중앙정보부 인사과장으로 있을 때 얼굴은 알고 지냈지만 만난 건 이때가 처음이었습니다. 전 대령은 나를 만나더니 대뜸 '강 선배, 꼬붕들 술을 한번 사야겠는데 용돈 좀 주십시오' 하더군요. 평소에 이 친구들이 대통령의 위세를 업고 몰려다닌다는 얘기도 있고 해서 '전 대령은 군대를 떠나는 게 좋겠다. 당신들은 위관 장교 때부터 요정에 무단히 출입하고, 기업 가들에게 돈을 받아내고, 위아래 계급 없이 마음대로 행동하니 도저히 군인으로 어울리지 않는다. 밖에 나가 더 좋은 일을 할 수 있도록 대통령에게 건의하겠다'고 했지요. 그러자 '강 선배는 저하고 안 맞는 사람인 것 같습니다'라는 말을 남기고 떠났습니다(《월간조선》, 1993년 9월호).

이때 싹튼 강창성과 전두환의 악연은 뒷날 서로에 대한 보복과 보복으로 이어진다. 전두환은 집권하자 강창성을 부정부패 혐의로 감옥에 집어넣었고, 강창성은 김영삼 정부 출범 후 과거청산이 시작되자 야당 의원으로 그에 호응하면서 12·12 사건을 쿠데타로 규정하고 전두환과 노태우를 사법처리하는 데 앞장섰다.

김형욱의 야반도주

윤필용-이후락 커넥션 수사에 가장 겁을 먹은 사람은 김형욱이었다. 당시 윤필용은 자타가 공인하는 박정희의 최측근이었다. 박정희 준장이 1954년 5사단장으로 부임하여 대대장인 그를 군수참모로 발탁한 뒤 1973년 3월 구속되어 군복을 벗을 때까지 윤필용은 박정희의 최측근에 있었다.

박정희는 5사단장에 이어 7사단장, 1군 참모장, 군수기지사령관, 1관구 사령관으로 자리를 옮길 때마다 윤필용을 데리고 다녔다. 5·16 뒤에도 최고회의 의장 비서실장 대리, 육군 방첩대장, 수도경비사령관 등 요직에 윤필용을 중용했다.

그런 윤필용을 하루아침에 구속시키는 걸 보고 김형욱의 불안감이 더욱 커졌다. 윤필용을 겨눈 칼날이 곧 자기에게 닥칠 수 있다는 공포감이 그를 감쌌다.

윤필용 사건에 앞서 해외 망명을 결심하고 가족부터 몰래 미국으로 빼돌렸던 김형욱으로서는 이제 하루빨리 한국을 빠져나가는 일만 남았다. 중앙정보부장을 장기간 역임한 그로서는 해외로 빠져나가는 일이 쉽지 않았다.

그즈음 대만의 중화학술원(中華學術院)에서 그에게 명예철학박사를 수여하겠다는 초청장을 보내왔다. 김형욱으로서는 해외로 탈출할 수 있는 절호의 기회였다.

그는 외교관 여권을 가지고 있었기 때문에 특별히 외교부로부터 여권을 발급받을 필요는 없었다. 하지만 전직 중앙정보부장으로서의 위상 때문에 대통령의 재가를 받는 것이 필요하다고 봤다. 당시만 해도 해외교류가 많지 않아 해외에 나가는 것이 쉽지 않았다.

그는 김정렴 청와대 비서실장을 통해 대통령에게 재가를 신청했으나 불가(不可) 의견을 받았다. 난감해진 김형욱은 다시 청와대 정무비서관 홍성철을 통해 대통령에게 재가를 신청했으나 이번에도 불가였다. 김형욱은 이때 박정희가 자신을 불신하고 있는 걸 확인하게 되었다고 그의 회고록에 썼다.

다급해진 김형욱은 김종필 총리를 찾아갔다. 하지만 총리공관에서 출입을 허락하지 않았다. 아침 7시 30분부터 세 시간을 공관 정문 앞에 차를 세워두고 기다렸으나 김종필을 만날 수 없었다. 당시 김종필은 중풍을 맞아 온몸에 침을 꽂고 있었다.

마지막 기대를 걸고 찾아간 김종필마저 문전박대하자 김형욱은 큰 절망감에 빠졌다. 훗날 김종필이 망명 중인 김형욱을 귀국시키기 위해 미국으로 찾아갔을 때 김형욱은 이때의 서운한 감정을 두고두고 이야기했다.

대통령의 정식 재가를 얻는 데 실패한 김형욱은 몰래 출국하기로 마음먹었다. 주변 인물들에게 명예철학박사를 받으러 대만으로 간다고 알린 후 대만에서 미국으로 넘어가는 방식이었다.

김형욱이 몰래 김포공항을 빠져나간 날짜는 1973년 4월 15일. 김포공항을 빠져나갈 때의 심경을 김형욱은 이렇게 기록했다.

나는 보잘 것 없이 너절한 싸구려 골동품이 든 보따리 여섯 개를 들고 김포공항으로 나갔다. 대만 정부의 요인들에 대한 선물로 가장한 보따리들이었다. 사실 말이지 가슴이 조마조마했으나 별 말썽 없이 대한항공기의 트랩을 올라섰다. 우연하게도 거기서 이철승을 만났다. "이거 웬일이야? 소석!" "김 부장이야말로 어디 가?" "나 대만에 박사학위 받으러 가는 길이야." "오. 그랬었군. 나는 심기도 울적하고 해서 일본 정계나 시찰할까 해서 동경에 가는 길이지." 나는 천연

덕스럽게 이철승과 이런저런 이야기를 하고 있던 중 비행기는 이륙하였다.

김형욱은 중앙정보부장으로 있을 때 비서실장을 지낸 문학림을 데리고 갔다. 문학림은 일본 홋카이도 파견관으로 근무할 때 정인숙 사건에 휘말려 파면된 후 집에서 놀고 있었다. 김형욱은 문학림에게 망명 계획을 숨긴 채 대만에 바람이나 쏘이러 가자며 데리고 나섰다.

대만에서의 일정이 마무리될 즈음인 4월 21일 김형욱은 뉴욕행 팬암기에 올랐다. 문학림에게는 미국에 있는 자식들을 좀 보고 돌아가자고 속였다. 문학림의 딸도 미국에서 공부하고 있었다.

뉴욕행 비행기가 경유지인 알래스카에 도착할 즈음 김형욱은 비로소 문학림에게 망명 계획을 털어 놓았다.

"문 실장, 당신에게 사전 협의를 못 하고 그냥 여기까지 와서 대단히 미안하게 됐오." "거 무슨 말씀이십니까?" "나, 미국 가면 당분간 안 돌아가겠어. 임자만 딸 만나고 즉시 돌아가도록 하시오." "무엇이라구요? 그러면 망명하신다는 말씀입니까?"(김형욱·박사월, 1985C: 181-182).

이후락의 김형욱 회유

　김형욱이 대통령의 불허에도 불구, 미국으로 몰래 달아난 건 국가안보의 관점에서 보면 큰 실수였다. 위장간첩 이수근의 해외탈출을 놓쳤던 상황과 유사했다. 그리고 그 관리부실의 책임은 현직 중앙정보부장인 이후락에게 있었다.

　김형욱은 해외로 빠져나가기 전 이후락이 자신을 밀착 감시하고 있는데 강한 불만을 가지고 있었다.

> 나는 심지어 좋아하던 골프도 즐길 수가 없었다. 누가 나와 같이 한 번이라도 골프를 치기만 하면 당장 중앙정보부로 연행당하고 만약 그가 사업을 하는 기업인인 경우에는 가차 없이 세무사찰을 진행하여 무차별 세금을 부과하였다. 아무도 나와 골프를 같이 치려 들지 않았다. 전화도청은 물론 24시간 감시가 따랐다. 감시원이 경호원격이 되었다… 한술 더 떠서 이후락은 나의 흠을 잡아내어 법에 걸려고 요원을 풀어 나의 뒷조사를 시작했다는 정보가 나와 가까운 요원들에 의해 전달되었다(김형욱·박사월, 1985c: 154).

　김형욱의 증언을 사실로 받아들이면 이후락 부장은 수하를 풀어 김형욱을 철저히 감시하고 있었다. 그러한 통제망을 뚫고 김형욱이 빠져나간 것이다. 그러한 허점이 생겨난 데는 이후락을 몰아붙였던 강창성 보안사령관의 수사도 영향이 컸다. 김형욱이 도피한 시점은 이후락-윤필용 커넥션에 대한 수사가 정점으로 치닫던 시기였다.

김형욱이 빠져나가던 1973년 3~4월의 박 대통령 업무일지를 보면 이후락이 박 대통령을 면담해서 보고한 시간을 찾기 어렵다. 그에 비해 강창성은 거의 매일 대통령을 만나고 있었다.

그해 3월 21일에서 4월 2일까지 박 대통령은 이후락을 한 번밖에 만나지 않았다. 그것도 15분의 짧은 보고였다. 4월 3일 이후락 부장으로부터 약 50분간 보고를 받은 박 대통령은 그 후 4월 8일까지 다시 이후락을 찾지 않았다(조갑제, 2006: 289). 거의 매일 하루에도 몇 번씩 찾던 중앙정보부장을 20여 일 만나지 않았다.

김형욱은 이러한 이상기류를 감지하고 자신에 대한 감시가 소홀한 틈을 타 도주했다. 그가 자신의 회고록에서 밝힌 것처럼 중앙정보부 내부에 박혀있는 자신의 심복들이 중앙정보부 내부 동향을 유리알처럼 알려주고 있었기 때문에 해외탈출을 노리고 있던 김형욱으로서도 윤필용-이후락 수사로 중앙정보부 간부 30여 명이 해임되는 등 중앙정보부의 기능이 일대 혼란을 겪고 있는 그 시점이 최적의 시기라고 본 것이다.

김형욱 회고록 전반에 흐르는 기조를 보면 그는 김대중에 대한 존경심을 감추지 않고 있다. 미국에 도착해서도 곧바로 김대중에게 연락하고 싶었으나 박정희 비판단체인 한국민주주의회복 통일촉진국민회의(한민통)를 결성하는데 바쁜 김대중에게 방해가 될까 봐 자제하고 있었다고 한다.

김형욱이 미국에 도착한 지 한 달여 지나고 뉴욕 타임스 등 해외 언론에서 김형욱의 해외 망명을 보도하기 시작했다. 이때부터 이후락 중앙정보부장은 김형욱에게 수차 전화를 걸어 귀국을 종용했다. '돌아오면 무엇이든지 원하는 자리를 주시겠다는 각하의 약속이 있었다.'는 점을 강조했다. 하지만 김형욱은 모든 제의를 마다하고 자신의 보좌관이었던 이백희와 함께 미국 전역을 구경하는 관광에 나섰다.

미 CIA 끄나풀이 된 김형욱

김형욱은 자신의 회고록에서 시종일관 1971년 대선 때 김대중을 도운 것이 탄로 나 궁지에 몰릴 것을 우려하여 미국으로 도피했다고 썼다. 그리고 유신체제에 반대하는 입장에서 미국으로 망명했다고 주장했다.

1973년 4월 미국으로 건너간 김형욱은 이후락의 간곡한 귀국 권유를 뿌리치고 미국 전역을 관광하고 다녔다. 그보다 먼저 미국에 이민 와 있던 전직 보좌관 이백희를 데리고 자동차를 하나 구입해서 여기저기 유람했다. 미 대륙을 두 번 정도 횡단하고 새로 산 자동차가 거의 망가질 지경으로 다녔다고 한다. 많은 비용이 드는 무척 호화로운 여행이었다.

훗날 김종필은 이러한 행태를 보인 김형욱을 강하게 비난했다. 김형욱이 정권의 탄압에 못 이겨 망명했다고 주장하나 사실은 정보부장 시절 해외로 빼돌린 재산이 늘어나 해외에 나가서도 편안하게 살만해지자 미국으로 도피했다고 봤다. 김종필은 김형욱이 엄청난 돈을 빼돌려 스위스에 있는 그의 비밀계좌에 넣어놓고 있었다고 주장했다.

그렇게 축적한 돈으로 김형욱은 미국의 억만장자들이 모여 산다는 미국 최고의 부자촌인 뉴저지주 알파인의 고급 주택을 구입해서 살았다.

김종필은 미 CIA 고위 관계자로부터 김형욱이 돈을 빼돌리는 과정을 직접 들었다고 한다. 미 CIA 관계자에 따르면, 어느 날 스위스 은행에서 90만 달러(미국 소비자물가 지수 기준 2016년 가치로 약 400만 달러)를 현금으로 인출한 김형욱이 이 돈을 바지 속 양다리에 칭칭 감고 미국행 비행기를 탔다.

뉴욕에 도착해서 존 F 케네디 공항을 빠져나오려는데 누군가가 그의 어깨를 붙잡았다. 김형욱이 돌아보며 왜 그러냐고 묻자 상대방이 신분증을 보여줬다. 미 CIA 요원이었다. 연방수사국(FBI) 요원 한 명도 그 뒤에 있었다.

그들은 김형욱을 공항 사무실로 데려갔다. 그리고 웃으면서 말했다. "그 바지 좀 벗고, 다리에 감은 돈을 풀어 달라. 모두 90만 달러 맞지?" 미 CIA는 김형욱이 스위스 제네바 은행에서 돈을 찾아서 나오는 것을 확인하고 뉴욕 공항에서 기다리고 있었던 것이다. 김형욱은 숨겨놨던 돈을 몽땅 꺼내놓을 수밖에 없었다.

김종필은 그때 김형욱이 미 CIA에 완전히 코가 꿰인 것으로 봤다.

그를 시내 사무실로 데려간 CIA 요원은 "우리의 신문에 대답을 다 해준다면 이 90만 달러를 몰수하지 않고 돌려주겠다."고 했다. 미 CIA 측은 박정희 대통령의 문제점에 대해 다 이야기하라고 요구했다. 박정희 대통령을 견제할 수단으로 김형욱을 이용하려 한 것이다. 꼼짝없이 걸려든 김형욱은 알고 있는 사실을 모두 털어놨다. 하지만 막상 신문을 해보니 CIA로선 써먹을 만한 정보가 별로 없었다. 이미 CIA가 다 알고 있는 수준이었다는 것이다. 큰소리치던 김형욱이 실제로는 정보가치가 별로 없는 인물임을 CIA도 알게 됐다. 다만 어디서 무슨 짓을 할지 모르니 늘 감시는 하고 있었다(김종필, 2016: 357).

이런 과정을 거쳐 김형욱은 미 CIA의 통제를 받는 종속적 인물이 됐다. 중앙정보부장으로 재임 시에도 업무상 미 CIA와 긴밀한 관계를 맺었던 김형욱은 김대중 사건이 일어나자 미국에서 동경의 중앙정보부 파견요원들에게 전화를 걸어 납치된 김대중이 서울로 이송되는 과정을 하나하나 체크해서 미 CIA, 국무부 등 요로에 제출했다. 미국으로부터 영주권을 받아내자 동경으로 날아가 납치 현장을 답사하기까지 했다.

김형욱은 동경의 중앙정보부 요원들로부터 자세한 내용을 제보받을 수 있었던 배경을 이렇게 설명했다.

나는 6년 반 가까이 중앙정보부장을 역임하면서 중앙정보부의 전 요원들의 경력과 생태를 손바닥을 들여다보듯이 환히 달통하고 있었다. 솔직히 말해 나의 닦달과 훈도를 받지 않고 성장한 요원은 하나도 없었다고 해도 과언이 아니었다. 더욱이 해외에 파견된 요원들은 나에게 유능하다고 인정된 인물이었고 그들 또한 나에 대하여 매우 충실하였다… 김대중 납치 사건의 행동대원들이나 그 주변에 있던 요원들은 하나같이 나의 과거의 심복들이었다. 솔직히 말해 그들의 도움이 없었더라면 나의 가족이 외국에 나올 수도 없었을 것이고, 더욱이 나의 출국은 문자 그대로 절대 불가능했을 것이고, 나의 가족이 지금처럼 같이 지낼 수도 없었을 것이다… 김대중 납치 사건의 전말에 있어서 사건의 장본인들이 옛 상관인 나에게 의리와 의무감에서 보고해 준 내용을 거짓 없는 사실이라고 믿고 있다(김형욱·박사월, 1985c: 215-216).

1977년 4월 공화당 의원이었던 김종필은 대통령 특사 자격으로 아프리카·중남미 11개국을 순방하고 귀국하는 길에 미국에 들러 김형욱을 만났다. 귀국을 종용하기 위해서였다. 김종필은 회유책으로 브라질 대사직을 제안하면서 귀국을 권했다. 하지만 김형욱은 브라질에 자기를 내보내 제거하려는 수작이라고 반발하며 거절했다(김종필, 2016: 358).

강창성에 포착된 하나회

강창성 보안사령관은 윤필용 사건을 다루면서 '하나회'란 비밀
조직을 알게 됐다. 윤필용 계열로 숙청된 인물 가운데 상당수가
하나회 멤버였다. 당시 보안사는 2백여 명의 하나회 회원을 조
사, 이 가운데 10명은 군법회의에 회부하고 31명의 장교를 강제
예편시키는 한편 나머지 1백 60여 명에 대해서는 보직을 바꿔 분
산시키는 등으로 제재했다.

강창성은 하나회가 처음 칠성회(七星會)란 이름으로 생겨났다고
회고했다. 그에 따르면 1961년 말 전두환, 노태우, 손영길, 정호
용, 권익현, 최성택, 백성태 소령 등 영남 출신 육사 11기생 7명이
칠성회를 조직했다. 칠성회는 계속 육사 출신들을 비밀리 포섭,
조직이 확대되자 이름을 하나회(일명 一心會)로 바꾸었다. 4년제 정
규 육사 출신의 첫 기수인 11기에서 20기까지가 멤버인 것으로
알려졌다.

하나회 가입을 원하는 장교는 입회 시에 반드시 엄격한 심사를
받아야 하고, 입회한 후에는 목숨을 걸고 조직의 명령을 지상으
로 받들며 절대 비밀을 지킬 것을 서약했다. 특정인을 인위적으
로 접근, 포섭하되 일정 정원을 유지하는 충원방식을 택했으며
비밀 점조직 방식으로 조직했다. 영남지역 출신들이 다수였다.

하나회는 박정희 전 대통령이 후원하는 조직이었다. 박 대통령
으로부터 직급에 따라 승용차, 지휘봉 등이 수여됐고, 일부 회원
은 '一心'이란 휘호와 함께 지휘봉을 받기도 했다.

1973년 1월 육사 11기생으로는 처음으로 전두환, 손영길, 최성택, 김복동 등 4명이 대령에서 준장으로 진급했다. 모두 하나회 회원이었다. 박 대통령은 2월 초 전두환과 손영길 두 사람을 청와대로 초청해서 축하연을 베푼 후 크라운 4기통짜리 승용차와 금일봉을 선물로 주었다(강창성, 1991: 364).

하지만 박 대통령은 강창성이 하나회를 수사할 때 자신이 하나회에 관여된 것을 내색하지 않았다.

하나회 회원들은 수경사, 보안사, 특전사, 경호실, 중앙정보부 등 권력기관에 배치됐다. 이들을 배후에서 지원 관리하던 인물이 박종규와 윤필용이었다.

박종규와 하나회의 인연은 1963년 12월 박정희 최고회의 의장이 민정참여냐 원대복귀냐를 놓고 논란이 뜨겁던 시기로 거슬러 올라간다. 당시 전두환, 노태우, 손영길 등 11기 5명은 민정참여를 권유하기 위해 박정희 의장을 찾아갔다.

이들을 맞은 박정희는 흡족한 표정으로 '앞으로 일을 하려면 정규 육사 출신들이 똘똘 뭉쳐 나를 도와주어야겠어'라며 옆에 있던 박종규 경호실장에게 '박 실장, 앞으로 이 친구들 일하는데 적극 도와 줘' 하고 지시했다(김진, 1992: 57).

윤필용은 하나회와 인연을 맺게 된 배경을 이렇게 밝혔다.

내가 준장으로 방첩부대장을 맡은 65년께 전 중령 등이 하나회라는 모임에 대해 얘기하더군요. 당시 11기 젊은 장교들은 박 대통령을 '태양'이란 암호로 부르고 있었어요. 그들은 '태양을 위하고 조국을 위하는 하나같은 마음'이란 뜻에서 하나회를 만들었다고 하더군요. 회장이 전 중령이었는데 하나회 멤버들은 '인도네시아의 수카르노 15년 정권을 지탱한 것도 군부 전체가 아니라 애국 청년 장교 50명이었다'며 엘리트 의식이 대단했어요. 나도 군에는 이 같은 핵심 조직이 있어야 한다고 믿어 지금의 플라자호텔 옆에 있던 중국집에서 저녁도 사면서 이들을 격려했죠. 박 대통령에게 보고했더니 '젊은 장교들이 씩씩한데 잘 키워줘'라고 하시더군요. 남자는 자기를 인정해주는 사람에게 마음을 바친다고 하잖아요. 저는 진심으로 그들을 좋아했고 그들도 나를 형님 대접해 주었죠(김진, 1992: 42-43).

하나회의 뿌리는 오성회

강창성은 하나회의 뿌리를 칠성회라고 했다. 1961년 말 칠성회가 조직됐다고 했다. 하지만 전두환에 따르면 칠성회 이전 오성회(五星會)가 만들어져 있었다. 육사에 처음 입학해서 대구에서 온 노태우와 김복동을 만나 친하게 지내게 됐다고 한다. 조금 뒤 최성택, 박병하 두 사람이 합류해서 오성회라는 이름을 붙였다고 한다. 모두 5성 장군의 꿈을 갖자는 의미였다. 곧 정호용, 권익현, 노정기 등이 새로 참여하면서 회원은 10명으로 늘어났다. 전두환은 오성회를 이렇게 회고했다.

이 모임에서는 내가 나이가 제일 많았기 때문에 자연히 리더 역할을 맡게 되었다. 처음 오성회라고 이름 붙인 이후 또 다른 명칭을 붙이지 않았지만 훗날 이 모임은 하나회의 모태가 됐다. 당시 동기생들 사이에는 우리 외에도 몇 개의 모임이 더 있었다. 서울, 호남, 이북 출신들이 각각 출신지별로 모여 만든 모임이 있었고 그밖에 특별한 그룹으로는 김석원 장군의 아들인 김영국 생도가 주도한 경기고 출신-럭비부 중심의 그룹, 반공청년단의 원로를 아버지로 둔 이효 생도를 중심으로 한 그룹 등이 있었던 것으로 기억된다(전두환, 2017: 110).

박정희 정부 시기 육사 졸업생 모임 중에는 '북극성회'도 있었다. 1960년에 육사 11기(서우인), 12기(박세직), 13기(유승국) 동기회장들이 모여 가칭 북극성 운영위원회를 결성하고 이듬해인 1961년 4월 30일 창설했다. 노태우 전 대통령은 1963년 4월부터 1년간 제3대 회장을 지냈다. 김복동은 제4대, 전두환은 6·8대 회장을 맡았다. 이 단체는 1972년 8월 군 방침에 따라 다른 조직들과 함께 해체됐다.

하나회 회원 중에는 영남 출신이 많았다. 그 이유에 대해 노태우는 이렇게 설명했다.

6·25 전쟁을 통해 군에 들어온 장교 가운데 가장 많은 비중을 차지하는 사람들이 경상도 출신이었다. 거의 절반을 넘을 정도였다… 이런 변화는 정규 육사 출신 장교들에게도 영향을 미쳤다. 정규 육사

출신들 역시 경상도가 압도적으로 많았다. 군의 주요 보직에도 경상도 출신 장교들이 다른 지역 출신들보다 많아지기 시작했다(노태우, 2011: 126).

1979년 10·26 사건 당시 육군참모총장이었던 정승화도 1970년대 군 장성 중에 영남 출신이 많았던 이유를 6·25 전쟁 직후 영남 출신이 군에 많이 입대한 데서 찾았다.

당시 군내에서는 경상도 출신이 아니면 진급이나 보직에서 불리하다고 생각하는 불만들이 비경상도 출신 장교들 사이에 널리 퍼져 있었다. 이와 같은 불만은 전라도 출신 장교들 사이에 특히 심했다. 내가 중앙 진급 심사위원으로 참가했을 때의 경험에 의하면 진급 심사용 개인인사 기록서류에 출신도별 표시를 일부러 제거하고 심사한 경우도 있었다. 어떻게 된 것인지 진급 숫자의 1.5배수로 인선을 마친 다음 그 사람들의 출신도를 조사해보면 호남 출신이 아주 적은 경우가 많았다. 특히 준장 진급 때 그러하였다. 대부분이 6·25 전란 중 또는 그 직후에 군에 입대한 이들 자원은 자원 자체의 비율이 경상도가 절대 다수로 진급 대상의 60%, 경우에 따라서는 70%에 가까울 때도 있었다. 일반인들은 진급 대상 자원의 비율은 모르고 전체 인구 비율만 생각하고 있기 때문에 경상도 장교가 너무 많다고 생각하는 것 같았다(정승화, 1987: 80)

정승화(경북 김천 출신)는 10·26 사건 직후 계엄사령관에 임명되자 자신이 데리고 있던 이희성 육참차장을 중앙정보부장 서리로 내보내고 그 자리에 호남 출신인 윤성민 군단장(전남 무안)을 앉혔다. 훗날 정승화는 호남출신을 육참차장에 발탁한 배경에 대해, 참모차장의 직책으로 보아 선임 중장 중에서 인선해야 하는데 선임 중에는 경상도 출신과 강원도 출신밖에 없었고, 그렇게 인선할 경우 다시 지역편중 논란에 휩싸일 것을 우려, 중장 서열은 낮지만 호남 출신인 윤성민을 육참차장에 앉혔다고 밝혔다(정승화, 1987: 81).

박종규의 전두환-노태우 비호

윤필용-이후락 커넥션에 대한 수사가 윤필용이 지원해온 하나회원에 집중됐다면 하나회의 리더인 전두환과 그의 친한 친구 노태우도 구속되거나 옷을 벗는 게 불가피했을 것이다.

그런데 두 사람은 아무런 법적 제재나 징계를 받지 않았다. 오히려 노태우는 그해 연말 준장으로 진급까지 했다. 노태우는 이같은 특혜를 박정희 전 대통령의 배려로 생각했다(노태우, 2011: 182).

두 사람이 구제된 데는 박종규의 역할도 컸다. 박종규는 강창성에게로 수사권이 넘어가고 나서 시종 전두환-노태우는 아무런 관계가 없다는 점을 강조하며 제재에서 빼줄 것을 부탁했다.

강창성은 그때 박종규의 역할을 구체적으로 이렇게 증언했다.

> 1차 수사를 끝내고 박 대통령의 최종결심을 받기 위해 차트에 하나
> 회 조직표를 그려 대통령에게 가지고 갔지요… 박종규 실장과 김정
> 렴 비서실장도 배석한 자리였어요. 박 대통령은 노기를 띠고 한 사
> 람 한 사람 이름 위에 직접 O, ✕를 하면서 '전두환이든지 노태우든
> 지 윤필용이와 어울려 못된 짓 했으면 다 잡아넣어'라고 호통쳤어
> 요. 나는 '전 준장, 노 대령이 각하에게 불충한 말을 하거나 나쁜 짓
> 을 모의한 적은 없습니다. 여기에 박 실장이 있지만 손영길 준장과
> 권익현 대령은 윤 장군과 가까웠고 전 준장, 노 대령은 오히려 박 실
> 장과 가까운 사람들입니다'라고 했지요. 사실 수사과정에서 박 실장
> 은 나한테 수시로 전화를 걸어 '전, 노 두 사람은 관계없다'는 말을
> 자주 하곤 했어요(김진, 1992: 41-42).

윤필용과 함께 징역 15년을 선고받았던 손영길은 이 사건 관련
박정희 전 대통령과 동기생 전두환-노태우에 대해 서운한 감정을
숨기지 않았다. 자신이 희생당한 걸 박종규와 강창성의 권력 놀
음에 당한 것이라고 보았다.

감옥에서 나온 후 손영길은 전두환, 노태우를 찾아갔다. 그리
고 그들에게 서운한 감정을 쏟아냈다.

> 감옥에서 나온 후 전두환, 노태우 씨를 찾아갔습니다. 내가 물었죠.
> '내가 하나회나 육사의 명예를 더럽힌 일을 했느냐. 내가 박종규나

강창성이의 주장대로 쿠데타 모의를 한 적이 있느냐. 있으면 너희들
이 직접 내 가슴에 칼을 꽂아라'라고요. 묵묵부답, 아무 이야기도 않
더군요. 그래서 내가 '국가도 하나 우정도 하나라고 했던 하나회 의
리는 어디 갔느냐. 내가 억울하게 당하고 있다는 걸 알았으면 직접
박 대통령한테 찾아가 영길이는 죄가 없습니다.라고 했어야 옳지 않
느냐. 나는 지금부터 너희들을 친구로 생각하지 않겠다' 하고 돌아섰
어요. 그분들이 대통령이 된 후 청와대에 두세 번 저녁을 먹은 적도
있고 사업관계로 전 대통령의 도움을 받은 적도 있지만 내 마음은
우리가 젊었을 때 같지 않아요(김진, 1992: 53-54).

윤필용은 2년간 감옥생활을 한 후 1975년 2월 형집행정지로 풀
려났다. 하지만 박 대통령의 미움은 풀리지 않았다. 윤필용은 출
옥 후 박 대통령에게 붓글씨로 편지를 써 올렸다. "제가 불충하고
불민해서 각하 심기를 괴롭히고 세상을 소란케 한 죄가 너무 큽
니다."라고 전제하며 박정희의 마음을 돌려보려고 노력했다.
하지만 박 대통령은 10·26 사건으로 운명할 때까지 윤필용에게
답장을 주지 않았다고 한다. 그만큼 윤필용에 대한 괘씸한 마음
이 컸다는 것이다.

이종찬의 이후락 보복 우려

강창성 보안사령관이 윤필용-이후락 커넥션을 수사할 때 그를 가까이서 지켜본 측근이 있었다. 이종찬 전 국가정보원장.

윤필용-이후락 커넥션 사건에 대한 수사가 한창 진행 중일 때는 이후락 중앙정보부장 체제의 제3인자인 김동근 보안차장보의 보좌관으로 일하고 있었다. 1971년 4월 대통령 선거가 끝나고 그해 9월 23일 강창성 보안차장보가 육군 보안사령관으로 전출하자 그 자리를 김동근 보안수사국장이 물려받았다.

이종찬은 1971년 4월의 대선을 앞두고 중앙정보부 차장보로 발탁된 강창성이 보좌관으로 선발하면서 강창성과 인연이 깊어졌다. 당시 군부와 관료가 영남 출신 대 비영남 출신으로 분열되어있을 때 경기 포천 출신의 강창성은 비영남을 대표하는 리더였다. 중국에서 독립운동가의 아들로 태어나 해방이 되자 귀국한 후 서울에서 자란 이종찬 역시 영남인맥과는 거리가 있었다.

강창성은 1965년 중앙정보부 산하기관인 중앙정보학교장으로 부임해서 중앙정보부의 전통을 잇는 정보맨들을 양성하기 위해 정규과정 제도를 만들었는데, 이종찬은 그 정규과정의 제1기를 졸업했고, 육군사관학교 기수로 보자면 육사 8기인 강창성보다 8년 후배인 육사 16기라는 군대 인연도 있었다.

박 대통령은 1971년 4월 대선을 앞두고 지략이 뛰어난 강창성을 중앙정보부의 제3인자인 차장보로 발탁했다. 중앙정보부를 이끌기에 조금 능력이 뒤처진 김계원 부장의 빈자리를 메꾸어 보려는 인사였다.

차장보에 보임된 강창성은 산하에 행정관을 두고 네 개의 보좌관 자리를 만들어 자신을 보좌하도록 했다. 이때 이종찬은 경제 담당 보좌관으로 뽑히고 경기고 3년 후배이자 정규과정 1기 동기였던 정량은 정치 담당 보좌관에 보임됐다. 정량은 서울대 정치학과를 졸업한 직원으로 강창성은 그에게 많은 기대를 걸고 선거 전략과 대책을 맡겼다.

그러나 김계원 부장이 계속 실책을 연발하자 1970년 12월 22일 3선 개헌 후 청와대 비서실장에서 물러나 주일 대사로 나가 있던 이후락을 중앙정보부장에 임명했다. 강창성은 부장 교체에도 불구 유임됐다.

중앙정보부장에 취임한 이후락은 중앙정보부 지휘부를 개편했다. 부장 밑에 한 명의 차장을 두고 차장 밑에 보안차장보, 정보차장보, 운영차장보 등 세 명의 차장보를 두는 구조였다. 차장에는 김치열, 국내 담당인 보안차장보에는 강창성, 해외와 대북 담당인 정보차장보에는 이철희, 행정업무를 담당하는 운영차장보 겸 기획조정실장에는 이상열이 임명됐다. 병참감이었던 이상열은 울산 출신으로 이후락의 심복이었다.

강창성의 보좌관이었던 이종찬은 1971년의 대선을 앞두고 이후락 중앙정보부장이 간사를 맡아 실무를 주도하는 범정부 차원의 중앙대책위원회가 조직되고 그 산하에 실무대책위원회가 편성되어 강창성 보안차장보가 중심 역할을 할 때 늘 강창성을 수행해서 그 회의에 참석했다. 그만큼 두 사람의 관계가 깊었다.

윤필용-이후락 커넥션에 대한 수사가 한창일 때 이종찬의 경기고 동기였던 김우중 대우그룹 창업자가 윤필용 후원자로 지목되어 보안사에 연행되자, 이종찬이 강창성 사령관을 찾아가 김우중과의 동기 관계를 설명하며 김우중의 석방을 부탁, 김우중이 풀려나기도 했다.

이종찬은 강창성의 후임으로 보임된 김동근 보안차장보 밑에서도 계속 보좌관으로 일하고 있었다. 그런데 윤필용 수사가 마무리되면서 김동근 차장보가 해임되어 영국 공사로 나가게 됐다. 영국 공사 역시 중앙정보부 직원 신분이었지만 해외에 있었으므로 국내에서 전개되는 권력투쟁을 피할 수 있는 자리였다. 강창성과 가까운 인물을 내치려는 이후락 부장의 의중이 담긴 인사였다. 김동근은 강창성, 윤필용 등과 육사 8기 동기였다.

김동근은 영국으로 떠나면서 이종찬에게도 함께 갈 것을 권했다. 이후락 부장의 중정 내 강창성 계열 인맥 제거를 감당하기 어려울 것으로 본 이종찬은 김동근과 함께 영국으로 떠나기로 결심했다. 김동근과 이종찬은 1973년 6월 영국으로 떠났다.

이종찬은 영국으로 떠나기 전 출국 인사 겸 강창성을 찾아갔다. 그 자리에서 이종찬은 강창성을 아끼는 마음에 이후락을 계속 궁지로 몰아넣으면 역으로 이후락으로부터 역공을 받을 수 있다고 어려운 이야기를 꺼냈다. "이후락 부장까지 연관이 있다면서 조사하려고 달려들면 틀림없이 윤필용, 이후락 양쪽으로부터 반격을 받을 것 같아서 불안하다"고 말했다.

하지만 강창성은 이 말에 "무슨 소리야? 이후락은 배신자야, 반역자라고!"라고 불같이 화를 냈다. 강창성의 질책에 당황한 이종찬은 더 말을 잇지 못하고 방을 나왔다. 그런데 잠시 후 강창성이 이종찬을 다시 찾았다.

이종찬을 다시 부른 강창성은 화를 내서 미안하다며 이후락이 반격한다면 어떤 식으로 할 것 같으냐고 넌지시 물었다. 그에 대해 이종찬은 이렇게 말했다고 한다.

> 제가 무슨 정보가 있는 것은 아닙니다. 그러나 이후락, 윤필용 두 사람 모두 그간 쌓아온 인맥이 곳곳에 복병으로 숨어 있습니다. 무슨 음모를 꾸밀지 모르겠습니다. 하여간 이번 일로 공격받지 않도록 자중자애하시면 좋겠습니다(이종찬, 2015: 303).

보안사 친구 덕에 살아난 하나회원들

서슬 퍼런 하나회 수사에서 운 좋게 살아난 사람들이 있었다. 전두환 정부 시절 득세했던 정호용과 박세직, 박준병 세 사람이다. 전두환 정부 시절 정호용은 육군참모총장, 국방부 장관 등을, 박세직은 체육부장관, 국가안전기획부장 등을, 박준병은 국군보안사령관, 민정당 사무총장 등을 지냈다.

세 명 모두 하나회 회원이었고 대통령의 숙청 명단에 들어 있었으나 보안사 간부였던 친구들의 도움으로 구제됐다.

강창성 보안사령관이 수사 결과의 처리 방향에 대해 대통령 결심을 받기 위해 청와대를 방문한 날짜는 1973년 3월 24일. 박정희 대통령은 보안사에서 작성한 보고서를 한 장 한 장 체크하면서 직접 볼펜으로 10명은 군법회의 회부, 34명은 예편, 24명은 인사이동 그리고 160명은 감시 및 지도 등으로 분류해서 결재했다. 정호용, 박세직, 박준병 세 사람은 예편 대상에 들어갔다.

결재를 받고 보안사로 돌아온 강창성은 참모회의를 열어 대통령 결재를 받은 사실을 전하며 사건처리 방향에 대해 의견이 있으면 말해도 좋다는 뜻을 밝혔다. 고급 장교들의 명운이 걸린 만큼 사건을 신중하게 처리하려는 복안이었다.

그때 육사 11기 출신으로 정호용과 동기였던 비서실장 박영선 대령이 어렵게 입을 열었다. 정호용 대령이 가식이 없고 정직한 사람으로 하나회 소속이지만 적극적으로 파벌을 조성한 사실이 없으므로 다시 대통령에게 잘 말씀드려 군복만 벗지 않게 해달라고 간청했다.

이어 육사 12기 출신의 정상문 연구실장은 박세직, 박준병 두 사람을 구제해달라고 호소했다. 두 사람이 하나회에 가입한 것은 사실이나 주도세력이 아니고 두 사람이 12기생의 대표 주자들인데 두 사람을 한꺼번에 예편시키면 동기생들의 사기가 떨어진다는 명분이었다.

두 사람으로부터 구명 요청을 받은 강창성은 대통령의 결재를 번복시켜야 하는 무척 곤혹스러운 입장이었으나 두 사람의 건의가 일리가 있다고 보고 다음 날 다시 대통령을 찾아갔다.

강창성은 먼저 하루 만에 번복하게 되어 죄송스럽다고 양해를 구하고 전날 참모회의에서 건의받은 내용을 보고했다.

그에 대해 대통령은 "그 같은 번복조치에 자신이 있느냐"며 보안사령관의 입장을 재확인한 다음 "강 장군은 세 사람 모두를 잘 아느냐"고 물었다. 보안사령관이 정실에 얽혀 사건의 공정성을 해치지는 않을까 하는 우려였다.

대통령의 하문에 강창성은 1960년대 초 육군본부에서 보병과장으로 일할 때 옆방의 박준병 대령과는 안면이 있지만, 다른 두 사람은 한 번도 직접 만난 기억이 없는 장교라고 해명했다.

그러자 대통령의 눈빛이 부드러워지며 "임자 마음대로 해!" 하고 보고서를 보고 예편대상에 올라 있는 세 사람의 이름을 찾아내 사인펜으로 줄을 주욱 긋고는 '生'이라고 표기한 뒤 '熙'라고 사인했다(강창성, 1991: 377).

이렇게 해서 정호용, 박세직, 박준병은 강제예편을 모면하고 전두환이 집권하자 실세로 부상했다.

박정희의 하나회 감싸기

강창성 보안사령관이 박 대통령으로부터 지시받을 때의 수사과제는 윤필용-이후락 커넥션을 파헤치는 것이었다. 수사를 마무리하는 과정에서 이후락을 사법 제재에서 제외시키고 윤필용을 추종하는 하나회 회원들을 법적으로 제재하는 것으로 일단락됐다.

그런데 강창성은 여기서 더 나아가 하나회 회원 전체를 숙청하는 작업을 추진하게 된다. 박정희의 의중과는 다른 방향이었다.

강창성은 전두환과 노태우까지 포함된 2차 조사대상자 22명의 명단을 작성해서 대통령에게 보고했다. 대통령은 아무런 지침도 없이 그냥 명단을 두고 가라고 했다. 그로부터 이틀 뒤 강창성은 박 대통령으로부터 태릉골프장에서 박종규 경호실장, 최우근 육사교장 등과 함께 골프를 치자는 연락을 받았다.

운동 도중 박 대통령과 둘만이 있는 자리가 생기자 박 대통령이 강창성에게 "서종철, 진종채가 와서 강 장군을 보안사령관으로 놔두면 경상도 장교들 씨를 말리겠다고 해"라고 했다. 보안사령관에서 해임하겠다는 뜻이었다. 강창성이 운동을 마치고 돌아와 보니 이미 3관구 사령관으로 발령이 나 있었다. 1973년 8월 14일이었다. 보안사령관을 지낸 사람이 가기에는 적합하지 않은 좌천이었다.

강창성은 자기를 보안사령관에서 밀어내는 데 앞장선 사람을 이후락으로 봤다. 윤필용 사건으로 대통령의 신임을 잃고 궁지에 몰린 이후락 부장이 진종채 수경사령관을 시켜 자신의 경질을 건의한 것으로 확인했다.

진종채 사령관은 박 대통령의 대구사범 4년 후배로 대통령의 신임을 받는 인물이었다. 강창성 후임인 김종환(1973.8.14~1975.2.26.)에 이어 제19대 육군보안사령관(1975.2.28~1979.3.5.)을 역임했다. 진종채 사령관은 육군보안사령관으로 재임할 때인 1977년 9월 26일 육·해·공군의 보안부대를 통합해서 국군보안사령부를 창설했다. 결과적으로 마지막 육군보안사령관이자 초대 국군보안사령관이라는 기록을 세웠다. 진종채 사령관의 후임이 전두환 국군보안사령관(1979.3.5~1980.8.21.)이다.

강창성은 육군 보안사령관에서 해임된 직후 자신의 경질을 건의한 보고서 사본을 입수할 수 있었다. 김시진 민정수석이 박 대통령에게 올린 것이었는데 보고서 사본을 구해준 보안사 간부는 이후락 부장이 작성한 것이 확실하다는 언질을 주었다고 한다.

보고서의 요지는 "윤필용 장군이 제거되고, 이후락은 이제 힘을 잃었다. 대통령의 권위에 대항하는 세력을 모두 제거한 강창성에게 힘은 쏠리게 되어 있다. 대통령 바로 밑에서 무력을 가진 사람은 강 장군뿐이다. 강 장군은 야심이 큰 사람이다"는 내용이었다 (《월간조선》, 1993년 9월호).

강창성 해임의 직접적 명분은 휘발유 유용 혐의였다. 보안사는 1960년대 중반부터 매년 군용 휘발유 2백여 드럼을 중앙정보부에 팔아 정보비로 사용했다. 그런데 강창성 사령관이 부임 후 이를 중단시켰다.

닉슨 독트린에 따라 미국의 군사원조가 줄어드는 추세에서 일정 기간 비축해두었다가 팔아서 정보비로 사용한다는 계획이었다. 보안사 내부에 유류저장 시설이 없어 150드럼을 홍릉의 민간 유류탱크에 보관했다. 중앙정보부와 헌병대는 이러한 과정이 휘발유를 유용하려는 혐의가 있다고 보고 보안사 참모장, 군수참모, 군수과장 등을 구속시켰다.

강창성은 이후락의 반격으로 보안사령관에서 밀려났으나 이후락의 역량과 지략을 높게 평가했다. 윤필용 사건으로부터 20여 년이 지난 1993년 월간조선 김연광 기자와의 인터뷰에서 그는 이후락을 이렇게 평가했다.

> 빼어난 인물입니다. 돈 문제를 깨끗이 하지 못한 게 결정적인 흠이 됐습니다. 그는 예리한 판단력으로 상황을 분석한 뒤 기민하게 대응하는 능력이 탁월했습니다. 박 대통령의 마음을 읽었던 유일한 사람일 겁니다. 1971년에 위수령 선포를 검토할 땝니다. 대통령 앞에서 의견이 분분했습니다. '도저히 안 된다고 판단될 때까지 기다리자'는 의견이 많았습니다. 이때 이후락 비서실장이 나섰습니다. '위수령과 계엄령은 우리에게 힘이 남아있을 때 해야 한다. 도저히 안 될 지경에 이르러서 군을 내보내면 실효를 거둘 수 없다'고 의견을 제시했습니다. 박 대통령은 잠시 생각하더니 곧 '오늘 선포해'라고 결론을 짓더군요. 박 대통령이 한때 나에게 '임자 지모는 제갈공명하고 비슷한 것 같애'라고 칭찬하신 적이 있습니다. 이 부장과 팀을 이뤄 71년 대선을 치러봤지만, 그분이 A급이라면 저는 C급 정도입니다(《월간조선》, 1993년 9월호).

박정희 정부는 한일협정 체결에 반대하는 대학가 시위가 확산되자 1965년 8월 26일 위수령을 발동해 진정시켰다. 그리고 1971년 4월 27일 박정희-김대중 후보가 경합한 제7대 대통령 선거가 끝난 후 김대중 후보가 선거 때 공약했던 대학 교련제도 폐지에 동조하는 대학가 시위가 확산되자 1971년 10월 15일 서울

지역에 위수령을 발동해 제압한 바 있다.

위수령은 경찰력으로 제압하기 어려운 집단시위가 발생할 경우 군사력을 동원해서 사회질서를 회복하는 제도였다. 계엄령이 선포될 경우 관할 지역의 모든 행정·사법업무가 계엄사령관에게 귀속되나 위수령은 해당 지역의 행정·사법 시스템은 그대로 유지되면서 군사력만 치안유지에 동원된다.

계엄령은 대통령이 선포권을 가지고 있으나 위수령은 서울시장, 부산시장 또는 도지사의 요청에 따라 병력을 출동하도록 규정하고 있었다. 계엄령은 국회동의가 필수적이나 위수령은 국회동의를 요하지 않는다. 위수령은 6·25 전쟁 직전인 1950년 3월 대통령령으로 제정되어 68년간 유지되다 문재인 정부 시절인 2018년 9월 11일 폐지됐다.

권력 종말의 서막

강창성 보안사령관에게 이후락의 반격을 조심하라고 건의하고 영국으로 떠났던 이종찬. 그는 훗날 이후락으로부터 그가 영국으로 떠나기 직전 벌어졌던 보복계획의 일부를 들을 수 있었다.

영국 근무 중 부친의 사망으로 잠시 귀국했다가 귀임하는 길에 이종찬은 이후락을 만나 홍콩에서 이틀 함께 지내며 많은 얘기를 나눌 수 있었다. 이후락은 1973년 12월 3일 중정부장을 막 그만두고 도피성 해외여행에 나서고 있었다.

이후락은 이종찬이 김동근 차장보와 함께 영국으로 떠나기 직전 이종찬을 체포하려는 계획이 있었다고 털어놨다. 강창성 심복인 이종찬을 조사하면 강창성의 약점을 잡을 수 있다며 중정 수사국장이 이종찬을 체포해서 조사하자는 건의를 올렸다고 한다. 하지만 이후락은 "공연히 이런 싸움 틈에 젊은 일꾼 하나 잃으면 안 된다."고 난색을 보이자 당시 중정 차장이었던 김치열도 동의했다고 한다(이종찬, 2015: 266-267).

윤필용-이후락 커넥션 사건 때 국무총리는 김종필. 박정희와 함께 5·16을 주도한 명실상부한 박정희 정부의 2인자. 그는 윤필용 사건을 어떻게 보았을까? 그는 이 사건을 권력 종말의 시작이라고 보았다.

김종필은 박 대통령이 권력 유지를 위해 멀리해야 할 사람, 가까이 두어야 할 사람을 구분하지 못했다고 비판했다. 이후락, 윤필용, 하나회처럼 경계해야 할 대상은 키워놓고 자신을 경계했기 때문에 비참한 최후를 맞았다는 것이다.

김종필에 의하면 윤필용 사건이 진행 중일 때 박 대통령은 김종필 총리에게 이 사건에 대해 직접 얘기한 적이 한 번도 없었다고 한다. 부하가 자신을 물러나게 하려는 마음을 품고 있었다는 사실을 대통령의 자존심 때문에 숨겼던 것으로 김종필은 분석했다.

그리고 박 대통령은 윤필용 사건 이후 국무총리인 김종필이 군에 접근하는 걸 극도로 싫어했다. 김종필이 군에 개입해서 권력의 틈이 생길까 걱정하고 있었던 것이다. 이를 눈치챈 김종필은 박 대통령 재임 당시 군대, 청와대, 사법부 세 군데에 대해서는 접근하지 않았다고 한다.

윤필용은 5·16에 가담하지 않았다. 이러한 이유로 해서 김종필은 육사 8기 동기였지만 윤필용에 관심을 두지 않았다. 박 대통령 시절 윤필용과 대화한 기억이 없다고 한다. 5·16 직후 윤필용이 국가재건최고회의 의장 비서실장을 지내고 있을 때도 김종필은 윤필용을 거치지 않고 직접 박 의장 방을 출입했다.

김 총리는 윤필용 사건이 일어나기 전에는 군대가 바로 서야 나라도 제대로 설 수 있다는 생각에 수시로 군부대를 찾아가 위로하고 격려했다. 하지만 윤필용 사건 후에는 박 대통령을 의식, 군에 대해 일체 개입하지 않았다. 김종필은 훗날 그때 자신의 처신에 대해 이렇게 남겼다.

> 윤필용 사건 뒤 박 대통령의 태도가 달라졌다. 한번은 내게 "군에 가서 너무 그러지는 마"라며, 걱정인지 충고인지 분간하지 못할 애매한 말씀을 하기도 했다. 내가 친분이 있는 군인들과 만나는 것에 대해 견제하는 기색이 역력했다. 내가 엉뚱한 생각을 품고 군대를 손질하고 있는 게 아닌가 하고 경계했다. 내가 군에 끼어들어서 치고 나갈 가능성이 있다고 본 것이다. 나는 '아, 대통령이 내가 군과 가까이 지내는 걸 싫어하시는구나'라고 느끼고 1973년 윤필용 사건 이후로 군에서 일절 손을 끊고 담을 쌓았다. 1975년 말 총리를 그만둔 뒤엔 더 말할 나위 없이 군부와 거리를 두었다. 훗날 권력을 잡게 되는 전두환의 신군부와도 일절 교류가 없었다(김종필, 2016: 414).

보복 대 보복의 악순환

전두환은 강창성 보안사령관이 사임함으로써 강창성의 감시망에서 벗어났다. 이어 1979년 3월 국군보안사령관에 오른 전두환은 1979년 10월 26일 박 대통령 시해 사건이 일어나자 계엄사령부 합동수사본부장을 겸임했다.

10·26 사건 수사를 통해 전두환은 새롭게 떠오르는 군부의 지도자로 주목받기 시작한다. 그리고 1979년 12월 12일 정승화 계엄사령관을 10·26 사건에 연루된 혐의로 체포해 군 정식 지휘계통을 전복시킴으로써 신군부 집권의 길을 개척해 나갔다.

구군부를 몰아냄으로써 명실상부한 군부의 실세로 부상한 전두환 사령관은 강창성을 불러 자신의 집권에 대한 강창성의 속내를 탐문했다.

강창성의 기록에 따르면 1980년 3월 초 전두환은 강창성을 보안사령관실로 불러 "3김 저것들이 설치고 있는데, 저 사람들 가지고는 어디 되겠습니까? 김종필이는 흠이 많고 경솔하며, 김영삼이는 아직 어려서 능력이 부족한 것 같고, 김대중이는 사상을 도무지 믿을 수가 있어야지요."라며 3김 불가론을 폈다.

하지만 강창성은 "그래도 좀 시간을 두고 시국을 수습하면서 시류에 따라 3김씨, 또는 그 밖의 다른 사람일지라도 이번만은 국민들이 자유롭게 직접 뽑은 문민정치인에게 정부를 이양하는 편이 가장 현명한 길인 줄 아오."라며 반대 의사를 보였다.

그러자 전두환은 "그러나 선배님, 많은 사람들이 저에게 군이 당분간 정권을 맡아 주어야겠다고 졸라댑니다. 심지어 지도급에 있는 몇몇 야당 정치인까지 저를 찾아와 제가 직접 대권을 맡아야 한다고 주장하고 있습니다. 박종규 전 경호실장도 저를 찾아와 '만약에 전 장군이 아닌 사람이 정권을 잡겠다고 섣불리 나서기만 하면, 당장 쥐도 새도 모르게 없애버리겠다.'고 통보하면서 저를 적극 지지하겠다는 것입니다."고 했다.

그럼에도 강창성은 "군은 이제 정치적 중립을 지켜야 하며, 박 대통령이 경제발전 등 국가를 부흥시키는데 많은 성과를 올렸지만, 정치적으로는 실패하여 본인은 물론 영부인까지 총격을 받아 숨졌는데, 전 장군이 군인으로서 정권을 잡는다면 그 이상 가는 실패나 불행을 당하지 않는다고 누가 보장할 수 있겠느냐"고 직언했다.

하지만 전두환은 "최규하 대통령은 참 멍청한 인물입니다. 그런 그에게 정권을 맡겨 둘 수는 없는 일이오. 그러니만큼 그 사람은 그대로 놔두고, 일본의 쇼군(將軍)처럼 군부가 실권을 장악한 뒤에 정국을 주도해 가는 것이 어떻겠습니까?"라며 집권 의지를 굽히지 않았다. 더 이상 대화가 어렵다고 본 강창성은 말을 꺼내지 않았다.

그러자 둘 사이에 잠시 어색한 침묵이 흘렀다. 이윽고 전 사령관이 불쾌한 표정을 지으며 인터폰으로 허화평 비서실장에게 "거 누구 면회 온 사람 없나" 하고 물었다. 불편해진 강창성이 자리에서 일어났다. 그러나 전두환은 말리지도 않고 격앙된 시선으로 강창성을 노려봤다(강창성, 1991: 12-13). 보안사령관실 문 앞에 도착했을 때 몇몇 참모들과 함께 반갑게 맞으면서 가벼운 포옹까지 했던 태도와는 딴판이었다.

그로부터 2~3일 후 보안사 요원들이 강창성을 미행하기 시작했고, 공직생활 중 일어난 일들을 광범위하게 내사했다. 결국 강창성은 1980년 7월 21일 합동수사본부에 구속되어 외환관리법 및 특정범죄가중처벌법 위반 혐의로 4년의 징역형을 선고받았다. 삼청교육대에 끌려가 젊은이들 사이에 끼여 목봉을 메고 씨름하기도 했다.

1982년 12월 23일 가석방으로 풀려난 강창성은 1984년 일본으로 건너가 일본 군벌사를 연구하다 3년 후 귀국했다.

전두환 대통령이 임기를 마치고 물러나자 두 사람의 관계는 다시 역전됐다. 강창성은 김영삼 정부 출범 초기인 1993년 6월 4일 당시 야당인 민주당에서 구성한 「12·12 진상조사위원회」의 간사를 맡았다. 박정희 정부 시절 보안사령관에서 해임됨으로써 불발됐던 하나회 조사를 국회 차원에서 조사하는 것도 조사과제 중 하나였다.

이른바 역사를 바로 세우겠다는 김영삼 대통령의 의지와 12·12 및 5·18을 조사해 전두환과 노태우를 법정에 세우겠다는 민주당, 그리고 강창성의 이해관계가 맞아떨어져 전두환·노태우 두 전직 대통령은 군사반란 및 내란죄로 1996년 1월 23일 기소되어 1997년 4월 대법원에서 전두환은 무기징역에 추징금 2,205억 원, 노태우는 징역 17년에 추징금 2,628억 9,600만 원을 선고받았다.

강창성 주도로 국회 차원의 하나회 조사가 시작될 즈음 국방부를 출입하던 어느 원로 기자는 아래와 같은 평을 남겼다.

강 의원이 하나회 제거에 앞장서고 있는 것을 보면 이조 시대의 사
화(士禍)를 보는 느낌이다. 역적으로 몰렸던 당파가 정권을 장악하면
다시 복권되고, 반정(反正)이 거듭되는 모양과 같다. 하나회 제거가
시대의 요청이라고 하더라도 대표적인 정치군인인 강 의원이 전면
에 나서서는 안 된다. 하나회 출신이 아닌 예비역 장성들도 강 의원
이 군의 위상을 떨어뜨렸다고 욕하고 있다(《월간조선》, 1993년 9월호).

역사가 전두환을 소환

신군부 집권 과정에서 전두환의 정적이 된 강창성은 12·12 및
5·18을 모두 집권을 위한 계획된 시나리오라고 주장했다. 그가
예로든 1980년 3월의 전두환 보안사령관 단독 면담 내용도 그가
제시한 증거 중 하나였다. 강창성 계열 인물들의 주장은 훗날
12·12 및 5·18 재판과정에서 전두환과 노태우를 군사반란 및 내
란죄로 처벌하는데 중요한 증거로 작용했다.

하지만 전두환과 함께 신군부 집권을 주도한 노태우는 자신들
의 집권이 역사적 산물이라고 주장했다. 계획적인 집권이 아니라
시대 상황에 떠밀려 수동적으로 집권하게 되었다는 것이다. 노태
우는 최규하 대통령의 사임도 신군부에 의해 강요된 사임이 아니

라 자진사퇴라는 입장을 보였다. 법정에서나 회고록에서나 일관되게 자진사퇴라는 입장을 고수했다.

노태우도 당시 최규하 대통령의 리더십에 부정적 시각을 가지고 있었다. 1980년 정치사회적 혼란기에 최규하 대통령이 시국을 관리할 결단력이 부족했다고 비판했다. 외교관 출신의 최대통령이 결단을 요하는 일이 산적한데도 중요한 결단을 미루는 바람에 사회혼란을 키워갔다고 비난했다.

노태우는 최규하의 우유부단함이 오랫동안의 외교관 생활에서 생겨난 것으로 봤다. 본국의 훈령을 효과적으로 수행하는 것이 기본임무인 외교관은 중요한 결단을 내려야 할 일이 거의 없었기 때문에 그러한 업무방식이 몸에 밴 것으로 해석했다.

최규하 대통령은 1980년 8월 16일 대통령직을 사임했다. 그 당시 대통령의 사임에 대해 훗날 법정에서 신군부의 강압 여부가 쟁점으로 대두됐다. 12·12 및 5·18 관련 검찰 수사 과정에서도 검찰은 신군부의 강압에 의한 사퇴 여부를 전두환에게 집중 추궁했다. 당사자인 최규하는 검찰 조사과정에서 묵비권으로 일관했다. 전두환과 노태우는 검찰조사에서 최 대통령이 자진 사퇴했다는 입장을 고수했다.

노태우는 훗날 발간한 회고록에서 최 대통령이 사퇴하는 과정을 자세히 밝혔다.

노태우 회고록에 따르면 전두환 보안사령관은 1980년 8월 초순 어느 날 저녁 노태우 수경사령관을 자신의 집으로 불렀다. 그날 저녁 전두환은 노태우에게 "최 대통령이 오늘 오후 불러서 가

뵈었는데… 자신이 아무리 생각해도 이 어려운 정국을 이끌기에는 역부족이어서 고민 끝에 물러나기로 했고, 이 난국을 타개할 사람은 전 장군밖에 없으니 국정을 맡아달라는 요지의 말씀을 하셨네."라는 말을 꺼냈다.

최 대통령의 권유에 전두환은 "그럴 능력도 없고, 생각도 없다."며 고사했으나 최 대통령이 자신도 신중히 생각해서 결론을 내렸다며 강권함에 따라 "각하, 재고해 주십시오" 하고는 대통령실에서 물러나오자마자 노태우에게 전화를 걸었다며 "이 일을 어찌하면 좋겠나?" 하고 자문을 구했다.

노태우는 그때 전두환에게 자문한 내용을 회고록에 이렇게 기록했다.

순간 나는 쇠망치로 얻어맞은 듯 머리가 멍했다. 역사라는 크나큰 실체가 눈앞에 다가오면서 두려움마저 일었다. 나는 생각을 가다듬어 말했다. "뜻을 거둬 주십시오' 하고 사절한 것은 잘한 일일세. 그런데 내 예감으로는 운명을 피할 수 없을 것 같네. 조용히 날을 잡아 군 원로들의 의견을 물어 결정하는 것이 좋을 듯싶네." 그는 내 의견을 따랐다. 며칠 후 저녁 무렵에 공군참모총장 공관에서 국방장관과 각 군 참모총장, 주요 사령관 등이 모였다. 주영복 국방장관이 먼저 본제(本題)를 꺼내 여러 장성들의 의견을 물었다. 잠시 무거운 침묵이 흘렀다. 그리고 의견들이 쏟아져 나왔다. 국가 위기를 극복하고 난국을 헤쳐 나가기 위해서는 "전 장군이 운명을 받아들여야 한다."는 의견이 지배적이었다. 이어 참석자 모두는 전 장군을 국가지도자로 추대하기로 결의했다. 전 장군은 울음을 터뜨렸다. 그는 "이 어려운 운명을 어떻게 감당할 수 있겠는가…"라면서 "능력이 부족하고 두렵다."는 이야기를 거듭했다. 함께 눈물을 흘리는 사람들도 많았다. 우리 모두는 생명을 바쳐 나라를 구하는 일에 전력을 다할 것을 다짐했다(노태우, 2011: 250-251).

최규하 대통령이 사임함에 따라 전두환 보안사령관은 1980년 8월 21일 사임한 다음 대장으로 예편, 그해 8월 27일 유신헌법에 따라 통일주체국민회의에서 제11대 대통령으로 선출됐다. 이어 전두환은 새롭게 제정된 5공 헌법에 따라 1981년 2월 25일 대통령 선거인단에 의한 간접선거 방식으로 제12대 대통령에 선출됐다.

그리고 노태우는 1980년 8월 22일 전두환의 후임으로 보안사령관에 취임한 데 이어 1987년 민주화 이후 새롭게 제정된 6공 헌법에 따라 국민 직선제 방식으로 1987년 12월 16일 제13대 대통령에 선출됐다.

8장
———

김대중 희생양 만들기의
실패

김대중과 조총련 내통 의혹

유신체제 구축이 완성되고 난 직후 윤필용-이후락 커넥션 사건으로 권력기관 간 역학관계가 요동을 치고 있던 시기, 해외에서는 박정희의 정적 김대중이 미국과 일본을 오가며 언론 인터뷰, 강연, 책자발간 등의 방법으로 유신체제에 저항하고 있었다.

1972년 10월 17일 유신이 선포될 당시 김대중은 아픈 다리를 치료하기 위해 일본에 가 있었다. 계엄령이 선포되고 측근 인물들이 보안사로 연행되자 김대중은 귀국 여부를 놓고 고심하다 망명의 길을 택했다.

1973년 7월에 이르면 김대중은 그때까지의 독자적인 유신체제 비판활동에서 한 걸음 더 나아가 해외 반정부세력을 조직화하는 단계로 들어간다.

1973년 7월 6일 미국 워싱턴에서 한국민주회복통일촉진국민회의(약칭 한민통) 발기인 대회를 가졌다. 이어 8월 15일 일본에서 한민통 일본본부 출범식을 가지기 위해 7월 10일 일본으로 이동했다.

박정희 정부로서는 긴장하지 않을 수 없었다. 해외로 도피한 김형욱도 이후락의 귀국 종용을 거부하며 김대중과 연계할 조짐을 보이고 있었다. 특히, 중앙정보부는 김대중이 북한의 대남공작 우회거점인 조총련과 내통할 것을 걱정하고 있었다. 그 당시 중앙정보부의 우려는 중앙정보부 내부 문건에 잘 나타나 있다.

노무현 정부 때인 2004년 11월 2일 국정원은 「국정원 과거 사건 진실규명을 통한 발전위원회」(국정원 과거사위)를 구성했다. 국정원과 관련해서 묻혀있던 진실을 밝혀내 새로운 미래를 창조한다는 취지였다.

당시 국정원의 과거 사건 조사 대상에는 김대중 납치 사건도 있었다. 국정원 보존자료 1만 2,833쪽, 다른 기관 보유자료 2,651쪽, 일반자료 4,638쪽 등 방대한 자료를 조사했다.

국정원 보존자료 가운데 1973년 7월 18일 일본에서 활동하던 중앙정보부 요원이 보고한 전문을 보면, 김대중이 7월 18일 11시 동경 시내 후꾸다야에서 조총련 부의장과 접촉하였다는 내용이 있다. 이 사실을 중앙정보부 요원에게 제보한 협조자는 '그 자리에서 조총련 부의장이 김대중에게 평양을 방문해주도록 종용하자 김대중이 즉석에서 수락하지는 않았으나 방문할 뜻을 비쳤다'고 했다(국정원과거사위, 2007: 465).

7월 21일 동경 주재 중앙정보부 요원이 일본 주재 미국대사관 협조자를 통해 탐문한 내용에는 '한민통의 조직이 커지면 망명정부로 발전할 수도 있다고 김대중이 말했다'는 첩보도 있다.

이러한 첩보들을 접한 중앙정보부 본부는 김대중과 북한과의 연결을 두려워했다. 그즈음 중앙정보부가 느끼고 있던 불안감에 대해 이후락은 1987년 10월 신동아 기자와의 인터뷰에서 이렇게 밝혔다.

김대중 씨가 한민통을 만들어가고 있을 때 모이는 사람들이 다 민주인사는 아니고 정말 위험스러운 인사들도 있었어요. 그 중의 어떤 사람들은 한민통에서 그칠 것이 아니라 망명정부를 세우자 하는 사람들도 있었습니다. 그 당시 LA나 일본에 보내지는 북한지령은 자꾸 그 조직에 적극 참여하라던지, 관심을 표명하라는 지령이 많이 가고 있었습니다. 그럴 때 나는 남북대화를 해오는 당사자로서 느끼기에 이렇게 가다가는 망명정부가 이루어지든 안 이루어지든 간에 그건 다음 문제로 치고, 자칫 잘못하면 김일성이가 남쪽의 박정희뿐 아니라 해외에 있는 민주인사까지 포함시켜서 3자 회담으로 나가자 하는 그런 가능성이 눈에 환히 보였습니다. 왜 그러냐 하면 내가 이북 놈들하고 대화할 때마다 통일에 대해서 딴 의견이 남쪽에 있지 않느냐 하는 이야기를 아주 밥 먹듯이 해요. 그것이 나에게는 큰 고충이고, 이러다가는 남북대화는 어렵다, 또 해외에서 무슨 조직이든 범세계적인 조직을 만들어서 반한활동, 반정부활동을 한다는 것은 대화를 위해서는 도움이 안 된다, 만에 하나라도 그런 일 없기를 바라지만 일부 인사가 주장하는 대로 망명정부가 이루어졌을 때는 이 나라 꼴이 어떻게 되겠느냐 하는 이러한 기우도 나에게는 사실상 없 지 않았어요. 그러한 점을 고려해서 결국은 윤리적으로 가슴 아픈 일이지만 이 사람을 본국으로 데려와야 되겠다 하는 그러한 생각이 참 많았습니다(신동아, 1987.10월호).

실제로 그 당시 김대중 주변에서 망명정부를 수립하자는 의견 이 있었다. 김대중 자신이 이 점을 인정했다. 그에 의하면 한국군 장성 출신 최석남 등이 그러한 주장을 했다고 한다. 하지만 김대 중은 망명 정부를 세울 경우 박정희 정권이 자신들을 공산당 앞 잡이로 선전할 것을 우려, 그러한 제안을 거절했다고 한다(김대중, 2010: 280-281). 김대중이 신군부에 의해 체포된 직후인 1980년 5 월 25일 작성한 피의자 진술서에는 그 경위가 이렇게 기록되어 있다.

1973년 7월 6일 워싱턴 소재 메이플라워 호텔 회의실에서 미국 한민 통 결성준비위원회가 열렸는데… 이 회의 석상에서 최석남 예비역 육 군 준장 등이 「망명정부의 수립」을 제안하고 준비위원장이 이를 검토 사항으로 채택하려 하자 본인은 이를 저지하고 『그러한 일이야말로 대한민국을 해치는 일이다. 지금은 일제시대가 아니다. 왜 망명정부 냐? 그리고 우리는 박 정권을 인정하지 않는 것이 아니라, 인정하면서 이를 민주 정부로 교체시키자는 것이다. 그러한 제안은 우리 운동의 원칙과 전적으로 배치되니 취소해 달라』해서 취소된 사실이 있음(김대

중 피의자 진술서, 1980.5.25.작성)

김대중의 한민통 해명

이후락 중앙정보부장이 걱정했던 한민통은 1979년 대법원에서 반국가단체로 판결을 받았다. 1980년 5월 신군부에 의해 한민통 조직 및 내란음모 사건으로 체포된 김대중에게 사형선고가 내려 졌을 때도 그 중요한 죄목이 한민통 조직이었다.

1980년 5월 25일 자로 작성된 김대중 진술서를 보면 '작년(79년) 초에 아내로부터 일본 한민통이 반국가단체로 대법원에서 판시 되었다는 말을 듣고 본인이 취해야 할 대책을 검토했다'는 구절이 나온다. 자신의 발목을 잡을 수 있는 중요한 판례라는 것을 예감 하고 있었던 것이다.

대법원은 1981년 판결문에서도 '한민통 일본본부는 정부를 참 칭하고 대한민국을 변란할 목적으로 불법 조직된 반국가단체인 북괴 및 재일 조선인총연합회(조총련)의 지령에 의거 구성되고 그 자금 지원을 받아 그 목적수행을 위하여 활동하는 반국가단체'라 고 판시했다. 이 판례는 지금도 그대로 유지되고 있다.

김대중이 1980년 7월 18일 작성한 피의자 진술조서를 보면 그 가 처음 한민통 일본본부 결성을 논의한 시기는 1973년 7월 13일 이었다. 민단 비주류 모임인 베트콩파 6개 단체 대표를 초청해서 그해 7월 6일 미국 워싱턴에서 한민통 미국본부가 결성된 경과를 알려주며 일본에도 한민통을 만들어 유신반대운동을 전개하자고 제안해서 동의를 받았다.

김대중이 1980년 한민통 조직 및 내란음모 사건에서 사형을 선고받은 중요한 계기는 이때 초청한 베트콩파 6개 단체가 조총련의 지원을 받고 있었다는 점이었다. 이 판결에는 1980년 여름 주일 한국대사관에서 계엄사 합동수사본부에 보낸 보고서가 큰 영향을 미쳤다.

이 보고서는 김대중과 한민통 일본본부를 만든 베트콩파 대표들이 민단 비판세력으로 위장하고 있으나 사실은 조총련의 조종을 받는 북한간첩, 친북인사들이라고 단정하며 그들의 조직적, 사상적 뿌리를 세밀하게 밝히고 있다(조갑제, 2006c: 97).

김대중은 1987년 6·29 선언을 통해 사면복권된 다음 자신에게 사형선고를 내렸던 한민통 조직 및 내란음모 사건에 대해 재심을 청구했다. 이에 대해 서울고등법원은 2004년 1월 29일 내란음모 및 계엄법 위반은 무죄이나, 국가보안법 및 반공법 위반은 면소(免訴)의 판정을 내렸다. 즉, 반국가단체인 한민통을 결성한 죄가 무죄는 아니고 다만 공소권이 없다는 판결이다. 죄는 인정하나 김대중이 1987년 7월 10일자로 특별사면됐으므로 공소권이 없다는 취지였다.

김대중은 재심을 청구하면서 '한민통 일본본부는 대한민국 지지를 기본정책으로 내걸고서 조국의 민주회복과 평화통일을 달성하기 위하여 결성된 단체이므로 결코 반국가단체가 아닐 뿐 아

니라 나는 이 단체와 무관하다'고 주장했다. 생을 마감하기 전 남
긴 자서전에서도 국가보안법 위반죄를 부인했다.

(1980년 조사가 끝나고) 최후에 기소장을 받아보니 국가보안법 1조 1
항, 즉 '반국가단체 수괴'혐의였다. 나를 사형시키려면 다른 죄명이
필요했던 것이었다. 저들은 한민통을 반국가단체로 규정하고 내가
한민통 의장에 취임했다고 조작했다. 그러니까 국가보안법은 나를
죽이려 추가로 적용했던 것이다… 나는 한민통 일본본부의 의장직
을 맡을 의사도 없었고 그럴 형편도 아니었다. 미국, 캐나다, 일본에
한민통을 결성하고, 세 나라를 총괄하는 총본부 의장을 맡으려 했
다. 따라서 일본에서 납치되기 전에 한민통 일본본부 의장에 취임했
다는 공소 사실은 당연히 허구였다

(김대중, 2010: 416-417).

한편, 검찰은 김영삼 정부 시절인 1995년 12월 10일 군사반란
및 내란죄로 전두환을 구속해서 조사하며 '김대중에 대한 한민통
관련 국가보안법 위반 부분은 범죄 인지 후 7년 동안이나 수사를
하지 않았던 부분인데, (1980년) 새삼스럽게 수사한 이유가 무엇인
가'라고 추궁했다. 이에 대해 전두환은 이렇게 진술했다.

제가 합수부 수사 관계자로부터 보고를 듣기로는 김대중 씨의 한민통
관련 부분은 7년 전에 중앙정보부에서 정보를 입수하고도 수사에 착
수하기 어려운 사정이 있어 보류하고 있던 부분인데, 어차피 계엄령

하에서 김대중에 대한 수사를 시작했으니 7년 전의 범죄에 대해서도 철저히 수사할 필요가 있었기 때문이라고 했습니다(월간조선, 1999: 44).

이후락의 불안과 초조

윤필용-이후락 커넥션 사건의 피해자들은 이 사건을 중정부장 자리를 노리던 박종규 경호실장의 음모가 개입됐다고 보았다. 박종규가 이후락 부장을 몰아내고 그 자리를 차지하고 싶었다는 것이다. 그 당시 박종규는 12년간 경호실장으로 재임하면서 권태감에 빠져 있었다.

강창성 보안사령관과 연대, 윤필용 사건에 이후락을 개입시킴으로써 이후락을 퇴진시키고 싶었던 박종규는 김정렴 비서실장의 만류로 이후락을 쫓아내는 데 실패하자 다시 이후락에 대한 비판을 이어갔다.

김대중이 해외에서 반정부 활동을 벌이고 있는데도 이를 적절히 막지 못하는 것 역시 이후락의 무능 내지 무책임의 결과라고 비난했다. "이후락이 김대중과 같은 역적을 국내로 붙잡아 오지 않는 한 정보부장 자격이 없다."고 비아냥거리고 있었다(김성진, 2007: 161).

윤필용 사건에 휘말렸다가 겨우 살아난 이후락으로서는 이러한 박종규의 비난을 의식하지 않을 수 없었다. 더욱이 전임 중정부장 김형욱도 윤필용 사건에 놀라 미국으로 도주한 실정이었다.

한국에서 대만으로 건너간 김형욱은 1973년 4월 21일 대만을 떠나 미국으로 갔다. 미국에 도착한 지 한 달쯤 지나 영국의 어느 통신사가 동경발로 '이름난 반공주의자, 박정희를 반대하고 망명'이라는 제목으로 보도하자 뒤이어 뉴욕 타임즈가 보도함으로써 김형욱의 망명이 국제사회에 알려지게 됐다.

이후락은 김형욱에게 수십 번 전화를 했으나 김형욱이 받지 않자 초조해하다가 겨우 전화가 연결됐다. 이후락은 '돌아오기만 하면 무엇이든지 원하는 자리를 주겠다는 각하의 약속이 있었다'며 김형욱의 귀국을 종용했으나 김형욱은 말을 듣지 않았다.

국내에서는 박종규가 김대중의 반정부 활동을 견제하지 못하는 자신을 무능한 사람이라고 몰아세우고, 박정희 정부의 내막을 자세히 알고 있는 김형욱까지 미국으로 망명하자 이후락의 초조감이 더해졌다.

1971년 대선 때 김대중을 도운 김형욱이 해외에서 김대중과 연합할 경우 정부에 대한 압력이 더욱 커질 수밖에 없었다. 평양 비밀잠행, 유신체제 기안과 수립으로 제2인자의 지위까지 올랐다가 윤필용과의 커넥션에 얽혀 겨우 구속을 면한 이후락으로서는 자리를 보존하는 일이 시급했다.

중정부장 자리를 유지하려면 박정희의 신임을 새롭게 얻을 수 있는 이벤트가 필요했다. 그러한 시기 이후락은 박정희의 신뢰를 회복할 수 있는 희생양으로 김대중이라는 카드를 만지작거리기 시작했다.

당시 이후락이 느꼈을 불안감과 초조감은 김형욱의 고백을 통해서 엿볼 수 있다.

미국으로 도망하는 도중 김형욱이 남긴 아래와 같은 독백에 당시 박정희 주변 권력자들의 심리가 잘 나타나 있다. 김형욱은 대만에서 미국으로 망명할 때 중정부장 재임 시 비서실장으로 일했던 문학림을 데리고 갔다. 미국으로 가는 비행기 안에서 망명 계획을 털어놓은 김형욱은 문학림에게 이렇게 말했다.

> 대통령이 돌았는지 요사이는 도대체 정상적인 판단이 불가능한 모양이야. 오늘의 이 모양이 된 것에 물론 나의 잘못도 있소. 이를 인정한다구. 그러나 더 이상 이 체제에 아부하여 역사의 죄인이 될 수는 없다고 결심한 거야… 지금 잡혀가 있는 윤필용 건만 해도 그렇지. 내가 윤필용을 옹호하는 게 아니야. 허나 박정희란 인물은 이제 자신의 심복에게까지도 필요하다면 처참하고 무지막지한 고문을 자행하는 인면수심의 인간으로 표변했오. 생각해 보시오. 장차 누가 그를 위해 목숨을 바쳐 충성을 하겠오? 두고 보라구. 앞으로 수많은 사람들이 피를 흘리는 대량유혈의 시대가 다가올 거요(김형욱, 1985c: 181-182).

중정 6국장의 김대중 귀국 설득

이후락은 윤필용 사건으로 대통령 신임이 떨어진데다 박종규 경호실장이 자신을 조롱하고 다니자 마침내 김대중을 국내로 데려오기로 결심했다. 처음 꺼낸 카드는 김대중을 설득해서 자진 귀국시키는 일이었다.

이후락은 이 일을 중앙정보부 이용택 6국장에게 맡겼다. 「김대중 선생 납치 사건 진상규명을 위한 시민의 모임」에서 1995년 발간한 '김대중 납치 사건의 진상'이란 책자에 보면 민주당의 「김대중 선생 살해미수 납치 사건 진상위원회」는 당시 중정 후신인 국가안전기획부(안기부)에 김대중 납치 사건 당시 중정 간부 명단을 요청했다.

그에 따라 그 책자에 안기부에서 제출한 1973년 김대중 납치 사건 당시 중앙정보부 국장급 이상 간부 명단이 실려 있다. 그 명단에 이용택의 정식 직위는 안전조사국장이며 1973년 5월 19일부터 1974년 12월 6일까지 그 직책에 근무한 것으로 기재되어 있다(김대중 납치 사건 진상규명 시민모임, 1995: 617).

이용택은 김대중이 1954년 강원도 인제에서 국회의원에 출마했을 때 그 지역에서 군 범죄수사대에 근무한 인연으로 김대중과 친분을 맺었다.

5·16 정변 직후에는 자신이 신원을 보증해서 김대중을 석방시켜 준 인연도 있었다. 1962년 5월 20일 민주당 반혁명 사건 관련 혐의로 김대중이 중앙정보부에 연행됐을 때 담당 수사관이었던

이용택은 김대중을 입건할 뚜렷한 혐의가 없는 것을 확인했다. 그에 따라 김대중의 처 이희호 여사에게 서기관급 이상의 공무원을 신원보증인으로 내세우면 풀어주겠다고 약속했다.

하지만 이 여사가 신원 보증인을 찾지 못하자 이용택 자신이 신원보증을 서 김대중을 석방시켰다. 이러한 인연으로 이용택과 김대중은 가까워졌다. 이후락 부장이 이용택 국장에게 김대중 설득 작업을 맡긴 것도 그러한 인연을 고려한 조치였다.

이용택은 훗날 국정원 과거사위 조사에서 이후락으로부터 "김대중의 가족을 활용하여 자진 귀국을 설득하라"는 지시를 받았다고 진술했다. 그와 함께 유신 선포 뒤 해외에서의 김대중의 일체 언행에 대해서는 불문에 부치고, 적절한 시기에 국내에서의 정치활동도 재개할 수 있도록 보장해주겠다는 조건을 제시하라는 지침도 받았다고 한다.

이후락의 지시를 받은 이용택은 곧바로 이희호를 만나 "그동안의 활동이나 발언은 일체 불문에 부칠 테니 귀국해서 정치를 하도록 하자. 상부의 결심과 명을 받아서 하는 얘기이다. 책임지고 보장하겠다."고 회유했다(국정원 과거사위, 2007: 468). 그러면서 이용택은 이희호에게 김대중의 귀국을 설득하는 편지를 보내도록 종용했다(이희호, 2009: 132).

이희호는 이용택의 간청에 못 이겨 김대중에게 귀국을 촉구하는 편지를 써 이용택에게 보여주고, 마침 친척 결혼식에 참석차 미국에서 입국한 올케가 돌아갈 때 올케를 통해 편지를 보냈다.

그와 별개로 이희호는 이용택과의 약속과 달리 다른 인편을 통

해서는 김대중에게 중정 6국장을 만나 불가피한 편지를 보내게
된 배경을 설명하고, 사실 지금은 귀국할 때가 아니라는 속뜻을
전했다.

훗날 김대중은 자서전에서 그때 이희호가 이용택에게 보여준
편지와 달리 써서 별도로 자신에게 보내온 편지의 내용을 이렇게
소개했다.

> 정보부가 무슨 일을 할지 모르겠어요. 당신이 외국에서 활약하는 일
> 에 몹시 신경을 쓰고 있을 뿐 아니라 어떤 방법으로든지 당신이 일
> 을 못 하도록 방해할 것 같아요. 혹 당신의 측근을 보내서 당신을 설
> 득하려는 방법을 취할지도 몰라요. 각별히 주의에 주의를 하세요.
> 저들이 당신 때문에 두통을 앓고 있는 것이 사실이에요. 그러면 그
> 럴수록 귀국해서는 아니 됩니다. 아무리 보장을 해 준다고 해도 결
> 코 믿을 수 없어요. 저들이 당신의 명성이 높아지고 외국에서의 인
> 정이 굳어질수록 당신에게나 우리 가족들에게 화살을 보낼 터이니
> 더욱더 조심하세요. 어떤 경우에도 귀국하시는 일은 없으시길 바랍
> 니다(김대중, 2010: 305-306).

강압적 송환

이후락은 김대중을 국내로 데려오는 방법으로 회유와 강압을

병행했다. 회유하는 방법은 이용택 안전조사국장에게 이희호를 통해 귀국을 권유하는 방식이었다. 강압적 방법은 이철희 정보차장보에게 지시를 내렸다.

당시 중앙정보부의 지휘부는 부장 1인, 차장 1인 밑에 3명의 차장보 즉, 정보차장보와 보안차장보, 운영차장보를 두고 정보차장보는 해외와 대북 분야, 보안차장보는 수사와 국내정보 분야를 관할하는 구조였다. 안전조사국은 보안차장보 산하였다.

이후락은 이철희를 궁정동 중앙정보부 안전가옥으로 불러 "김대중이 해외에서 정부를 헐뜯고 시끄럽게 하고 있으니 데려와야 하지 않겠느냐"며 강압적 송환 방법을 지시했다.

그에 대해 이철희는 동백림 사건 때도 사건 관련자들을 무리하게 국내로 데려와 많은 외교적 마찰을 일으켰고, "지금 김대중을 데려오면 오히려 영웅을 만들어주는 결과밖에 되지 않는다"라는 이유를 들어 반대했다.

하지만 며칠 후 이후락은 다시 이철희를 불러 "김대중을 데려와야겠다. 데려오기만 하면 그 후의 책임은 내가 지겠다. 나는 뭐 하고 싶어서 하는 줄 알아?"라고 하면서 이행을 촉구했다.

훗날 국정원 과거사위 조사에서 이철희는 강압적 송환을 지시받을 당시 이후락의 태도에서 "이후락 부장이 상당히 어려움에 처해 있구나" 하는 인상을 받았다고 진술했다(국정원 과거사위, 2007: 471). 이철희는 1998년 2월 18일 동아일보 기자에게도 "1973년 봄 이후락 부장이 남산에 있던 나를 궁정동 자신의 집무실로 불러 '김대중이 해외에서 시끄럽게 하니 무조건 데려오라'고 지시했다"고 밝혔다(동아, 1998.2.19.).

　이철희는 부장의 지시를 받은 후 해외공작국장에게 산하 담당 단장이 일본에 파견되어있는 중앙정보부 요원들과 협조해서 계획을 세우라고 지시했다.

　이런 지시과정을 거쳐 일본에 파견되어 있던 중앙정보부 요원들의 총책임자인 주일 김 공사는 일본 야쿠자 10여 명을 매수해서 김대중을 납치한 다음 국내로 데려오는 내용으로 계획안을 짜서 해외공작국장 및 정보차장보의 결재를 받았다.

　이철희는 김 공사의 계획안을 결재 후 해외공작국 산하 윤 단장을 현지 감독관으로 일본에 파견했다. 이때 윤 단장은 김대중을 선박 편을 이용해서 국내로 데려오기 위해 중앙정보부가 운영하던 선박 용금호를 일본 오사카항에 대기시켰다.

　훗날 김대중은 시종일관 중앙정보부가 자신을 일본에서 살해할 계획을 가지고 있었다고 주장했다.

　하지만 국정원 과거사위 조사에서 이철희와 김 공사, 윤 단장은 처음부터 김대중을 국내로 데려오는 것이 목적이었지 죽일 계획은 없었다고 증언했다.

　윤 단장은 김 공사가 수립한 당초 계획안에는 야쿠자를 활용, 제거(암살)하는 방안도 들어 있었으나 실현 가능성이 없다고 보고 반대하여 최종적으로 납치해오는 방향으로 계획이 수립되었다는 증언을 남겼다(국정원 과거사위, 2007: 474).

김대중 증언의 신빙성

김대중이 일본 동경 그랜드팔레스 호텔에서 납치된 시각은 1973년 8월 8일 13시경. 그 후 엿새만인 8월 13일 22시경 서울 동교동 자택으로 돌아왔다.

엿새간의 행적에 대해서는 김대중의 진술이 유일하다. 가해자인 중앙정보부는 공식적으로 개입을 부인하고 있다. 다만, 30여 년이 지난 뒤 노무현 정부 때 반관반민 기구였던 국정원 과거사 위는 중앙정보부의 개입을 인정했다.

하지만 외교적으로 이 사건은 한국 정부와 일본 정부 사이에 한국의 정부기관 개입은 없었다는 것으로 결착(決着)된 사건이다. 당시 김종필 총리가 일본 수상을 방문해서 사과하는 등 외교적 노력을 기울여 수습한 결과이다.

피해자인 김대중의 증언만이 유일하게 남아있고, 가해자인 중앙정보부에서 사건의 진실을 말하기 어려운 조건은 김대중 진술의 신빙성에 의문을 가지게 한다. 가해자의 정체를 밝힐 수 없는 현실에 따라 그가 사실을 과장하거나 허위로 말할지라도 그것을 반박할 사람과 자료가 없기 때문이다.

김대중의 증언 가운데 논란이 계속되고 있는 쟁점이 중앙정보부 요원들이 일본에서 한국으로 데려오다 바다 한가운데서 자신을 빠뜨려 죽이려 했다는 말이다. 그 증거로 김대중은 용금호에서 납치범들이 자신의 손과 발을 묶고 추를 달았다는 것이다.

갑판 밑 선실로 끌려갔다. 거기에 누워 있으라 했다. 누워 있다가 설핏 잠이 들었다. 잠이 깼다 싶으니 사내들이 왔다. 먼저 얼굴에 붙였던 강력 테이프를 떼 내고 몸에 감은 끈을 풀었다. 잠시 몸이 가뿐해졌나 싶더니 이번에는 더 꼼꼼하게 묶기 시작했다. 두 손을 가슴에 모으게 하고 묶었다. 두 발도 묶었다. 칠성판 같은 판자 위에 눕히더니 몸을 위, 아래, 가운데로 나눠 송장처럼 세 군데를 묶었다. 입에는 나뭇조각을 물게 하고 붕대를 둘렀다. 흡사 시체에 염을 하는 듯했다. 두 손목에는 30~40킬로그램 무게의 돌인지 쇳덩인지를 달았다… 작업이 끝나자 자기네끼리 두런거렸다. 경상도, 충청도, 전라도 사투리가 들렸다. 말씨로 보아 재일교포는 아닌 게 분명했다. "이만하면 바다에 던지더라도 풀리지 않겠지?" "이불로 싸서 던지면 떠오르지 않는다는구먼. 솜이 물을 먹어서." 하지만 범인들은 이불을 씌워 묶지는 않았다. 그들의 대화 속에는 '상어'라는 말도 튀어나왔다. 바다에 던져질 게 분명해 보였다. '상어 밥이 될 수도 있겠구나.' 나는 마지막 순간이 왔다고 생각했다(김대중, 2010: 312).

여기에 대해 훗날 이후락은 죽이려는 계획은 처음부터 없었다는 증언을 남겼다. 이후락은 사건 후 14년만인 1987년 신동아 기자와의 인터뷰에서 그 당시 상황에 대해 증언했다. 이후락은 처음부터 납치 사건이었지, 죽이려는 사건은 아니었다고 주장했다. 그러면서 이후락은 김대중이 배를 타고 가다가 자기를 물에 빠뜨려 죽이려는 순간 미국 비행기가 떠서 살았다고 하는데 이것도 낭설이라고 반박했다.

비행기가 뜬 일도 없고 설사 비행기가 그 배에 김대중 씨가 실려 있다. 죽음의 길로 간다 해서 그것을 탐지하고 떴다면 그 배의 항진을 놔두겠습니까? 정지신호를 한다든지, 돌아오게 한다든지 하지 그냥 두겠어요? 이 사건은 내가 알기에 처음부터 끝까지 납치가 목적이었지 김대중 씨를 살해한다, 수장한다 이런 것은 전연 없었던 것입니다. 그리고 뭐 자기를 물에다 넣기 위해 몸에다가 돌을 달았다, 내 그때에 그런 이야기를 듣고 확인해봤어요. 돌 단 일도 없고, 또 돌에 달아 물에 넣을 생각이 있었으면 물에 넣어야지 왜 물에 안 넣었겠어요… 어떻게 그렇게 살인 계획이 진행되고 있는 배를 보고, 비행기가 뭐 관광하러 왔어? 그냥 돌아갈 리가 없는 것 아닙니까? 만약 그렇다면 내가 정보부장인데, 미국 측에서 지금 어떤 기관에 의해서 살인 계획이 진행 중에 있으니 이것을 중지하라고 연락이 나한테 올 것 아닙니까? 아무런 연락이 없었어요《신동아》, 1987. 10월호).

김대중은 처음 이 비행기가 미 CIA 비행기라고 했다가 2010년 발간된 자서전에서는 이 비행기가 미국 비행기가 아니라 일본 비행기였던 것 같다고 했다. 미국이 일본에게 납치 사실을 신속하게 통보하고 후속조치를 요청하자 이를 알게 된 한국 정부도 일본 측에 공작선의 위치를 알려 주고 해상출동을 요청했을 것으로 추정했다(김대중, 2010: 324).

김대중은 또 물에 빠뜨려지기 직전 예수님이 나타나 예수님에게 구해달라고 매달리자 순간적으로 눈에 붉은빛이 번쩍 스쳐 지나가고, 갑자기 선실에 있던 사내들이 '비행기다'라고 외치며 갑판으로 뛰쳐나갔다고도 했다.

박 대통령 지시설에 대한 반론들

김대중은 자신에 대한 살해 기도설과 함께, 이 지시를 박정희 대통령이 이후락에게 직접 내렸다고 죽는 날까지 주장했다. 하지만 이후락 부장은 물론 당시 박 대통령의 측근에 있었던 김정렴 청와대 비서실장과 김종필 국무총리는 박 대통령의 지시를 부인했다.

이후락은 1987년 신동아 이종각 기자와의 인터뷰에서 "박 대통령이 지시 내린 적도 없었고, 박 대통령은 이 문제에 대해 몰랐습니다. 사실 내가 이런 상황이 일어났다 하는 것은 대통령께 보고를 했고요. 왜 이런 일이 일어나게 되게끔 됐느냐고 야단까지 맞았는데… 하늘에 맹세하고 박 대통령의 지시는 없었습니다."라고 강조했다.

이후락의 신동아 인터뷰에 대해 안기부는 1987년 9월 24일 이후락 전 중앙정보부장에게 자중을 요청했다. '이후락 전 중앙정보부장이 김대중 납치 사건 관련 신동아, 월간조선 기자에게 사건의 배경 등을 언급했다는 내용은 사실의 진위 여부를 차치하고 발설의 정황 등이 상식적으로 믿기 어려운 일이다. 공직자였던 이 씨가 법령에 의한 직무상 기밀을 누설하는 것은 실정법에 저촉된다'고 지적했다.

그와 함께 '이 사건은 한일 양국이 수사 결과 공권력의 개입이 없었다고 사법·외교적으로 마무리가 되었음은 누구나가 기억하고 있을 것이다. 정부는 이 같은 한일 양국의 결론에 부합되지 않는 어떤 다른 상황을 가정할 수 없으며 불투명한 발설을 토대로 이 사건을 재론하는 것은 국제외교상 중대한 국익손상을 초래할 것이다.'라는 안기부 입장을 밝혔다(경향, 1987.9.24.).

김정렴의 회고에 의하면 박 대통령은 김대중 납치를 김대중이 실종된 직후 보고받았다. 김성진 청와대 대변인이 외국통신의 영문보도 내용을 입수하자마자 김정렴 실장에게 보고하고 김정렴은 곧바로 대통령에게 보고했다.

박 대통령은 김정렴으로부터 보고를 받은 직후 네 가지 경우를 상정했다. 중앙정보부의 공작, 일본 우익의 소행, 재일 거류민단의 과잉충성 행위, 김대중 계열 조직의 자작극 등이었다. 그러면서 중앙정보부장, 그리고 일본 우익과 교분이 있는 박종규 경호실장, 재일 거류민단과 관계있는 정부부처들에 체크해서 관련여부를 확인하라는 지시를 내렸다.

지시를 받은 즉시 김정렴은 중앙정보부장, 경호실장, 그리고 거류민단과 관련이 있는 정부부처들에 전화를 걸어 관련 여부를 문의했으나 모두 전혀 관련이 없다고 대답했다. 다시 확인 내용을 보고받은 박 대통령은 그렇다면 김대중 계열 조직의 자작극일지 모른다는 반응을 보였다(김정렴, 1997: 184-185).

지방 출장 중이던 김종필 총리는 부산에서 황인성 총리 비서실장으로부터 납치 사건 발생 직후 보고를 받았다. 보고를 받은 김종필은 한국의 공권력이 백주대낮에 도쿄에서 사람을 납치했다면 주권국가인 일본이 가만히 있을 수 없어 자신이 어렵게 개척한 한일 국교관계가 파탄 날 것을 걱정했다.

관련 뉴스를 지켜보던 김종필은 김대중이 동교동 자택으로 돌아온 다음 날인 8월 14일 청와대를 방문했다. 박 대통령은 김종필을 보자 화가 잔뜩 난 얼굴로 대뜸 "임자는 몰랐어?"라고 묻고는 "아 글쎄, 이후락 그자가 서울에 김대중을 데려다 놓은 후에 나한테 보고를 하잖아. 나한테 한마디도 하지 않고 이런 일을 저질렀으니…"라며 흥분했다.

그 순간 김종필은 박 대통령이 김대중 납치 사건을 지시했거나 개입하지 않았다는 것을 알고 안도했다고 한다(김종필, 2016: 441).

김정렴과 김성진의 증언에 의하면 박 대통령이 이후락으로부터 최초 보고를 받은 시각은 김대중이 8월 13일 22:00경 동교동에 나타나기 6시간 전인 16:00경이었다. 이후락이 보고를 마치고 돌아간 뒤 박 대통령은 김정렴 실장에게 이렇게 말했다.

> 방금 전 이 부장이 와서 얘기하는데 김대중을 한국으로 잡아왔다는 거야. 그러고 나서 나에게 '어떻게 처리할까요' 하고 물으니 이게 도대체 말이나 되는 일인가! 어쩌자고 그런 짓을 해놓고 원…. 그래서 절대로 위해를 가하지 말고 즉시 풀어주라고 지시했어. 그러니 실장도 정보부 실무책임자에게 내 지시를 다시 한번 엄중히 시달하고 절

대로 위해를 가하지 못하게 하시오(김성진, 2007: 162).

미 CIA 한국지부장의 증언

김대중 납치 사건이 일어났을 당시 미 CIA 한국지부장은 도널드 그레그(Donald Phinney Gregg)였다. 그는 납치 사건으로부터 25년이 지난 1998년 2월 20일 동아일보와의 인터뷰에서 박 대통령 지시설을 부인했다.

그에 의하면 주한 미국대사 하비브(Philip Charles Habib)는 김대중 납치 소식을 듣자마자 한국 중앙정보부(KCIA)를 지목하고 즉시 그레그를 불러 KCIA 개입 여부를 확인해주도록 요청했다.

그리고 그레그는 납치 다음 날인 8월 9일 아침 자기가 수집한 첩보를 바탕으로 KCIA가 김대중을 납치한 것이 맞다고 하비브에게 알려줬다.

그레그가 납치 사건의 내용을 그렇게 빨리 정확하게 알 수 있었던 것은 한국 중앙정보부 내부의 협조자들 때문이었다. 그레그가 협조자들로부터 제보를 받는 과정은 당시 미 국무부 한국과장이었던 도널드 레너드(Donald L. Ranard)의 증언을 통해 확인되고 있다.

레너드는 사건 당시 국무부 내부의 보고서는 물론 미 CIA로부터 제공되는 정보들을 모두 볼 수 있는 위치에 있었다. 레너드는 사건 후 4년여 지난 1977년 11월 일본 아사히 신문 워싱턴 특파

원과 회견을 가졌다. 아사히 신문이 1977년 11월 4일 보도한 주
요 내용은 아래와 같다.

사건 후 곧 서울 주재 CIA 책임자였던 D. 그레그 씨가 KCIA(중앙정보
부)에 문의해 본 바, 김대중 씨의 납치는 KCIA가 한 것, 더욱이 범행
을 실행한 KCIA 공작원의 몇몇 이름까지 한국 측이 확인해줬다. 그
레그 씨는 그것을 미국 본부에 보고했다고 한다… 사건이 일어난
1973년 8월 8일 직후부터 2~3주 간의 사이에 레너드 한국과장 데
스크에는 연일 서울, 도쿄의 미 대사관이나 CIA로부터의 방대한 양
의 보고서가 쇄도했다고 한다. 특히, CIA는 한국 중앙정보부와 긴밀
한 관계에 있었을 뿐 아니라 레너드 씨에 의하면 '한국 중앙정보부
내부에 미국 측에 알려주는 내통자가 있었다고 보이며, 사건의 전
내용을 그 계획단계에까지 거슬러 올라가 상세히 전해왔다'고 한다.
미 CIA의 극비 보고는 사건 후 2~3주 사이에 범행에 가담한 한국 중
앙정보부의 주요 인물, 어떻게 실행되었는가, 도쿄에서 오사카까지
연행되어 오사카 부근에서는 정보원이 즐겨 사용하는 '안전한 집'에
김대중 씨가 끌려갔다는 것, 그리고 배로 운반된 것 등을 전하고 있
었다고 한다. 다만, 김대중 씨가 후일 '배에 실리고 나서 상공에 헬리
콥터인가 비행기가 날아왔다'고 발언한 부분에 대해서는 CIA 보고
서에서 본 기억이 없다고 레너드 씨는 말하고 있다(김대중납치규명 시
민모임, 1995: 332).

하비브는 그레그로부터 정보를 제공받자 곧바로 청와대로 달

려가 박 대통령에게 "KCIA가 김대중을 납치했으므로 지금 당장 KCIA에 연락을 해 그를 풀어주라"고 건의했다.

그레그에 의하면 박 대통령은 하비브로부터 건의를 받은 즉시 김대중을 풀어주도록 지시했다고 한다. 그레그는 동아일보와의 인터뷰에서 그 정황을 이렇게 설명했다.

> 박 대통령은 충분히 영리한 사람이었다. 그는 김대중을 풀어주도록 지시했다. 이 지시는 곧장 김대중을 싣고 가던 선박으로 날아갔다. 보트 속에서 몸이 묶이고 눈이 가려진 채 수장될 운명에 처했던 김대중은 이 지시로 몸의 결박이 풀리고 비로소 마실 것과 먹을 것이 주어졌다. 그리고 서울로 무사히 되돌아왔다. 나는 박 대통령이 김대중 납치를 지시했을 것으로 생각지는 않는다. 그는 하비브가 자신을 만나러 왔을 때 직감적으로 이후락 당시 중앙정보부장이 뭔가 미친 짓을 했다는 것을 알았던 것 같다
>
> (동아일보, 1998.2.20.).

그레그는 김대중을 싣고 가던 용금호 위에 미국 비행기가 떠 김대중을 살렸다는 주장도 부인했다. 김대중도 자신에게 사실 여부를 물은 적이 있으나 당시 미국은 어떤 비행기도 사건현장에 보내지 않았다고 밝혔다.

박 대통령의 진상조사 지시

박 대통령은 이후락 부장으로부터 김대중 납치를 보고받기 직전 중앙정보부의 이용택 안전조사국장에게 사건의 진상을 은밀히 조사하도록 지시했다. 8월 8일 김대중이 행방불명된 직후 비서실장을 통해 중앙정보부, 경호실 등에 개입 여부를 확인했으나 모두 부인하자, 자신이 신임하던 중정의 이용택 안전조사국장을 따로 불러 진상조사를 지시했던 것이다.

이용택에 의하면 박 대통령은 처음 보자마자 '자네가 했나' 하고 물었다고 한다. 이용택이 이희호를 통해 김대중의 자진귀국을 설득하고 있었던 걸 이후락 부장을 통해 보고받고 있었기 때문에 이용택을 의심했던 것으로 보인다.

이용택이 납치행위를 부인하자 박 대통령은 '자네가 한번 조사해봐'라고 지시하면서 '누구한테도 보고하지 말고 은밀히 해라. 자네가 조사하고 있는 것을 알려고 하거나 압력을 넣는 사람이 있으면 즉각 보고하라'고 당부했다. 그 순간, 이용택은 박 대통령이 김대중 납치에 가담하지 않은 사실을 직감했다고 한다.

하지만 이용택은 박 대통령으로부터 지시를 받고 나오자마자 청와대 근처 궁정동 안가로 가서 이후락 부장에게 대통령으로부터 지시를 받은 사실을 알려줬다. 직속상관인 이 부장에게까지 숨기며 조사를 진행하기는 어렵다고 보았기 때문이다.

이후락은 긴장하면 말을 더듬는 버릇이 있었다. 이용택을 만난 이후락은 무척 말을 더듬으며 '김대중 씨가 망명정부를 만들어 수

반(首班)으로 취임한다고 해서 급히 데리고 오도록 만들었다'고 실토하면서 '잘 좀 수습해 달라'고 당부했다.

이용택이 이 부장을 만나고 남산의 사무실로 돌아오자 이번에는 박 대통령으로부터 전화가 왔다. "이 부장이 들어오겠다고 그러는데 혹시 만난 일 있나." 그에 대해 이용택은 사실을 실토할 경우 대통령으로부터 질책을 받을 것을 우려, 순간적으로 "없습니다. 각하." 하고 거짓말을 하고 말았다(김충식, 1993: 34).

이후락은 박 대통령이 이용택에게 조사를 지시한 사실을 확인하자 더 이상 대통령에게 숨기기 어렵다고 보고 대통령을 찾아가 자신의 지시로 김대중이 납치된 사실을 밝힌 것이다.

이후락 부장으로부터 관련 사실을 개략적으로 확인했으나 대통령에게 복명하기 위해서는 구체적인 증빙자료가 필요했으므로 이용택은 관련 내용을 조사해 나갔다.

하지만 김대중 납치는 중앙정보부 내에서도 극비리 추진됐기 때문에 이용택이 수사 단서를 찾아내기가 무척 어려웠다. 그런데 김대중이 부산 제4 부두에 도착하던 날 그 모습을 지켜보던 경찰이 김대중을 데리고 간 차량번호를 체크해 놓은 사실을 알게 됐다.

경찰로부터 이 정보를 입수한 이용택이 그 차량번호를 조회해 보니 중앙정보부가 운영하던 앰뷸런스 차량이었다. 이용택은 그 차량의 운전수를 불러 물으니 '부산에 다녀왔다'는 사실을 쉽게 실토했다.

그에 이용택은 해외담당 1국장을 불러 물어본 결과 1국장이 사건경위를 모두 털어놓았다고 한다. 1국장이 수사 자료로 내놓은 보고서에는 김대중이 미국에서 발언한 내용들이 기록되어 있었다. 발언 중에는 '한국에 원조하지 말라', '주한미군을 철수시켜야 한다'는 내용도 있었고, '한민통을 만들어 북한과 협상하겠다'는 내용도 들어 있었다.

이용택은 당시 은밀히 수사를 진행한 소감에 대해 2004년 월간조선 기자에게 이렇게 말했다.

> 김대중 씨를 조사해 보니까 거의 다 시인했습니다. DJ는 한민통 의장 취임 약속을 해 놓고 동경 우에노(上野) 공원에서 취임식을 하려고 했는데 납치로 못하게 됐다고 답했습니다. 망명정부를 세워 김일성과 협의하고 통일문제에 관한 한 한국을 국제적으로 고립시켜 연방제로 가려고 한 것입니다. 해외담당국장은 'DJ가 이 부장으로부터 과거 언동에 대해 불문에 부친다는 말을 듣고도 미국으로 가려고 했고, 미국에 가버리면 순순히 귀국할 것 같지 않아 동경에서 납치해 온 것'이라고 설명했습니다(《월간조선》, 2004년 4월호).

김영삼의 중앙정보부 비판

박정희의 장기집권 가도에서 김대중과 함께 박정희 비판의 선봉에 섰던 김영삼. 그는 1969년 정부여당이 대통령 3선 개헌을 추진할 때 그에 극렬히 반대하고 나섰다. 당시 그의 직책은 제1 야당이었던 신민당의 원내 총무.

1969년 6월 13일 열린 국회 본회의에서 대정부 질문에 나선 그는 '우리나라는 독재국가이며 3선 개헌은 박정희의 종신집권 음모'라고 비난했다. 그리고 '중앙정보부는 국민의 원부(怨府)'라며 중정의 공작정치를 직접 공격했다.

그로부터 며칠 후 골프장에서 신민당 고흥문 사무총장을 만난 김형욱 중정부장은 고흥문의 배를 손가락으로 푹 찌르면서 "김영삼이 배때기에는 칼이 안 들어가나"라고 위협했다.

그에 놀란 고흥문은 곧바로 김영삼을 찾아가 김형욱의 말을 전했는데, 격분한 김영삼은 기자회견을 열어 그 말을 공개하려고 했다. 그러나 고흥문이 김형욱의 보복이 두려워 "김 총무, 제발 그러지 말아 주시오"라며 통사정함에 따라 기자회견은 유보됐다 (김영삼, 2000a: 281).

그 일이 있고 며칠이 지난 그해 6월 20일 밤 김영삼 의원의 집 앞에서 신원을 알 수 없는 괴한 3명이 김영삼이 탄 차량의 운행을 정지시킨 뒤, 차량의 문을 열려고 시도하다 실패하자, 초산이 든 병을 김영삼의 차량에 던지고 달아나는 사건이 일어났다. 이것을 김영삼은 중정의 테러라고 주장하고 나섰다.

다음 날인 6월 21일 국회에서 신상 발언에 나선 김영삼은 이렇게 주장했다.

저는 단언합니다. 이것은 지난 13일에 국회 본회의장에서 특히 개헌문제를 논의하는 과정에서 "이 나라는 독재국가요. 특히 독재국가로 끌고 나가고 있는 그 원부가 바로 중앙정보부. 그 책임자인 김형욱이는 제2의 최인규와 같고 민족의 반역자다. 이러한 무리가 이 땅 위에 있는 동안까지는 다시는 이 나라의 민주주의는 살 길이 없다." 하는 얘기를 한 사람입니다. 여기에 대한 보복이라 이렇게 생각하는 것입니다. 다시 말하면 중앙정보부에서 했다. 김영삼이를 죽이기 위해서 중앙정보부에서 음모한 것이다… 차 옆에서 한 치 바깥에서 문 열어 가지고 그 병으로 나한테 뒤집어씌웠다고 했을 때에 나는 죽을 수밖에 없습니다. 완전살인범죄를 꾀했던 것입니다(김영삼, 2000a: 287).

이처럼 중정과 악연이 깊었던 김영삼은 김대중 납치 사건이 일어나자 다시 중정을 정면으로 비난하고 나섰다. 1973년 9월 24일 국회 본회의 대정부 질문에서 김영삼은 이렇게 주장했다.

1969년 6월 20일 이 사람은 초산 테러를 당한 일이 있었습니다. 그때 바로 이 자리에 서서 말하기를 이 초산 테러는 중앙정보부에서 한 짓이다. 이렇게 말했습니다… 이번 김대중 씨 사건도 역시 지금까지 있었던 정치테러의 하나입니다. 그러나 이번 이 김대중 씨 사건은 지난날의 어떤 정치테러보다도 훨씬 규모가 크고 국제성을 띤 엄청난 정치적인 테러입니다… 이러한 정치테러가 또다시 발생하여 국내외적으로 비상한 관심을 불러일으키고 있는 이 사건을 놓고 본 의원이 이 자리에서 질문을 하게 되니, 비통한 감정이 복받쳐서 말이 잘 나오지

를 않습니다… 나는 지난번 초산 테러를 당했을 그 당시에 이것은 중
앙정보부에서 한 짓이라고 말했던 것이 생각납니다. 그 이후에 정부
는 기어코 범인을 잡겠다고 이 단상에서 여러 차례 약속을 했습니다.
그러나 끝내 범인을 잡지 못하고 말았습니다… 그뿐 아니라 중앙정보
부에서 한 짓이라고 말한 그것을 문제 삼아서, 오늘 이 시간까지 4년
동안 국민이 모르는 가운데 재판이 진행되고 시달림을 받고 있습니다
(김영삼, 2000b: 28).

김형욱과 문명자의 협공

  김형욱 전 중앙정보부장과 문명자 MBC 워싱턴 특파원. 이들
은 제7대 대통령 선거(1971.4.27.) 때 김대중을 은밀히 지원한 공통
점을 가지고 있었다. 정치적 이해관계를 같이하고 있었다.
  대구 출신의 문명자는 1961년 4월 조선일보 워싱턴 특파원으
로 백악관을 출입하기 시작해 동아일보, 경향신문 등을 거치면서
계속 백악관을 출입하고 있었다. 김대중 납치 사건 때는 MBC 워
싱턴 특파원으로 일하고 있었다.
  7대 대선 이전까지는 기자로서 정치중립을 지키기 위해 노력했
으나 7대 대선 때 김대중 진영에 포섭되어 이희호 여사의 백악관
비밀방문을 은밀히 성사시키는 등 김대중 대통령 만들기에 앞장
섰다. 김대중이 창설한 한민통 미주본부에도 참여했다.

김형욱과 문명자는 김대중 납치 사건이 일어나자 그 경과를 파악하기 위해 분주히 움직였다. 공인에서 사인의 신분으로 전환된 김형욱은 공인으로 있을 때의 정보수집 노하우를 발휘해서 이제 그 자신의 욕구를 충족시키기 위해 김대중 사건 관련 정보수집에 나섰다.

1974년 2월 24일 미국 영주권이 나오자마자 그날 일본으로 건너가서 과거 자기의 부하들을 술집으로 불러내 내막을 캐기에 바빴다. 1차 조사를 마치고 미국으로 돌아간 김형욱은 1974년 4월 16일 다시 일본을 찾았다. 그는 회고록에서 2차 답사 당시의 활동상을 이렇게 밝혔다.

> 1974년 4월 16일 나는 다시 일본을 방문하였다. 김대중의 납치경로를 확인하고야 말겠다는 이른바 「정보장이」의 호기심이 나로 하여금 하나의 사설탐정이 되게 하였다. 나는 4월 30일까지 보름 동안 일본에 머물면서 그때까지 일본에 머물러 있던 옛 부하들로부터 생생한 정보를 들었고, 심지어 중간 지휘본부로 알려졌던 오사카 소재 나폴리 호텔을 답사하기도 하였다. 나폴리 호텔은 문제의 용금호가 엔진 수리차란 명목으로 입항하여 실제로는 아무런 수리도 하지 않고 10일간 머물다가 출발한 도꾸야마 부두 근처에 소재하고 있었다. 나는 납치 공작대원 오륙명이 묵은 것으로 알려진 층에 방을 정하고 방 청소부, 식사배달원 등을 구워삶아 납치공작대원들의 언행을 끈질기게 추적하였다(김형욱·박사월, 1985c: 215).

김형욱이 일본을 오가며 정보수집에 동분서주하던 시기 문명자는 특파원 신분을 이용, 이 사건을 국제여론화하는 데 열을 올리고 있었다. 출입처인 미국 국무성의 언론 브리핑 시간을 이용, 질문을 퍼부음으로써 다른 언론사가 이를 인용 보도하도록 유도하는 방식이었다.

김대중이 실종된 직후 문명자는 미 국무성 정례 기자회견 때 국무성 대변인에게 "한국 중앙정보부가 일본 도쿄에서 한국의 야당 지도자 김대중을 납치해가서 현재까지도 그의 소재가 확인되지 않고 있는데 이 사건에 대한 미국의 입장은 무엇인가?"라고 질문했다. 실종의 경위가 명확하지 않은 사건 초기 한국 중앙정보부의 소행이라고 못 박아 질문을 던졌다. 국무성 대변인은 진상을 파악하는 중이라고만 답변했다.

1998년 김대중이 대통령에 취임하자 문명자는 특파원 시절을 회고하는 책을 썼다. 그 책에서 그녀는 김대중 납치 사건을 여론화하는 과정을 이렇게 설명했다.

나는 그날 이후 날마다 국무성 기자회견에서 김대중 납치 사건에 대해 질문했다. 미국의 정부기관은 기자회견에서 나온 질문에 대해서는 반드시 답변을 해야 한다. 그 자리에서 답변하기 어려운 내용이면 사후에 서면으로라도 답변해야 한다. 그 때문에 기자회견에서 문제화하면 관계부처의 관심을 환기시키는 효과를 볼 수 있었다. 내가 그 같은 질문을 계속한 이유는 한국 언론이 김대중 납치 사건을 제대로 보도하지 못하고 있는 판에 납치 사건 발생국인 일본 언론들이

라도 사건을 이슈화해 주기를 기대해서였다. 다행히도 일본 언론들
은 김대중 납치 사건을 대대적으로 보도했다(문명자, 1999: 161-162).

　김형욱은 자신이 수집한 정보를 즉각 문명자에게 알려주며 정
보의 신빙성을 검증하곤 했다. 반박정희 투쟁이라는 공동전선에
서 있었던 동지애적 협력이었다. 문명자의 남편이 이북 출신인
점도 이북 출신인 김형욱과 밀착되게 만든 요인이다.

　문명자는 1973년 10월 유엔 총회 현장 보도에서 '미 국무차관
이 한일 양국 간의 불행한 사태가 조속히 해결되기를 바라는 것
이 미국의 입장이라고 밝혔다.'는 멘트를 덧붙였다. 김대중 납치
사건을 환기시키려는 의도였다.

　그 방송 직후 MBC 본사에서 문명자에게 귀국 지시를 내렸다.
하지만, 문명자는 귀국을 거부하고 1973년 11월 8일 국무성에서
정치망명을 선언했다. 그녀는 망명의 동기를 MBC 후배의 제보
때문이라고 밝혔다. "MBC 후배가 미국 출장길에 일본에서 전화
를 했는데, '문 선배가 김포에 들어오기만 하면 바로 잡아넣는다
고 이후락이 벼르고 있답니다. 들어오지 마십시오'"라고 귀띔
했다고 한다(문명자, 1999: 167).

　김형욱은 문명자가 망명을 선언한 직후 전화를 걸어 "문 여사,
용감한 결심을 존경합니다. 우리는 뜻을 같이하는 동지입니다."
라며 반겼다. 그러면서 "문 기자, 김대중 납치 사건 내막도 내가
다 알고 있으니 때가 되면 문 기자가 세계적으로 특종을 하게 해
주겠소."라는 약속도 했다.

그러나 문명자와 김형욱의 밀월은 김형욱의 미 하원 프레이저 청문회 증언(1977.6.22.)이 끝난 후 문명자가 1978년 10월 한국교포 신문 「한국신보」에 '내가 아는 김형욱의 전부'라는 제목으로 김형 욱을 비판하는 기사를 쓰기 시작하면서 막을 내렸다.

문명자는 미국 망명 후 공직자들의 망명도 주선했다. '유신체제 최초의 반란'으로 불리던 주미 대사관 공보관장 이재현의 망명 (1973.6), 워싱턴 파견 중앙정보부 요원 김상근의 망명(1976.11.26.) 을 모두 문명자가 도왔다.

박 대통령의 해명

세계적 특종을 제보해주겠다던 김형욱의 말을 믿고 기다리던 문명자는 김대중 사건이 일어난 지 2년이 넘도록 말이 없자 1975 년 12월 초순 김형욱을 만나 단도직입적으로 그 이유를 물었다.

그에 김형욱은 미리 준비한 명단을 꺼내놓으며 "빨리 보고 가방 에 넣으시오."라며 대단한 비밀이라도 되는 양 생색을 냈다. 그러 나 그 명단을 보니 이미 미국과 일본 언론에 공개된 이름들이었 다. 문명자는 화가 치밀어 올랐으나 '김형욱이 자필로 쓴 납치범 명단'이라는 것에 의미를 두고 그 명단을 챙겨 넣었다.

그런데 그 명단에 기재된 박정희, 이후락, 김치열, 이철희, 김기 완 등의 이름들 가운데 '박정희'의 이름 옆에 물음표가 표시돼 있었다. 문 기자가 그 이유를 묻자 김형욱은 "PP(박정희의 약칭)까지 그 사실을 알았는지는 좀 불확실한데?"라며 말꼬리를 흐렸다(문명자, 1999: 280). 김형욱도 박 대통령 지시설을 확인할 수 없었던 것이다.

김형욱은 미 하원 국제관계위 산하 국제기구소위(프레이저위원회) 증언(1977.6.22.)에서도 "박 대통령이 이 공작을 직접 지휘했다는 증거를 나는 가지고 있지 못하나, 이만큼 중차대한 계획이 박 대통령의 재가 없이 이루어질 수 있다고 생각하지는 않습니다."라며 구체적인 증거를 제시하지 못했다(김형욱c, 1985: 312).

그 출처가 뚜렷하지 않지만 비밀 정보의 세계에서는 '결코 설명하지 않는다. 결코 사과하지 않는다. 결코 불평하지 않는다.'는 격언이 정보요원이 지켜야 할 덕목으로 전해오고 있다.

실패를 했으면 실패를 인정해야 더 큰 발전이 있고, 사과할 일이 없을 정도로 정정당당한 정의의 길을 걸으라는 훈계요, 어렵고 힘든 일이 있더라도 국가의 안전과 국민의 생명을 지킨다는 긍지와 사명감을 가지고 음지에서 묵묵히 일하라는 의미로 필자는 해석하고 있다.

박정희 전 대통령 역시 정보요원 출신이었다. 6·25 전쟁이 발발하기 직전 김종필, 이영근, 서정순 등 육사 8기 출신 엘리트 청년 장교들과 함께 육군본부 정보국 전투정보과에서 문관으로 근무하며 국가 위기를 예측하는 정보를 생산하는 일을 하고 있었다. 일선 첩보기관에서 수집한 첩보를 바탕으로 적의 정세를 정확하게 분석하는 것이 전투정보과의 임무와 기능이었다.

박정희는 그 시기 국가지도층이 정보를 간과해 전쟁이 일어나는 과정을 정보전선의 최일선에서 지켜봤다. 6·25 전쟁은 임진왜란과 함께 우리나라 역사상 대표적인 정보실패 사례다.

육본 정보국에서의 체험을 바탕으로 박정희는 5·16 직후 중앙정보부를 창설해 현대식 국가정보 관리체계를 구축했다. 국가 위기 예측정보를 강화하려는 노력이었다. 당시 한반도는 미국과 일본을 한 축으로 하는 해양세력과 중국과 소련을 한 축으로 하는 대륙세력의 이익이 최첨단에서 맞부딪치는 화약고와 같은 처지에 놓여 있었다.

정보요원으로서의 품성 탓인지 박 전 대통령은 자신의 처신에 대해 구차한 변명을 하지 않았던 것으로 잘 알려져 있다. 김대중 납치 사건에 대해서도 공개적 입장을 밝히지 않았다.

다만, 당시 전 세계적으로 큰 영향을 미치고 있던 미국 워싱턴 포스트지의 칼럼니스트 잭 앤더슨과의 인터뷰에서 '김대중 납치를 절대 지시하지 않았다.'고 단호하게 해명했다.

앤더슨은 납치 사건이 일어나고 1년여 지난 1974년 10월 방한해 박정희, 김대중, 신직수 중앙정보부장 등을 연쇄적으로 만났다. 그 면담 결과를 바탕으로 그가 쓴 칼럼이 워싱턴 포스트 등에 게재되고 국내에서도 조선일보가 그 전문을 인용해 보도했다. 이 칼럼은 박 대통령이 납치 사건에 대해 공개적으로 언급한 유일한 기사였다. 앤더슨 칼럼 중 박 대통령 관련 부분은 아래와 같다.

미국과 일본의 신문들은 박 대통령 자신이 그의 정치적인 라이벌인 김대중 씨의 납치를 지시했다고 강력히 암시했다. 나는 드디어 박 대

통령에게 김 씨의 납치 사건에 관해 말했다. 박 대통령은 감정을 나타
내지 않는 인상에 냉철한 사람이다. 그러나 그는 그러한 특성을 잃고
감정이 폭발하여 내 질문에 답변했다. 그는 말하기를 이전에는 그 자
신이 이 논쟁에 끌려 들어가는 것을 거부했다. 그래서 김대중 씨 납치
사건에 대한 질문에 대답하지 않았다고 했다. 그러나 나에게는 정중
하게 "나는 하느님에 맹세코 내가 이 추악한 사건에 아무런 관계가 없
다고 주장한다"고 말했다… 나는 중앙정보부장 신직수 씨와 이야기를
나누었고 또 익명을 요구하는 야당 지도자들과도 이야기했다… 나는
박 대통령에게 이 사건에 대한 나의 결론을 이야기했다. 박 대통령은
납치 사건은 아마 중앙정보부의 소행일 것임을 인정했다. 박 대통령
은 중앙정보부장에게 책임을 물어 즉각 이후락 중앙정보부장을 해임
했다고 말했다(조선, 1974.12.8.).

김대중의 납치행동대원 포용

김대중은 1973년 8월 13일 동교동으로 돌아온 직후 국내외 기
자들과 기자회견을 가진 데 이어 『아사히신문』, 『마이니치신문』,
『주간겐다이』등 일본 언론들과 연쇄 인터뷰를 갖고 일본에서 납
치되어 온 과정을 자세히 밝혔다. 그러나 자신을 납치한 사람들
이 어느 조직의 누구인가에 대해서는 언급하지 않았다.

다만, 귀환 후 이틀 지난 8월 15일 주간 겐다이 오오모리 기자

와 가진 전화 인터뷰에서 범인들이 자신을 납치한 동기를 묻는 질문에 "납치범이 누군지 정체를 알 수 없으나 지금까지 입수한 내용에 입각하여 추측해보면 그들은 나의 해외활동을 '매국행위'라고 보고, 이것을 경고하려고 했던 것으로 보인다. 그들이 납치 도중 '망국행위자는 용서할 수 없는 놈이다. 우리는 해외에서 조국을 배신하는 놈을 내버려 두지 않는 구국동맹이다'라고 말했기 때문"이라고 답변했다.

이어 8월 16일 『자유공화국』에 기고한 글에서는 자신을 납치한 젊은이들을 미워하지 않는다는 입장을 밝혔다.

> 나는 지금 젊은 한국 청년들의 행위를 미워하지 않는다. 배 안에서 청년들은 처음에는 내가 김대중이라는 것조차 몰랐다. 나를 알게 된 그들은 묶여진 손발을 문질러 주고 감싸주고 위로해 주었다. "선생님 배고프지 않습니까? 춥지 않습니까?" 하면서 따뜻한 마음을 보여주고 커피가 먹고 싶다는 어려운 청도 배 안에서 찾아 마시게 해 주었다. 내가 이야기하는 말에 7할은 이해해 주었다. 아무것도 모르고 나라를 위한다는 순진한 청년들의 마음을 이용한 상부를 미워해도 오히려 나는 청년들의 그 애국심에 나라의 장래에 밝은 빛을 보는 심정이었다(연세대학교 김대중도서관, 2019: 330-331).

실제로 김대중 전 대통령은 대통령에 당선되고 나서도 '국민통합' 차원에서 납치 관련자들을 문책하지 않았다. 동아일보는 김대중 대통령 취임일(1998.2.25.)을 5일 앞둔 1998년 2월 20일 중앙정보부에서 1979년 3월 10일자로 작성한 「K. T. 공작요원 실태조사 보고」라는 제목의 비밀보고서를 발굴해 보도했다. 「K. T.」란 김대중의 영문명 약자이다. 중앙정보부의 공작이란 사실이 문건으로 드러난 것이다.

이 보도 직후 기자들을 만난 김대중 당선자는 반드시 진상이 규명되어야 하나 이 문제에 관련된 자들에 대해 책임을 추궁하고 싶은 생각은 없다고 말했다(동아, 1998.2.20.).

한편, 김대중은 일본에서 납치되어온 직후부터 동교동 자가에서 연금 상태로 놓여있다 74일 만인 1973년 10월 26일 연금이 해제됐다. 박정희 전 대통령이 김재규 중앙정보부장에 의해 시해되기 꼭 6년 전의 일이다.

연금이 풀리던 날 김대중은 기자회견을 갖고 "나의 해외활동이 결과적으로 국가에 누를 끼친 데 대해 미안하게 생각하며 그것은 결코 내 본의가 아니었다."고 해명하면서 자신으로 인해 한일 양국의 우호관계에 금이 가는 일이 없기를 바란다고 말했다.

특히, 그는 주한미군 철수 주장, 망명정부 수립 계획, 미국의 대한원조 중단 요구, 북한연방제 지지 등은 사실과 다르며 오히려 그런 말이 나오면 그에 반대했었다고 강조했다.

주한미군 철수주장 시비에 대해서는 뉴욕에서 데모를 할 때 어떤 사람이 '미군철수'라는 플래카드를 들고 참여했는데, 일본 신문에서 데모 자체를 주한미군 철수데모처럼 보도하는 바람에 오해가 생겼다고 해명했다.

9장

이후락의 퇴장

북한의 남북대화 중단 선언

　김대중 납치 사건은 남북대화에 큰 영향을 미쳤다. 이 사건을 계기로 북한은 대화 중단을 선언했다.

　김대중 납치 사건에 중앙정보부가 개입했다고 처음 공론화한 신문은 일본의 요미우리(讀賣)신문. 김대중이 서울에 돌아오고 열흘쯤 지난 뒤인 1973년 8월 23일 '김대중 납치 사건에 중앙정보부 요원이 관계되었음을 한국 정부 소식통이 인정했다'고 보도했다.

　이에 대해 한국의 문화공보부는 즉각 '요미우리 신문의 보도는 전혀 사실무근의 날조된 기사로 8월 24일까지 기사를 전면 취소해줄 것'을 요청했다.

　하지만 요미우리 신문은 이에 응하지 않았다. 한국 정부의 충분히 신뢰할 수 있는 소식통으로부터 취재했고, 여러 방면의 정보를 종합 검토한 결과라며 불응했다.

요미우리 신문의 불복에 대해 문화공보부는 8월 24일 요미우리 신문 서울지국의 설치허가를 취소하고 서울에 체류하던 특파원 3명에게 24일 중 한국을 떠나도록 통보하는 한편 요미우리 신문의 국내배포도 금지시켰다.

요미우리 신문이 중앙정보부 개입을 보도하던 날인 8월 23일 일본의 법무상 다나까 이사지(田中三次)도 일본 참의원에서 '나의 육감으로 김대중은 한국중앙정보부에 의해 납치됐다.'고 발언했다.

이처럼 일본에서부터 터져 나오기 시작한 중앙정보부 개입설은 외신을 타고 해외로 퍼져나갔다.

이와 같은 국면이 조성되자 북한이 돌연 남북대화 중단을 선언하고 나섰다. 남북조절위원회 평양 측 공동위원장인 김영주는 8월 28일 김대중 납치 사건을 중앙정보부가 주모(主謀)했다고 비난하며 '민족반역자인 서울 측 공동위원장 이후락과는 더 이상 남북회담을 계속하지 않겠다'는 성명을 발표했다. 그와 함께 이후락 서울측 공동위원장의 교체를 요구했다.

난감한 상황에 빠진 이후락은 8월 29일 기자회견을 갖고 "중앙정보부는 김대중 납치 사건에 전혀 관여된 사실이 없으며 만의 하나 중앙정보부 직원이 한 사람이라도 끼어 있다면 어떠한 책임이라도 지겠다."고 북측을 비난했다.

그러면서 이후락은 작년 5월 2일 김일성이 자신을 보자 서너 차례 '부장 선생은 민족의 영웅이요' 하며 추켜세웠는데 이제와서 정반대로 자신을 민족반역자로 규정하는 것은 이해할 수 없는 처사라고 반박했다(조선, 1973.8.30.).

또한, 이후락은 북한이 반공법을 위반한 공산주의자들을 체포, 처벌한다고 해서 자신을 민족반역자로 규정하는데, 그러한 논법이라면 6·25 전쟁을 일으켜 수백만 동포를 학살한 북한노동당 조직부장인 김영주와는 자신도 자리를 같이할 수 없다는 논리가 성립한다고 정면으로 맞받아쳤다.

남북조절위원회는 1972년 7·4 남북공동성명에 따라 생겨난 기구이다. 7·4 공동성명은 이후락 부장과 김영주 부장을 공동위원장으로 하는 남북조절위원회를 구성하여 운영한다는 조항을 담고 있다.

이어 1972년 11월 4일 남북 간에 「남북조절위원회 구성 및 운영에 관한 합의서」가 채택됐다. 이 합의서는 자주적 평화통일 실현, 남북한의 정치적 교류, 경제·문화·사회교류 및 협력, 긴장완화·군사적 충돌방지 및 군사적 대치상태 해소, 대외활동에서의 공동보조 및 민족적 긍지 선양 등 5개 항을 협의, 결정, 실행하는 것을 남북조절위원회 주요 기능으로 규정했다.

이 합의서에 따라 1972년 10월부터 1973년 6월까지 공동위원장 회의 3회, 본회의 3회 등 총 6회의 회의가 개최됐다.

남북조절위원회 운영의 중단은 이후락이 공들여 쌓은 유신체제의 일차적 붕괴를 의미한다. 유신체제를 구축하면서 내세운 가장 큰 명분이 남북대화에 능동적으로 대처하기 위한 국력의 조직화였다.

일본 경시청에 꼬리가 밟힌 중앙정보부

박 대통령과 김종필 총리, 김정렴 비서실장 등은 김대중 납치 사건을 계기로 한일관계가 악화될 것을 우려, 사건 초기 중앙정보부의 개입을 부인하는 것으로 수습 방향을 잡았다.

이러한 방침에 따라 이후락은 8월 28일 북한이 중앙정보부 개입을 빌미로 남북대화 중단을 선언하자 그다음 날 기자회견을 갖고 중앙정보부 개입을 강하게 부인했다.

하지만 사건을 수사 중이던 일본 경찰이 사건 현장에서 주일대사관 일등 서기관 김동운의 지문을 채취하면서 상황이 악화됐다. 김동운은 중앙정보부 소속이었다.

김동운의 지문이 나오자 9월 5일 일본 외무성 호겐(法眼) 차관은 주일 한국대사 이호를 불러 "경찰 당국의 수사로 주일 한국대사관 1등 서기관 김동운이 김대중 사건에 직접 관여됐다는 증거가 나왔으므로 김동운을 일본 경시청에 출두시켜 달라"고 요청하고 일본 언론에 이 사실을 공개했다.

이에 대해 한국의 김용식 외무장관은 "한국의 수사 결과 김동운 서기관은 사건과 관계가 없는 것이 판명됐다. 일본 정부가 김 서기관의 이름을 들어 돌연 발표한 것은 매우 유감스런 일이다."고 비난했다.

이렇게 해서 김동운 서기관의 신병처리 문제가 한일 간의 최대 쟁점으로 떠오르고 국회에서도 여야 간에 공방이 이어졌다. 다만, 일본 정부와 한국 정부 누구도 김동운이 곧 중앙정보부 요원이라는 것을 알면서도 이를 공개적으로 발설하지는 않았다.

그런데 그해 9월 24일 열린 정기국회에서 김영삼 의원이 "일본 경시청은 김동운 일등 서기관을 범인으로 단정해서 출두를 요구했으나 김 서기관과 가족은 한국에 와 버렸고 정부는 출두를 거부했다. 김 서기관은 주일 대사관에서 무슨 일을 맡고 있었으며 언제부터 근무했는가. 김 서기관을 자진 출두시켜 국내외 의혹을 풀게 할 용의는 없는가"라며 정부를 몰아세웠다.

이 질문에 김종필 총리는 "우리가 조사한 바에 의하면 김 서기관에 관한 혐의는 없는 것으로 나타났고 김 서기관의 신분은 출두요청에 응해줄 수 없는 신분이어서 수사협조를 거절한 것이라며 앞으로도 그를 출두시켜 진술시킬 생각은 없다."고 단호한 입장을 보였다.

그다음 날 신직수 법무장관도 국회에서 "일본이 외교경로를 통해 김동운 일등 서기관의 지문 검출사실을 통보해왔을 뿐 직접 지문을 제시한 일이 없다. 지문과 지문이 나온 출처, 합리적인 채취 방법 등을 받기 전에는 믿기 어렵다. 지문이 나왔다는 사실만으로 김 일등 서기관이 관련됐다고 볼 수는 없다. 김대중과 사건 현장에 있었던 양일동, 김경인 등 세 사람도 각각 김 일등 서기관이 진범이 아니라고 증언하고 있다."고 답변했다(동아, 1973.9.25.).

한국 정부와 여당이 한일관계 파탄을 우려, 중앙정보부 개입 사실을 감추고 있었으나 야당 의원이었던 정일형이 9월 26일 국회에서 중앙정보부 개입을 거론하고 나서면서 국내 파문이 확산됐다. 정일형은 국회에서 이렇게 말했다.

도쿄에서 김대중 씨를 납치해다 서울 복판에 데려다 놓은 범인들은 한국 사람들이야. 이쯤 되면 상식문제고 삼척동자도 알만해. 외국은 물론이고 국민들도 중앙정보부 소행이라고 단정하고 있어. 내 생각도 그런 것 같아. 총리는 범인만 잡으면 될 것 아니냐고 답변하겠지. 그러나 범인 잡으려 애쓰지 마시오. 정부 당국자만 못 잡았지. 국민들도 외국 사람들도 다 잡았고 나도 누군 줄 알겠어(김충식, 1992: 43-44).

대학가의 반발

국회에서 김대중 납치 사건에 대한 중앙정보부의 개입이 공론화되자 대학가가 들끓기 시작했다.

1973년 10월 2일. 동숭동 서울대 교내 4·19 탑 앞에 모인 백여 명의 문리대 학생들은 비상학생총회를 열고 선언문을 낭독했다. 선언문을 낭독한 다음에는 스크럼을 짜고 교정에서 데모를 벌이자 순식간에 학생들이 300여 명으로 불어났다.

캠퍼스 안으로까지 진입한 경찰은 최루탄을 쏘며 시위학생들을 강제 해산하고 180여 명을 연행했다. 유신체제가 들어선 이후 1년여간 잠잠하던 대학가 시위가 다시 불붙기 시작했다.

이날 배포된 선언문은 '악과 불의에 항거하여 이 땅에 정의, 자유 그리고 진리를 기어이 실현하려는 역사적인 민주투쟁의 첫 봉화에 불을 붙인다'고 선언하고 네 가지를 요구했다.

① 정부는 파쇼통치를 즉각 중지하고 국민의 기본권을 보장하는 자유민주체제를 확립할 것.

② 대일 예속화를 즉각 중지하고 민족자립경제체제를 확립하여 국민의 생존권을 보장할 것.

③ 중앙정보부를 즉각 해체하고 만인 공노할 김대중 사건의 진상을 즉각 밝힐 것.

④ 기성 정치인과 언론인은 각성할 것 등이었다.

서울 문리대에 이어 그 다음 날에는 서울 법대생, 그 다음 날에는 서울 상대생들이 잇따라 시위를 벌였다. 이렇게 출발한 시위는 경북대생(11.5), 고려대생(11.13), 연세대생(11.16) 등으로 번져 나갔다. 서울대 상대, 공대, 사대생들은 동맹휴학을 결의하기도 했다. 겨울방학을 앞당겨 실시하여 학교 문을 닫을 때까지 서울 지역 대학 중심으로 시위가 확산됐다.

집회와 시위 때마다 선언문이 채택됐고 그 속에는 중앙정보부 해체가 들어 있었다. 그해 10월 중순경 연세대, 서강대, 이화여대 등지에 뿌려진 성명서에 그 시기 대학생들의 인식이 잘 나타나 있다.

아무도 상상할 수 없었던 김대중 씨의 암살 음모, 국민의 숨통을 조이는 언론출판의 사전 검열, 집회결사의 자유 말살, 민주학생과 민주인사의 감금, 기관원에 의한 천인공노할 비인간적 행위, 국회와 법원의 형식화, 외국자본과 매판적 관료자본에 의한 국민 대중의 가혹한 수

탈과 민주경제의 붕괴, 새마을운동에 의한 농어촌의 외국자본과 매판
자본에의 예속, 근로자 임금 동결과 야만적 탄압, 세금, 복지연금 등
반민주적 군사독재와 반민주적 대일경제 예속. 이런 비참한 조국의
현실을 알리는 자 누구인가! … 학우여! 궐기하자! 최후의 승리를 위
하여!

1. 전국민은 모두 궐기하라.

2. 중앙정보부를 해체하라.

3. 새로운 민주정권을 수립하자.

4. 언론과 야당은 본래의 의무를 다하라(이상우, 1985: 36-37).

서울법대 교수 수사 도중 사망 파문

10월 2일 발생한 서울 문리대 시위를 시발로 대학가 시위가 확
산되고 있던 시기인 1973년 10월 25일 중앙정보부는 유럽 거점
간첩단 사건을 발표했다.

그러나 사건의 발표 시점이 많은 의혹을 불러일으켰다. 남북의
이념적 대결이 치열하던 시기 북한간첩은 국민들에게 공산주의
공포를 안겨주고 있었다. 6·25 전쟁의 상처가 채 아물지 않은 상
태에서 많은 청년들이 베트남 전쟁에 참전하고 있는 가운데 김신
조 일당의 청와대 기습사건(1968.1.21.), 울진·삼척지구 무장공비
침투사건(1968.11) 등이 일어나 국민들의 공포를 증폭시켰다.

그러한 시기 정부는 정치적 수세에 몰리면 국민 관심을 전환시키는 방법으로 간첩 사건을 발표하곤 했다. 유럽 거점 간첩단 사건 역시 다시 불붙고 있던 대학가 데모를 진정시키려는 의도로 보였다.

그와 같은 불신을 씻기 위해 중앙정보부의 김치열 차장은 유럽 거점 간첩단 수사 결과를 발표하면서 이 사건이 서울대학의 데모 사건과는 관련이 없다고 강조했다.

김치열 차장은 사건 관련자는 모두 정부 주요기관, 학원, 주요 기업에 근무하는 54명으로 서울공대를 졸업하고 네덜란드에 유학 중이던 이재원이 북한의 유럽공작 총책인 이원찬에게 포섭되어 북한에 입북, 대남공작교육을 받고 네덜란드, 스위스, 서독지역 공작책으로 임명되어 해외 유학생과 교포들을 포섭해왔다고 발표했다(경향, 1973.10.25.).

이날 발표에서 가장 주목받은 부분은 최종길 서울법대 교수가 조사를 받던 도중 1973년 10월 17일 범행을 자백한 후 용변을 보겠다며 중앙정보부 남산건물 7층 화장실로 들어가 갑자기 투신해서 자살했다는 내용이었다.

이재원과 인천중학교 동기동창인 최종길이 1958~1962년간 서독 쾰른대학 유학 중 중학 동창인 프랑스의 북한공작원 노봉유에게 포섭되어 1960년 6월 동독을 경유해서 평양에 들어가 간첩교육을 받았다는 것이 중앙정보부의 발표내용이었다.

하지만 발표 직후부터 최종길이 수사관의 고문에 의해서 타살되었으며 간첩 혐의도 조작됐다는 주장이 제기됐다. 특히, 최종길과 친분이 있는 해외 학계, 사건 당시 중앙정보부에 근무하고 있던 최종길 교수의 친동생 최종선과 천주교정의구현사제단 중심으로 진상규명 촉구활동이 활발히 전개됐다.

그러다가 김대중 정부 때인 2000년 1월 '의문사 진상규명에 관한 특별법'이 공포되고 대통령 직속으로 의문사 진상규명위원회가 출범하면서 최종길 교수 사망 문제가 다시 부각됐다. 최종길 교수가 타살됐는지 자살했는지, 간첩혐의는 사실인지 여부가 쟁점화됐다.

이러한 움직임에 대해 당시 최종길을 수사했던 차 수사관은 2002년 3월 신동아 기자와의 인터뷰에서 "천지신명에 맹세코 나는 최 교수를 죽이지 않았다"고 주장했다.

그러나 의문사 진상규명 위원회는 사건 당시 중앙정보부 관계자들을 대상으로 17개월간의 조사 끝에 "최종길 교수의 간첩혐의는 조작되었고 수사과정에서 고문이 있었다."고 2002년 5월 24일 최종 결정했다.

"1973년 10월 중앙정보부 감찰실에서 최종길 사건 관련자들을 대상으로 한 조사 결과 최종길이 간첩임을 자백한 사실이 없으며 수사관들이 최종길을 고문한 사실이 드러났음에도 고문한 사실을 은폐하고 마치 최종길이 간첩이라고 자백하고 조직을 보호할 목적으로 투신자살을 한 것으로 자살 동기를 조작했다."고 의문사 진상규명 위원회는 판단했다(김학민, 2017: 464).

유럽 거점 간첩단 사건은 조작인가

김대중, 노무현, 문재인 정부에서 그 이전의 많은 간첩 사건 연루자들이 재심 절차를 거쳐 무죄로 판정받았다. 무죄의 사유는 대부분 변호사 접견 제한, 진술 강요 등 수사과정에서의 하자였다.

그러나 훗날 드러난 제3자의 증언, 언론 취재 등에 따르면 간첩 혐의로 실형을 받고 복역한 사람들이 북한의 지령을 받아 간첩행위를 한 것은 사실이다.

유럽 거점 간첩단 사건 역시 훗날 북한 연락부 출신자의 증언으로 사실로 드러났다. 이 사건의 진실에 대해 증언을 남긴 인물은 북한 연락부 내부에서 이 사건을 지켜봤던 박병엽.

그는 1979년 10·26 사건 직후 해외에 나가있는 한국 대사를 포섭하기 위해 평양을 떠났다가 안기부에 체포된 인물이다. 안기부에 체포되어 조사를 받던 중 전향한 그는 해방 이후 1970년대 말까지 자신이 북한 연락부에서 근무하며 알게 된 대남공작들에 대해 많은 증언을 남겼다.

그는 1998년 사망할 때까지 한국에 살면서 중앙일보 유영구 기자와 정창현 기자에게 서용규, 신경완, 신평길, 황일호, Q씨, S씨, K씨 등의 가명으로 많은 증언을 남겼다. 그의 증언은 사실성과 정확성이 매우 높아 학계와 언론계에서 많이 인용되어 왔다.

노무현 정부 때 운영된「국정원 과거 사건 진실규명을 통한 발전위원회」(국정원 과거사위)도 박병엽에 대해 "놀라운 기억력의 소유자로서 북의 대남사업과 관련하여 아주 고급의 정보를 엄청난 양으로 제공했으며, 그의 체포는 남한의 대공활동에서 가장 성공적인 공작으로 평가된다"고 기록하고 있다(국정원 과거사위b, 2007: 276-277).

중앙정보부 발표에 따르면 유럽 거점 간첩단 사건은 네덜란드 거점 대남공작총책 이재원과 그의 친동생 이재문이 주도했다. 그리고 이 공작을 배후에서 조종한 인물이 북한의 동·서 구라파 대남공작 총책 이원찬이었다. 그러면 이원찬은 누구인가? 박병엽은 그에 대해 이런 증언을 남겼다.

> 4·19 직후에 동베를린에 공작거점이 정식으로 생겼다. 이 거점은 실제로 남한사람들을 직접 접촉해서 이북을 방문토록 하는 조직거점이었다. 이 거점에는 북한 노동당의 대남실무자 몇 명이 나가 있었다. 주로 동독 대사관의 참사, 서기관 등의 직함을 사용했다. (동백림 사건 발표 때) 중앙정보부의 발표에 자주 등장했던 이원찬은 조직거점에 처음 나갔던 인물은 아니고 그 뒤에 북에서 파견했던 공작원으로 지도원급이다. 물론 가명이다. 이 거점의 책임자는 이원찬이 아니었고 중앙당 대남연락부의 김 과장이었던 것으로 안다. 동백림 공작팀은 5명 안팎으로 짜여 있었다(유영구, 1993: 340).

한편, 박병엽은 유럽 거점 간첩단 사건의 실체에 대해서도 중요한 증언을 남겼다. 동백림 사건 때는 중앙정보부가 이 공작을 인지하지 못했으나 몇 년 뒤 공작이 노출됐다는 것이다.

동백림 사건의 관련자 말고도 당시에 유럽에는 북쪽과 관계를 갖고 있던 이 씨 형제 부분이 있었다. 이들이 (동백림 사건이 터졌을 때) 북한의 역공작을 도왔다. 동백림 사건 관련자 중에 북한을 다녀온 사람이 6~7명 되듯이 이 씨 형제와 연관되어 북한에 다녀온 사람도 6~7명은 됐던 것으로 알고 있다. 동백림 사건 관련자 연행을 위해 유럽에 급파됐던 중앙정보부 공작조 이 씨 형제 부분에 대해서는 깜깜했다. 이 씨 형제의 형은 당시 조선분야 공학박사로 연구차 네덜란드에 와 있다가 북한공작원과 선이 닿았다. 그의 동생은 서독에 거주했다. 이들과 연관되어 북쪽과 교분을 가진 사람도 대략 50여 명은 됐던 것으로 알고 있다. 이들 가운데는 노동당에 정식으로 입당한 사람도 한사람 있었다. 이 부분은 상당기간 은폐됐다가 73년쯤엔가 유럽 간첩단 사건으로 발각됐다. 사건화됐을 때 3명은 남한에 들어와 있다가 붙잡혔고 나머지는 유럽에 있었기 때문에 안전했다. 그런데 이 공작도 3호 청사의 동베를린 거점에서 만든 것으로 동백림 사건 관련자들과 활동·역할 면에서 거의 유사했다고 할 수 있다. 북과의 '관계의 성격'이 똑같았으나 다만 선만 독자적으로 운영되어 들통 나지 않고 더 오래 지속될 수 있었다(유영구, 1993: 353).

또한, 중정은 최종길이 프랑스의 북한 공작책 노봉유에게 포섭되었다고 발표했다(경향, 1973.10.25.). 노봉유는 서울대를 졸업하고 1957년 7월 파리대학으로 유학하여 졸업 후, 전기 기술자로 일하고 있었다. 그는 파리대학에 재학 당시 북한에 포섭되어 박협, 방준, 정성배 등 파리대학 유학생들을 세뇌시킨 후 북한대사관과 연결시켰다. 프랑스지역 북한 스파이망의 중심 인물이었다.

하지만 동백림 사건 당시 중앙정보부는 노봉유를 체포하는 데 실패했다. 노봉유는 중정 체포팀이 유럽에 도착하자 이를 눈치채고 동백림 북한대사관으로 피신했다. 박협도 동베를린으로 도망쳤다.

당시 중정에 체포된 정성배에 따르면 1967년 6월 24일 오후 1시 30분경 박협은 정성배와 방준을 파리 시내 어느 다방으로 불렀다. 그 자리에서 박협은 "6월 19일 한국대사관에서 나에게 제6대 대통령 취임식에 참석해달라는 연락이 왔다. 연락을 받고 가만히 생각해보니 나를 검거하려는 술수로 보였다. 그래서 북한 상부선에 보고를 했더니 즉시 조직원들을 데리고 입북하라는 지령이 하달됐다."라며 함께 달아날 것을 촉구했다. 그러나 정성배는 집안일을 정리한 다음 입북하겠다며 입북을 미루다 중정에 체포됐다(정주진, 2021: 101).

김종필의 분노

김대중 납치 사건은 권력 내부에서도 강한 반발을 초래했다. 5·16 정변 후 어렵게 한일 국교를 정상화시킨 김종필 국무총리의 불만이 가장 컸다. 정부기관이 상대방의 주권을 무시하고, 납치 사건에 개입한 것이 사실로 드러날 경우 양측 외교관계가 다시 파탄 날 수 있었다.

이처럼 이후락의 무리수로 한국 정부가 궁지에 몰리고 있을 때 김종필 총리는 박 대통령을 찾아가 '사안이 중대한 만큼 자신이 도쿄에 직접 가서 일본 총리를 만나 사과해야겠다'는 의사를 밝혔다. 그때 옆에 있던 이후락 부장이 반대 입장을 보였다. 일본의 반발은 그대로 내버려 두면 진정될 것이라는 이유였다.

하지만 박 대통령은 김종필 총리의 편을 들었다. 대통령의 승인이 떨어지자 김종필은 측근인 이병희 전 중앙정보부 서울분실장을 일본에 밀사로 보내 수습방안을 논의했다.

수습논의 과정에서 이후락 퇴진도 거론됐다. 이 사실을 눈치챈 이후락은 어느 날 이병희를 궁정동으로 불러 "당신이 뭔데 날 잡는 거야. 왜 날 희생시키려고 해. 나 다 알고 있으니 조심해요"라며 불쾌한 반응을 보였다(김충식, 1992: 51).

김종필 총리의 수습 노력으로 일본과의 입장이 정리되자 1973년 11월 1일 김용식 외무장관이 정부입장을 발표했다. 첫째, 사건에 관련된 혐의가 짙은 김동운 1등 서기관을 면직 처분한다. 수사 결과에 따라 법으로 처리하겠다. 둘째, 사건 발생 전 일본과 미국에서 김대중 씨 언동에 대해서는 앞으로 반국가적인 언동을 하지 않는 한 추궁하지 않겠다. 셋째, 김종필 국무총리가 일본을 방문하여 박 대통령의 친서를 전달하고 유감을 표명한다(김대중, 2010: 309-310).

11월 1일 오전 정부발표 직후 김종필 총리는 오후에 청와대를 방문하여 일본에 전달할 박 대통령의 친서를 받아왔다. 2006년 2월에야 공개된 박 대통령의 친서에는 "최근 의외에도 김대중 사건이 야기되어 일시적이나마 양측 사이에 물의가 생긴 것은 대단히 불행한 일이며 본인은 각하와 귀 국민에게 유감의 뜻을 표한다."는 내용이 담겨 있었다.

김종필은 박 대통령으로부터 친서를 받아오자마자 출국에 앞서 그날 오후 삼청동 총리공관에서 이후락 중앙정보부장, 김용식 외무부 장관, 김정렴 비서실장과 함께 방일대책을 논의했다. 그 자리의 분위기를 김종필은 이렇게 기록으로 남겼다.

> 내가 이후락에게 "일본으로 사과하러 가는 마당에 사건 경위와 진상이라도 알고 가야 할 거 아니오"라며 구체적인 사건 경위를 물어봤다. 이후락은 "나는 잘 모른다"고 딱 잡아뗐다. 나는 그 자리에서 벌떡 일어나 "당신이 모르면 누가 알아? 당신이 이따위 짓을 하고 나는 일본에 가서 머리를 숙여야 하는데 미안하지도 않아?"라고 소리를 쳤다. 순간적으로 너무 화가 나서 이후락에게 다가가 덤벼들려고 했다. 옆에 있던 김정렴 비서실장이 만류하는 바람에 가까스로 화를 참고 다시 자리에 앉았다(김종필, 2016: 443).

김종필 총리는 1973년 11월 2일 진사 사절로 일본을 방문해서 다나카 가쿠에이(田中角榮) 총리를 만났다. 다나카 총리는 "대한민국의 국무총리가 직접 와서 유감을 표명하고 진상을 철저히 규명하겠다고 확인하고 재발하지 않도록 한데 대해 높이 평가한다.

이걸로 됐다. 양국 간 공식적인 마무리는 됐다."고 말하고 "앞으로 김대중과 같은 사람은 일본에 제발 보내지 말아 달라"고 부탁했다. 이렇게 해서 한일 간의 외교적 마찰은 수습됐다.

미 CIA 한국지부장의 이후락 퇴임 압력

김대중 사건으로 사면초가에 몰린 이후락의 입지가 더욱 좁아진 것은 미 CIA의 퇴진 압력이었다.

CIA 한국지부장 그레그(Donald Phinney Gregg)는 최종길 교수 사망사고가 일어나자 박종규 경호실장을 찾아가 이후락의 사퇴를 대통령에게 건의해주도록 요청했다. CIA 본부의 승인을 받지 않은 단독행위였다.

CIA 본부에서는 인사 문제에 개입하지 말라는 지침을 내렸으나 이 지침을 어기고 독자적으로 박종규를 만나 이후락 퇴진을 요청했다. 박종규가 이후락의 라이벌이라는 걸 알고 그를 찾아간 것이다.

그레그는 자신이 박종규를 통해 이후락 사퇴압력을 넣은 후 열흘쯤 있다가 이후락이 퇴진했다고 회고했다. 그리고 자신의 사퇴압력으로 이후락이 퇴진한 것을 무척 자랑스럽게 생각했다.

그는 CIA를 퇴임한 후 CIA 후배, 미 육군사관생도 등 대상으로 강연을 하면서도 '본부의 지침을 어기고 이후락 사퇴압력을 가한 것이 CIA에 근무하며 본부지침을 어긴 처음이자 마지막 케이스였다'고 소개하고, 자신의 회고록에도 이 사례를 소개하는데 많은 지면을 할애했다.

2011년 5·16 50주년을 맞아 한겨레신문 워싱턴 특파원과 가진 인터뷰에서도 박종규 경호실장을 찾아가 이후락 퇴진을 요구했던 사실을 언급했다.

> 나는 박 실장이 남자다워서 좋아했고, 박 실장이 이후락을 싫어하는 것도 알고 있었다. 나는 박 실장에게 '내가 상부의 어떤 승인이나 지시를 받고 얘기하는 게 아니라 내 생각을 말하는 것이다. 최 교수에게 무슨 일이 벌어졌는지 나도 알고, 당신도 안다. 중앙정보부의 일이다. 나는 북한에 맞서 중앙정보부를 돕기 위해 남한에 왔다. 그런데 내가 아는 한 중앙정보부가 북한에 대해 일하기보단, 박정희 정권의 반대세력을 억누르는 데만 골몰한다. 나는 이런 식의 관계가 매우 불편하다'고 말했다. 그때 박종규는 이를 메모했다. 표정이 매우 진지했다. 그리고 나는 내 사무실로 돌아와 기다렸다. 1주일 뒤, 이후락이 경질됐다. 이후락은 이후 한국을 떠나 카리브해(영국령 바하마)로 도망갔고, 박 정권이 그를 찾아내 다시 한국으로 불러들였다 (강태호·존 딜러리, 2014: 37).

그레그는 1973년 6월 베트남에서 한국으로 부임해왔다. 한국에서 윤필용 사건이 마무리되는 시점이었다. 그는 부임 초기부터 이후락을 좋지 않게 보았다. 남북회담을 진행하면서 김일성에게

경사된 것으로 보았다.

그는 하비브 주한 미 대사에게 전입인사를 하자마자 이후락을 찾아갔다. 그로서는 중앙정보부장이 제일 중요한 협력 파트너였다. 그레그는 회고록에서 이후락을 처음 만났을 때, 이후락이 김일성을 비난하기보다는 좋게 말하는 데 놀랐다는 기록도 남겼다.

의례적인 사교적 인사말이 오간 뒤에 나는 이 부장에게 그 전해에 북한을 방문하여 평생의 적 김일성과 마주 앉은 느낌이 어땠느냐고 물었다. 이 부장의 대답은 나를 놀라게 했다. 그는 갑작스럽게 영어를 시작하더니, 거칠고 열렬하게 다음과 같이 대답했다. "참 대단한 녀석이오. 일인 통치에다 강인한 체력에, 정말 대단한 작자요!" 이 부장은 김일성과 대화해본 결과 만일 앞으로 남북관계를 개선하려면 평양의 체제전복 공작에 의해 남한체제가 흔들리지 않도록 남한의 정치나 안보문제를 더 강경하게 다뤄야 한다고 믿게 됐다는 점을 나에게 특별히 강조했다(도널드 P. 그레그/차미례, 2015: 215).

김일성의 이후락 살해 지령

이후락 중앙정보부장 재임 시 국무총리였던 김종필은 이후락의 처세를 곱지 않게 보았다.

김종필은 1973년 봄 김일성이 이후락 부장을 살해하기 위해 공작원을 남파시켰었다는 증언도 남겼다. 10월 유신이 발표되자 이후락에게 속았다고 생각한 김일성이 이후락을 죽이라는 지령을 내렸다는 것이다.

이듬해 봄 이후락이 경남 통영 해변의 충무관광호텔에서 며칠 동안 쉬고 있는데 괴한들이 들이닥쳤다. 소형 잠수함을 타고 북에서 내려온 무장공비들이었다. 새벽 어둠을 틈타 3명이 해변으로 올라왔는데 경비를 서던 경찰 경비대에 한 명이 사살되고 한 명은 총상을 입은 채 잡혔다. 또 다른 한 명은 바다로 뛰어들었다. 체포된 간첩을 문초해보니 "이후락을 죽이러 왔다."고 진술했다. 김일성은 박 대통령의 유신발표를 보고 "내가 이용당했다. 이후락이 나쁜 놈, 처치해라"고 말했다고 한다. 이후락은 명이 긴 모양이었다. 마침 그날 이후락은 예정에 없던 일정이 생겨 서울에 가고 없었다(김종필, 2016: 406).

1976년 귀순한 간첩 김용규도 김종필과 비슷한 증언을 남겼다. 김용규는 북한 대남공작부서에서 차관급으로 대우받던 거물로 북한에 있을 때 '대남공작 성공사례집'을 읽을 수 있는 위치에 있었다. 1976년 9월 거문도로 남파됐을 때 동료 2명을 사살하고 귀순한 인물이다.

김용규에 의하면 김일성은 1974년 3월 3호 청사 간부회의에서 아래와 같은 지령을 내렸다고 한다.

해외에 나갔던 전 정보부장 이후락이 지금 충무호텔 2층 특실에서 휴양하고 있다는 정보가 들어왔는데 연락부에서 그 자를 평양으로 데려오도록 작전을 한번 해보시오. 지금은 공직에서 물러난 상태니까 경호원도 별로 없을 것이고, 장소도 바닷가니까 감쪽같이 잡아올 수 있을 것입니다. 그리고 상대가 보통 인물이 아니기 때문에 혀를 깨물 수도 있습니다. 그러니까 자해 행위를 하지 못하도록 강력 마취제를 써서라도 내 앞에 데려오기만 하면 됩니다

(김용규, 2013: 256).

김종필은 북한간첩이 충무호텔로 접근한 날을 1973년 봄 이후락이 현직에 있을 때로 기억했으나 김용규는 이후락이 부장직을 사임하고 난 이후 김일성이 지령을 내렸다는 차이점이 있다. 그러나 충무호텔에 투숙하던 이후락을 공작목표로 삼았다는 증언 부분은 일치한다.

이후락의 해임과 행방불명

이후락은 1973년 12월 3일 중앙정보부장직에서 해임됐다. 1970년 12월 22일 취임한 후 3년여만의 퇴임이었다.

박정희 정부로서는 김대중 납치 사건 이후 드높아지고 있던 중앙정보부에 대한 불만과 대학가 시위의 확산 등 혼란 사태를 수습할 카드가 필요했다. 새해가 오기 전에 저항요인들을 정리할

필요도 있었다. 그런 카드로 이후락 경질을 택했다.

박정희 정부는 이후락과 함께 10개 부처장관을 한꺼번에 교체함으로써 국정쇄신 의지를 보여주려고 노력했다. 김종필 총리는 '최근 국내에서 일어난 일련의 사태에 대한 책임을 통감한다'는 명분으로 내각의 일괄사표를 대통령에게 제출했다. 대통령은 이 가운데 중앙정보부장을 비롯한 외무·내무·국방장관 등 10개 부처장관을 경질했다. 김종필 총리는 유임됐다.

이후락 부장이 퇴임한 다음 날 유진산 신민당 총재는 기자회견을 갖고 "중앙정보부가 지금까지는 학원, 언론, 정당 등 사회 각 부문에 걸쳐 간섭해왔으나 앞으로는 대공활동이라는 본래적 기능의 수행에만 국한, 서정쇄신의 출발점을 삼아야 할 것"이라며 문제가 많았던 이후락 정보부장이 이번에 경질된 것은 그런대로 뜻이 있다고 호평했다.

동아일보도 내각이 일괄사표 명분으로 내세운 '일련의 사태'가 무엇인지는 알 수 없으나 김대중 씨 사건, 학원·언론계 사태, 유류파동 등을 의미하는 것으로 보인다고 지적하며, 가장 주목을 끄는 점이 중앙정보부장의 경질인데, 정보부의 이미지를 일신하는 계기가 되었으면 바란다는 사설을 실었다(1973.12.4.).

이처럼 야당과 언론에서 이후락의 퇴진을 환영하고 나서고, 중앙정보부장직을 잃음으로써 정부 내에서도 입지가 어려워지자 이후락은 돌연 해외로 도피하는 수순을 밟게 된다.

김형욱 전 중앙정보부장이 김대중에게 정치자금을 대준 사실이 들킬까 봐 해외 망명을 결심하고 가족들을 하나둘 미국으로 먼저 빼돌리는 등 치밀하게 준비한 것과 달리, 이후락은 가족들도 내버려 둔 채 갑자기 도망가듯 국외로 탈출했다. 1973년 12월 19일이었다.

이수근이 해외로 탈출할 때 변장했던 것처럼 중절모자를 쓰고 선글라스를 낀 채 김포공항을 통해 홍콩으로 떠났다. 김포공항에서는 직전 부하였던 울산 출신의 측근이 출국을 도와줬다.

새롭게 부임한 신직수 중앙정보부장은 이후락의 행방불명이 무척 불안했다. 김형욱에 이어 이후락까지 해외로 망명할 경우 박정희 정권에 미칠 피해가 클 수밖에 없었다.

급기야 일본 도쿄 신문은 12월 29일 '이후락 전 중앙정보부장이 정치적 망명을 위해 지난 22일쯤 영국으로 떠났다'고 보도하고, 국내신문들이 도쿄 신문을 인용해서 보도하기 시작했다.

그리고 도쿄 신문은 이후락이 주한 미국대사관에 비자를 신청했다가 취소하고 비자 없이도 입국할 수 있는 영국이나 프랑스 등 유럽으로 간 것으로 보인다는 추측성 보도를 덧붙였다.

도쿄 신문의 보도로 사태가 확산될 조짐을 보이자 외무부는 12월 29일 대변인을 통해 '이후락 부장은 심장병을 치료하기 위해 정부의 허가를 얻어 약 3개월 일정으로 영국으로 떠났고, 망명했다는 외신보도는 전혀 사실과 다르다'고 부인했다. 훗날 밝혀진 바에 따르면 정부허가를 받고 출국했다는 발표는 사실과 다른 내용이었다.

도쿄 신문이 이후락 망명을 보도하고, 외무부를 통해 정부허가를 얻어 출국했다는 정부입장을 공식으로 발표한 만큼, 이제 중앙정보부로서는 이후락의 소재를 확인하는 것이 중요한 현안으로 떠올랐다. 이후락과의 연락이 두절된 것을 국내언론에서 알아차리고 문제 삼을 경우 박정희 정부의 신뢰에 금이 갈 수 있었다.

이러한 상황에 직면하자 서울의 중앙정보부 본부에서는 런던의 중앙정보부 거점에 이후락의 소재를 확인하라는 지시가 떨어졌다. 홍콩에서 영국행 비행기를 탄 것까지는 본부에서 확인했으나 영국에서의 행방을 찾는 것은 영국 거점의 일이었다. 하지만 영국에서 이후락의 행방을 찾기가 쉽지 않았다. 본부에서는 빨리 찾으라고 독촉했으나 행적을 알 길이 없어 런던 거점이 무척 곤란한 입장에 빠졌다.

그때의 어려움에 대해서는 당시 런던에서 중앙정보부 직원으로 일했던 이종찬 전 국정원장이 기록으로 남겼다.

> 런던 시내에 호텔이 그렇게 많은지 그때 비로소 알았다. 호텔마다 일일이 투숙객 명단을 찾아보려 했지만 'Lee'나 'Rhee'라는 이름이 너무 많아 확인이 불가능했다. 대사관과 협의해 런던 공항 당국으로부터 12월 19일부터 1주일간의 출입국 명단을 확보하려 했지만 그것도 수만 명이나 되어 힘들었다. 우리 인력으로는 도저히 확인할 길이 없었다. 화가 치민 김동근 공사는 본부로 전문을 보내 "너무 재촉하지 말라. 소재 파악에 최선을 다하고 있다."라면서 현지 사정을 실토했다. 그렇게 우리는 좌불안석이고 이후락의 소재는 오리무중인 가운데 두 달 정도 시간이 흘렀다. 해가 바뀌어 1974년 2월 어느 날, 이후락 전 부장이 김동근 공사 사무실로 전화를 해왔다. "나 지

금 바하마에 와 있네."(이종찬, 2015: 270)

바하마는 쿠바 동북쪽, 미국 플로리다반도 남동쪽에 놓여있는 섬나라로서 1973년 7월 10일 영국 식민지에서 독립했다. 이후락이 도착하기 5개월 전 탄생한 신생국이었다.

1492년 콜럼버스가 최초로 신대륙을 발견했을 때 처음 닿은 곳이 이 나라의 산살바도르섬이다. 영어를 공용어로 사용하고 수도는 나소이며, 2012년 기준으로 인구가 31만 6천여 명에 불과한 작은 나라이다.

망명의 길목에서 만난 이종찬

이후락은 공항에 근무하는 울산 출신 중앙정보부 간부의 도움을 받아 비밀리 출국할 수 있었다. 이후락이 탄 비행기는 대만을 경유해서 홍콩으로 가는 비행기였다. 그런데 대만에 잠시 머무를 때 이후락은 공항 대기실에서 이종찬과 만나게 된다.

중앙정보부 내에서 강창성 라인으로 지목되어 이후락이 강창성 라인을 제거할 때 신변의 위협을 느껴 김동근 보안차장보를 따라 영국으로 나가서 근무하던 이종찬.

영국에 나간 지 6개월여밖에 안 된 시점에서 이종찬은 부친이 돌아가셨다는 부음을 듣고 잠시 국내에 귀국했다. 장례를 치르고 영국으로 돌아가기 위해 12월 19일 대만을 경유하는 홍콩행 비행기를 타고 가다 대만 비행장에 체류할 때 혼자서 앉아있는 이후락을 보았다.

선글라스를 끼고 중절모를 눌러써 변장하고 있었지만 차장보 보좌관으로 근무하며 가까이서 이후락을 지켜볼 수 있었던 이종찬은 단번에 이후락을 알아볼 수 있었다.

이후락은 이종찬이 인사하자 무척 반가워하며 아무런 준비도 없이 서둘러 나왔다고 밝히고 홍콩에 잠시 함께 머무르며 호텔예약 등을 도와주도록 부탁했다. 홍콩에서 4~5시간 기다리다 다른 항공편으로 출발 예정이었던 이종찬으로서는 무척 난감했다. 하지만 직전 상관의 부탁을 거절하기도 어려웠다.

이렇게 해서 이종찬은 홍콩 힐튼호텔에서 3일간을 한방에서 이후락과 같이 지내게 됐다. 이후락은 자신의 행선지가 노출될 것을 우려, 이종찬에게 일체 외부에 연락하지 말도록 신신당부했다. 식사도 호텔방에서 시켜 먹었다.

이후락에게 발목이 잡혀 런던으로의 귀임이 늦어지던 이종찬은 12월 21일 저녁 초조한 나머지 이후락에게 더 이상 귀임이 늦어지면 본부와 런던에서 자신을 찾아서 소란해질 것이라며 내일은 런던으로 떠나야겠다고 밝혔다.

그러면서 이후락에게 어디로 갈지 일정을 정했느냐고 물었다. 그에 이후락은 아무 데도 결정한 곳이 없다고 했다. 그에 따라 이종찬은 영국으로 함께 가자고 권유했으나 이후락은 영국으로 먼저 떠나있으면 며칠 더 생각해보고 영국에 가게 되면 연락하겠다고 약속했다.

그러면서 이후락은 자신과 만났다는 사실을 본부에 알리지 말 것을 신신당부했다. 영국에 가서 있을 곳이 마련되면 이종찬에게만 알려줄 테니 서로 긴밀히 연락을 유지하자고 간곡하게 부탁했다. 단, 이종찬의 상관인 김동근 공사에게만 자신과 만난 사실을 보고하되, 김 공사에게도 본부에 알리지 않도록 해달라고 주문했다.

런던으로 돌아간 이종찬은 이후락과의 약속을 지켜, 김동근 공사에게만 보고하고 본부에는 일절 보고하지 않았다. 그러던 중에 본부에서는 이후락의 소재를 찾으라는 독촉 전문이 빗발쳤다.

본부에서 보내온 비행기 승객 명단을 보니 이후락은 이종찬이 런던으로 떠난 후 그 다음 비행기를 타고 런던에 온 것으로 되어 있었다. 하지만, 헤어질 때 연락을 주겠다고 약속한 이후락으로부터는 아무런 연락이 없었다.

진퇴양난에 빠진 이종찬은 본부 해외담당국장으로부터 걸려온 독촉 전화를 받고 통화하다가 그만 홍콩에서 이후락과 접촉한 사실을 토로하고 말았다. 본부 국장은 불같이 화를 냈다. 이어 이철희 차장보로부터도 강한 힐책 전화가 왔다.

이종찬은 "그분이 우리들의 직전 상관이었고, 그분이 곤경에 처해서 일체 연락은 저한테만 할 테니 보안을 지켜달라고 했는데 제가 어떻게 그분의 요청을 거부합니까" 하고 하소연했다.

그럼에도 이철희는 당장 시말서를 써서 보내고 무슨 일이 일어날지 각오하라고 고함을 치며 전화를 끊었다. 이종찬은 본국으로의 강제소환을 각오하고 기다렸으나 후속 조치는 없었고 이후락으로부터의 연락도 두절된 채로 두 달 정도 시간이 지났다.

그러던 1974년 2월 어느 날 이후락이 김동근 공사에게 전화를 걸어왔다. 지금 바하마에 있으며 런던을 거쳐 서울로 돌아간다는 말이었다.

런던에 도착한 이후락은 이종찬이 홍콩을 떠나던 날 오후 런던행 비행기를 타고 히스로 공항근처 호텔에서 하룻밤을 묵고 바로 바하마로 건너갔다고 그간의 경로를 설명해줬다. 바하마에 머무를 때 아들의 장인인 김종희 한국화약 회장이 귀국을 권유하는 박 대통령의 메시지를 보내온 사실도 얘기해줬다(이종찬, 2015: 264-271).

이렇게 해서 이후락이 런던을 떠나 서울에 도착한 날은 1974년 2월 27일이었다. 영원히 서울과 이별한 김형욱과 달리 이후락은 두 달여 방황 끝에 서울로 돌아왔다.

도피성 망명자 이재현의 중앙정보부 비판

이후락 부장이 물러날 즈음 대미관계를 개선하기 위해 구축한 한미관계 시스템에서 이상이 나타나기 시작했다. 그 시발은 이재현 주미 한국대사관 공보관장의 망명이었다. 이재현은 1973년 6월 갑자기 사직한 다음 웨스턴 일리노이대 교수로 일하기 시작했다.

그런데 2년이 지난 1975년 6월 10일 미 하원 국제기구 소위원회가 주최한 한국의 인권문제 청문회에 그가 증인으로 나타났다. 증언대에 선 그는 한국 정부를 무척 곤혹스럽게 만드는 말들을 쏟아냈다.

1973년 주미 한국대사관에서 특별한 회의가 열렸는데, 김동조 주미 대사는 간단한 회의배경만 설명하고, 대부분의 회의내용을 중앙정보부에서 파견한 이상호 공사가 주관했으며, 회의내용은 중앙정보부의 공작계획을 설명하는 것이었다고 주장했다.

이재현의 미 하원 증언은 당시 주미 대사관에서 정무 참사관으로 일하며 미 의회의 한국관계 청문회 내용을 수집해서 서울 외무부로 보고하던 김석규가 자세한 기록을 남겼다.

> 한국중앙정보부(KCIA)의 활동은 한국 국내에 국한되지 않고 미국까지 수출되고 있다. 한국 중정의 비밀공작계획은 박정희 통치에 대한 미국 내의 지지자 확보와 박정권에 대한 비판을 잠재우기 위해 회유·매수·협박을 기본수단으로 하고 있다. 한국중앙정보부는 미국 지도자 특히 국회의원을 매수코자 하며, 한국에 투자한 미국 기업들에 대해서는 워싱턴에서 박 정권의 정책을 로비하도록 압력을 가했다. 학술회의에서 박 정권의 독재를 합리화하도록 조작했고, 우호적인 교수들을 방한 초청했다. 한국 교민사회에 위장요원을 침투시켜 교민회를 장악하며 비협조적인 교민을 본국 가족의 안전을 위협하는 방법으로 협박했다

(김석규, 2005: 212).

이러한 이재현의 증언에 대해 김동조 당시 주미대사는 훗날 회고록에서 이재현이 주장한 미국 지도자 매수계획 등 중앙정보부 공작을 설명하는 특별회의는 있을 수도 없는 억지 주장으로 언급할 가치조차 없는 모략이었다고 반박했다.

그러면서 김동조는 오랜 기간 정부 공무원으로 일했었고, 신문학 박사학위를 취득한 양심 있는 지성인이라면 하루빨리 국민들에게 모든 진실을 밝히고 사죄하라고 촉구했다(김동조, 2000: 335-336).

김동조는 이재현의 망명을 인사에 대한 불만과 중앙정보부의 강압적 조사 때문이라고 봤다.

문화공보부 소속이었던 이재현은 김동조 대사에게 스위스 대사로 보내달라고 집요하게 청탁했다고 한다. 하지만, 김 대사는 이재현이 외무부 소속이 아닌 문화공보부 파견 직원이고, 인사권을 가진 외무부 장관도 아니었기 때문에 이 청탁을 무시하고 있었다. 청탁 당시 이재현은 서울로 돌아가더라도 후배들이 고위직을 차지하고 있어 곤란한 입장이었다.

이러한 상태에서 중앙정보부가 이재현을 조사해야 하는 일이 일어났다. 이재현이 망명하기 직전인 1973년 4월 말 주미대사관 공보관실에서 근무하던 직원이 귀국명령을 어기고 행방을 감춘 사고가 일어났다. 현직 외교관이 정부 승인 없이 주재국에서 임지를 이탈한 것이다.

이에 관할 장관인 윤주영 문화공보부 장관은 즉시 중앙정보부에 진상조사를 의뢰하고 밤중에 두 번이나 이재현에게 국제전화를 걸어 행방불명된 직원을 찾아내 서울로 보내라고 독촉하면서 '당신의 충성심도 의심스럽다'고 힐책했다.

미국 현지의 이상호 공사는 서울 본부로부터 행방불명 사건을 조사하라는 지시를 받고 1973년 6월 4일 오전 이재현을 자기의 방으로 불러 조사했다. 이 공사는 3시간여에 걸친 조사를 통해 "행방불명된 사고에 왜 협조를 하지 않습니까. 그가 어디 숨어 있는지 당신은 알지요. 설득해 보세요. 안되면 우리가 해 보도록 해 주세요"라며 추궁했다.

오전 조사를 마치고 점심시간이 되어 이 공사 방을 물러나온 이재현은 그 이후로 종적을 감췄다.

훗날 김동조 대사는 예민한 성격의 이재현이 윤주영 장관으로부터 힐책 전화를 받고 난 후 노이로제 상태에 빠져있었던 데다, 중앙정보부에서 파견된 이 공사가 강압적으로 행불 직원이 도피한 배경을 추궁하자, 중앙정보부에 잡혀가지나 않을까 하는 공포감에 사로잡혀 미국에 망명한 것으로 추정했다.

이재현은 청문회장에서 중앙정보부에 대한 비판과 함께 김동조 대사가 돈뭉치 수십 개를 만들어 가방에 넣고 의회에 갔다고 주장했다. 이에 대해서도 김 대사는 이재현이 결국 자신의 망명을 합리화하기 위해, 없는 사실들을 만들어 조작했다고 비판했다 (김동조, 2000: 334).

청문회를 주관한 미 하원 프레이저 의원은 이재현의 증언이 사실일 경우 미국법을 어긴 중대한 사안이라고 보고 국제기구소위 직원들에게 조사를 지시하게 된다. 이렇게 시작된 조사가 1970년대 한미관계를 최악의 상황으로 몰아넣은 코리아게이트의 시발점이 됐다.

박동선의 미 의회 로비 단서 노출

이후락 부장이 퇴임한 지 5일째 되는 1973년 12월 8일.

은밀히 진행되던 박동선의 대미 로비활동이 미국 당국에 포착되는 사고가 일어났다. 이후락과 박동선의 동반 퇴장을 예고하는 사고였다.

그날 박동선은 서울에서 워싱턴으로 돌아가는 도중, 경유지인 앵커리지 공항에서 세관검사를 받게 된다. 그 당시 미 세관당국의 검사가 훗날 코리아게이트로 비화하는 결정적 계기가 됐다. 그날 박동선을 검사한 세관원은 헤즐톤(Dennis Hazelton).

헤즐톤은 박동선이 지니고 있던 카메라를 새로 구입한 것으로 보고 관세를 물리려했다. 박동선이 앵커리지 공항에 도착하기 전 기내에서 구입한 카메라였다. 박동선은 관세를 물지 않으려는 심산에서 새 카메라가 아니고 자신이 사용해오던 카메라라고 둘러댔다. 이렇게 해서 새 카메라인지 아닌지 시비가 붙었다.

둘 사이 시비가 계속되고 있을 때 다른 세관원이 박동선이 앵커리지 공항까지 타고 온 비행기에 올라 박동선이 탔던 자리를 조사하던 중 박동선이 카메라값을 지불하고 받은 영수증을 찾아냈다. 박동선이 영수증을 무심히 자기 자리에 버린 것이다(안치용, 2012: 236).

헤즐턴은 그 영수증을 들이대며 박동선을 추궁했다. 그래도 박동선은 자기의 주장을 굽히지 않았다. 급기야 헤즐턴을 비롯한 세관원들이 박동선을 세관 조사실로 연행하고 타고 온 비행기의 이륙을 연기시킨 채 조사에 들어갔다.

그런데 헤즐톤이 박동선의 소지품을 검사하던 도중 박동선이 이상한 행동을 보였다. 헤즐톤이 '의회 리스트'라는 제목의 폴더를 열자 박동선은 갑자기 첫 두 페이지를 찢어 자기 주머니에 넣었다. 이 과정에서 다시 옥신각신 실랑이가 벌어지고 세관원들이 모여들었다.

이렇게 되자 박동선은 갑자기 태도를 돌변하여 헤즐턴에게 고압적으로 그의 이름을 묻고 배지 번호를 수첩에 기입하는가 하면, 자기가 다음날 미 부통령, 그다음 날 미 국회의원들과 저녁약속이 있다고 말하는 등 고압적 자세를 보였다.

헤즐톤은 그에 상관없이 박동선의 소지품을 계속 뒤지다 잠시 박동선을 혼자 사무실에 두고 자리를 비웠는데, 다른 세관원이 방안에서 종이 찢는 소리가 들렸다고 귀띔을 했다.

그에 헤즐톤이 급히 사무실로 들어가자 박동선이 왼쪽 주머니에서 황급히 손을 꺼냈다. 그리고 가까이 있는 책상 위에 찢겨진 종이들이 놓여 있었다.

세관원들은 그 종이 조각들을 테이프로 다시 붙였다. 그 종이 조각에는 미 상하원 의원들의 명단과 미 의원들이 박 대통령 앞으로 보내는 편지 2통이 있었다. 한글을 아는 세관원이 보니 '현금'이라는 글자도 있었다.

이러한 소란을 겪고 나서 박동선은 워싱턴으로 떠났고, 헤즐톤은 자기가 본 문서들을 기억나는 대로 타이핑해 두었다가 상부에 보고했다.

그로부터 4년 뒤인 1977년 10월 미 하원 윤리위원회에서 박동선 관련 청문회가 열리자 헤즐톤은 증인으로 나와 앵커리지 공항에서 박동선을 처음 검사할 때의 상황을 증언했다.

> (박동선을) 타일러서 그의 손을 떼게 한 후 홀더를 뒤졌다. 홀더에서 서류를 끄집어낸 후 그 속에서 '국회의원 명단'이라고 제목이 붙여진 것을 봤다. 그 명단은 5개 부문으로 분류, 기록돼 있었다. 성명, 정당, 정치성향, 출신 주, 그리고 소속 위원회 등등이었고, 행적이 기록돼 있었다. 그 명단은 3페이지 반 정도였다. 더블 스페이스의 타자지에 기록된 것이었다. 추측컨대 모두 70-80명의 명단인 것 같았다. 또 2통의 편지가 들어있었다. 하나는 국회의원 한 사람이 박 대통령에게 보내는 미국산 쌀의 한국수출 판매에 관련된 내용의 서신이었다. 다른 편지는 미 국회의원이 박동선을 박 대통령에게 잘 소개하는 내용이었다 (이경재, 1988: 171).

노자는 천하난사 필작어이(天下難事 必作於易), 천하대사 필작어

세(天下大事 必作於細)라고 했다. 천하의 어려운 일은 반드시 쉬운 일에서 시작되고 천하의 큰일도 반드시 작은 일에서 시작된다는 말이다.

박동선이 구입한 카메라는 400달러 정도였다고 한다. 최대한 관세를 물더라도 400달러는 넘지 않았을 것이다. 그 조그마한 돈을 아끼려다 코리아게이트라는 엄청난 외교적 문제로 비화된 것이다. 노자의 경구가 딱 들어맞는 케이스이다.

이후락의 제2차 해외 도피

중앙정보부장에서 물러나 공직을 맡지 않고 소일하던 이후락은 1978년 12월 12일의 제10대 총선에서 무소속(울산시, 울주군 지역구)으로 당선된 다음 1979년 6월 여당인 공화당에 입당했다.

그 후 박정희 대통령 시해 사건(1979.10.26.)이 일어나고 전두환 합동수사본부장이 정승화 계엄사령관을 체포하는 사건(1979. 12.12.)이 발생하기 직전, 해외로 도피한 사실이 있다. 중앙정보부장 사임 직후인 1973년 12월 19일에 이은 제2차 해외도피였다.

이때 그의 해외도피는 정승화 계엄사령관이 체포되는 데도 중요한 구실이 됐다. '12·12 사건' 후 국방부는 1979년 12월 24일 12·12사건 수사 결과를 발표했다.

발표문에 의하면, 정승화 체포 사유의 요지는 '10·26 사건이 발생하던 당일 정승화 사령관이 박 대통령 시해현장인 궁정동의 중앙정보부 안가에 있었기 때문에, 그 정황을 합동수사본부에서 정밀하게 조사하던 중 정승화가 김재규로부터 많은 금품을 수수한 사실이 발견되었고, 사건 당일 경호실 차장이었던 이재전에 대해 합동수사본부가 구속수사를 건의했으나 이를 허락하지 않은 점' 등이었다.

또한, 발표문에는 정승화 계엄사령관이 이후락 전 중앙정보부장의 해외출국을 불허하도록 합동수사본부에서 건의하였으나 정 사령관이 이후락의 해외여행을 허가해 주었다는 점이 적시되어 있다.

12·12 사건 직전 정승화 계엄사령관이 이후락의 출국을 허가해 준 것은 사실이었다. 이후락은 인도에서 열릴 예정이었던 세계불교대회 참석을 명분으로 1979년 12월 10일 출국해서 귀국예정일을 넘기고 미국으로 건너가 장기간 체류하다가 95일만인 1980년 3월 14일 귀국했다. 신병치료차 미국에 장기간 체류했다는 것이 그의 해명이었다.

그러면 당시 정승화는 왜 이후락의 출국을 허용했는가? 그는 그 경위를 1987년 발간된 회고록에서 이렇게 밝혔다. 10·26 사건이 일어나고 한 달여 지난 그해 11월 하순 전두환 합동수사본부장이 정승화 계엄사령관을 찾아왔다. 그리고 '부정축재자 재산을 전부 몰수해서 국가에 귀속시키자'고 건의했다.

그에 대해 정 사령관은 '지금은 혁명이 아니고 기존 헌법에 의해 계엄을 실시하고 있는데, 계엄 중이라고 해서 법적 근거도 없이 재산을 압수하는 방법으로 부정축재자들을 처리하는 것은 안 된다'며 불허했다.

그러자 며칠 후 전두환이 다시 찾아와 부정축재자 중 우선 몇몇 대표적 인물을 골라서 본보기로 비밀리 조사하면 어떻겠느냐고 채근했다. 그에 정승화는 우선 조사대상자 명단을 은밀히 작성해서 보고하라는 지시를 내렸다.

그런 얘기가 오고 간 며칠 후인 12월 초 전두환이 정승화를 찾아와 아래와 같이 말했다.

> 이후락 씨가 해외로 나가기 위해 외무부에 여권 신청을 했는데 우선 보류하도록 조치하였습니다. 아마도 부정축재자 조사를 눈치채고 해외로 도망치려는 것이 아닌가 모르겠습니다. 이후락씨는 부정축재를 많이 한 것으로 소문이 나 있으니까 틀림없이 자기가 조사대상이 될 것을 눈치채고 해외로 도피하려는 것이니 여권을 발급해서는 안 될 것 같습니다. 어떻게 처리할까요? 이후락 씨를 출국시키면 앞으로 다른 대상자들도 해외로 나가는 것을 막기가 곤란하지 않겠습니까? (정승화, 1987: 120)

그에 대해 정승화는 출국목적이 무엇이냐고 물었다. 그러자 전두환은 '인도에서 개최되는 세계불교신도대회에 한국 대표로 참석하는 것인데, 그러한 대회가 있는 것은 확실하다'고 보고했다.

정승화는 이후락이 한국불교신도회장이므로 출국 사유가 타당하고, 출국을 허락하지 않을 경우 역으로 부정축재 조사사실이 노출될 가능성이 있다고 봤다. 결심하기 어려워진 정승화는 이 문제를 노재현 국방장관과 상의했다. 그에 대해 노 장관은 구체적 지침이 없이 거꾸로 "이후락 씨가 이번 출국으로는 도망할 것 같지 않은데 어떻게 생각하느냐"고 하문했다.

노 장관의 하문에 대해 정승화는 "부정축재 조사에 대한 방침이 전혀 알려지지도 않았는데 이후락 씨가 당장은 도망갈 이유는 없을 것 같습니다. 이번은 그대로 출국하게 조치하도록 하겠습니다."라고 자신의 입장을 밝혔다.

그다음 정승화는 전두환에게 전화를 걸어 '보류된 이후락 여권 발급을 해제하되 그가 조금도 이상한 낌새를 눈치채지 못하게 하라'고 지시했다. 그와 함께 노 장관이나 자신이나 이후락이 이 시점에서 해외로 도피할 것 같지는 않다는 결론을 내렸다는 설명도 덧붙였다.

그러나 이때 정승화의 판단은 결국 자신을 옥죄는 올가미가 됐다. 12·12 사건 후 국방부 발표문은 '해외여행이 부적합한 인사에 대하여 거부토록 건의하였으나, 개인적으로 부탁을 받고 출국토록 하여 계엄사령관으로서의 직책까지 저버린 사실이 있다.'고 정승화를 몰아세웠다.

인생은 공수래공수거

이후락이 10·26 사건 직후 해외로 나가 95일간 머무를 즈음 국내에서는 반이후락 움직임이 일어났다. 박찬종, 오유방 등 공화당 소장파 의원 11명이 1979년 12월 17일 마포 가든 호텔에서 모임을 가졌다. 이 모임에서 그들은 "권력의 그늘에서 부정부패한 자, 정치를 빙자해서 치부한 자, 도덕적으로 타락한 자, 권력의 양지만을 따라가는 해바라기 정치 작태는 일소돼야 한다. 이러한 사항이 현저한 사람은 당을 떠나야 한다."고 결의했다.

그 후 이후락, 박종규, 김진만 등이 정풍 대상자로 지목되기 시작했다.

이후락이 1980년 3월 14일 외유에서 돌아오자 기자들의 질문이 쏟아졌다. 그에 이후락은 "정치자금을 만지다 보니 이런 말 저런 말을 들었지만 떡고물 안 흘리고 떡을 만들 수 있느냐"고 대답했다. 이른바 '떡고물론'이다.

귀국 후 열흘이 지난 3월 24일에는 공화당사 기자실에 나와 김종필 총재를 정면으로 비판했다.

> 오늘 공화당에서 일어나고 있는 제반 문제는 모두 김종필 씨가 책임져야 한다. 왜냐하면 김 씨가 총재가 되고 난 뒤 박 대통령의 뒤를 이어 옛날 우리 동지들이 똘똘 뭉쳐 국가와 당을 위해 일해야겠다는 신념이 없기 때문에 일어난 것이다. 김 씨는 그전에도 그랬지만 총재가 되고 난 그때부터 나를 못마땅하게 생각하고 나를 멀리하면서 되도록

당에서 몰아내야겠다는 생각을 가지고 있었다. 이것이 바로 이른바
정풍 대상의 한 기준이 됐다. 나를 몰아내야겠다는 정풍의 기준은 김
씨가 부여한 것이다(이도성, 1993: 113).

이후락은 귀국 후 두 달쯤 지난 5월 17일 김종필, 박종규, 김치
열 등 10명과 함께 권력형 부정축재자로 보안사에 연행되어 조사
를 받은 다음, 계엄사가 발표한 부정축재재산 194억 3,510만원을
국가에 헌납했다. 그리고 공직을 일체 맡지 않겠다는 서약서를
쓰고 형사 처벌을 면했다. 함께 체포된 김종필, 김치열 등도 똑같
은 방식으로 풀려났다.

전두환이 5공화국의 대통령으로 선출되고 첫 추석을 맞은
1981년 9월 전두환 대통령은 우병규 청와대 정무수석을 통해 이
후락에게 선물을 보냈다. 윤보선 전 대통령, 김종필 전 공화당 총
재, 정일권 전 국무총리 등과 함께 보낸 선물이었다.

우병규는 추석 선물을 전달하며 대상자별로 반응을 정리해서
전 대통령에게 보고했다. 선물을 받은 김종필은 "5·16 후 20년간,
잘된 점과 잘못된 점이 무엇이라고 생각하느냐"는 우병규 수석의
물음에 "한 사회에서 사람은 모두 그 사회에 필요한 존재이다. 우
리의 역사는 단절이 아니라 연속이다. 우리의 역사는 1961년부
터 출발했다. 역사는 희망 가운데 성장한다. 70년대는 우리 역사
의 토양이다. 그런데 70년대가 스케이프고트(희생양)가 되고 있는
것은 잘못이다. 박정희 대통령의 고집과 의지가 우리의 토양을
만들었다. 그분의 토양 위에서 80년대 현 정책의 추진이 가능하

지 않느냐"고 담담하게 말했다.

이후락 전 부장은 우병규에게 "공수래공수거(空手來空手去)가 인생 아닌가"라고 씁쓸한 표정을 지으며, 보안사에서 자기 집을 압수수색할 때 가지고 간 1972년 평양 방문 때 박정희 대통령이 결재한 '특수지역 여행 허가서'를 자손들에게 물려줄 수 있도록 돌려달라고 부탁했다(박철언, 2005: 63).

많은 비밀을 간직한 채 경기도 이천에서 조용히 도자기를 구우며 은둔하던 그가 이승에서 마지막 눈을 감은 날은 2009년 10월 31일, 향년 85세였다.

1924. 2. 23.	경남 울산생
1942	울산 농업고 졸
1946. 3.	군사영어학교 졸(육군 소위 임관, 군번 10079)
1949. 4. 7.	육군본부 정보국 전투정보과장
1951	육군본부 정보국 차장
1952	미국 육군 병참학교 졸
1954	교육총본부 총장 비서실장
1955-1957	주미 한국대사관 무관
1958	국방부장관 직속 중앙정보부(대외 명칭 '79부대') 부장
1961. 1.	중앙정보연구위원회 연구실장(육군 소장 예편)
1961. 7.	대한공론사 이사장
1961. 12. 8.	국가재건최고회의 공보실장
1963. 3. 16.	박정희 대통령 권한 대행 비서실장
1969. 10. 20.	대통령 비서실장 퇴임
1970. 1.	주일 특명 전권 대사
1970. 12. 22.	중앙정보부장 취임

1973. 12. 3.	중앙정보부장 퇴임
1975. 8.	대한불교 조계종 전국 신도회장
1978. 12. 12.	제10대 국회의원 당선(울산)
2009. 10. 31.	사망(85세)

연표

○ 1968. 1. 21.	북한 김신조 일당, 청와대 기습 시도
○ 1968. 1. 23.	북한, 미 정보수집함 푸에블로호 납북
○ 1968. 2. 17.	김재규, 육군방첩부대장 취임(윤필용, 20사단 장으로 좌천)
○ 1968. 4. 1.	향토예비군 창설
○ 1968. 9. 23.	김재규, 육군방첩부대를 육군보안사령부로 개칭
○ 1968. 10. 20.	윤필용, 주월 맹호부대장 부임
○ 1968. 10. 30. - 11. 1.	울진·삼척지구에 무장공비 120명 침투
○ 1969. 6. 13.	김영삼, '3선 개헌은 박정희의 종신집권 음모'라고 비난
○ 1969. 7. 25.	닉슨 미 대통령, 괌 독트린 천명(아시아에서 미 군사력 감축)
○ 1969. 7. 29.	공화당, '3선 개헌지지 여부' 주제 의원총 회
	* 김형욱 중앙정보부장과 이후락 비서실장 동반 퇴진 조건 지지결의

o 1969. 8. 21.	박정희-닉슨 정상회담(미국 샌프란시스코)
o 1969. 10. 20.	김형욱 중앙정보부장과 이후락 비서실장 동반 퇴진
o 1969. 10. 21.	김정렴, 대통령 비서실장 취임(1978.12. 퇴임)
o 1969. 10. 21.	김계원, 중앙정보부장 취임
o 1970. 1.	이후락, 주 일본대사 부임
o 1970. 1. 20.	윤필용, 수도경비사령관 부임
o 1970. 2. 18.	닉슨, 미 의회에 닉슨 독트린 외교백서 교부
o 1970. 3. 23.	미 국무부, 주한 미 대사 포터에게 '닉슨 대통령이 1971년 말까지 주한미군 2만명 (1개 사단)을 감축하기로 결정했다'는 사실을 통보하며 박정희 대통령과 감군 시기와 조건에 대해 협상하라고 지시
o 1970. 3. 27.	주한 미대사 포터, 박정희 대통령에게 주한미군 감축계획 최초 통보
o 1970. 4. 20.	박정희 대통령, 닉슨 대통령에게 주한미군 감축 재고요청 친서 발송
o 1970. 6. 22.	북한 무장간첩, 박정희 대통령 살해 목적 현충문 폭파 기도
o 1970. 8. 3.	주한 미대사 포터, 박정희 대통령에게 주한미군 감축규모와 일정 통보
o 1970. 8. 6.	국방과학연구소 설립
o 1970. 8. 26.	미국 부통령, '5년 이내 주한미군 완전 철

수' 발언

o 1970. 9. 29.   김대중, 신민당 대통령 후보로 피선

o 1970. 10.   강창성, 중앙정보부 보안차장보 부임

o 1970. 12. 22.   이후락, 중앙정보부장 취임

o 1971. 2. 6.   최규하 외무장관-포터 주한 미 대사, 주한
                   미군 감축 및 한국군 현대화협상 타결

o 1971. 3. 27.   주한 미 7사단 철수 고별식

o 1971. 4. 27.   제7대 대통령 선거(박정희와 김대중 경합, 박
                   정희 당선)

o 1971. 5. 25.   제8대 국회의원 선거

o 1971. 6. 3.   오치성 내무부 장관 취임

o 1971. 7. 16.   닉슨 미국 대통령, 키신저 안보담당 특별
                   보좌관 북경 비밀 방문(7.9-11), 미 대통령
                   중공 방문 합의 발표

o 1971. 8. 12.   대한적십자사 총재, 북한에 남북 이산가족
                   찾기 제안

o 1971. 8. 20.   남북 적십자회담 예비회담 첫 회의

o 1971. 9. 20.   남북 적십자회담 제1차 예비회담(판문점)

o 1971. 9. 23.   김재규, 육군 3군단장 전출

o 1971. 9. 23.   강창성, 육군보안사령관 부임

o 1971. 10. 15.   중공, 유엔 가입

o 1971. 10. 15.   위수령 발동, 대학가 교련반대 데모 제압

o 1971. 11. 10.   방위산업 및 중화학공업 동시 육성 원칙

(오원철 기안) 확정

o 1971. 11. 20.   중앙정보부 정홍진 심리전국 부국장, 북
                   한 김덕현과 첫 회의

o 1971. 11. 29.   미국-중공, 닉슨의 중공 방문계획 동시 발표

o 1971. 12. 6.   박정희 대통령, 국가비상사태 선언

                   * 국가안보 최우선, 최악의 경우 국민 자유 일부
                   유보

o 1971. 12. 27.   정부여당, 〈국가보위에 관한 특별조치법〉
                   제정

o 1972. 2. 21.   닉슨-마오쩌둥 정상회담(북경)

o 1972. 3. 28.   정홍진, 평양 비밀 방문(4. 19., 김덕현 서울
                   답방)

o 1972. 5. 2.   이후락, 평양 비밀 방문

o 1972. 5. 4.   새벽 1시 무렵, 이후락, 김일성 1차 면담

o 1972. 5. 4.   이후락, 김일성과 2차 회담(오찬)

o 1972. 7. 4.   이후락, 남북공동성명 발표

o 1972. 8. 3.   정부, 사채 동결 조치

o 1972. 10. 17.   박정희 대통령, 전국 비상계엄령 선포, 국
                   회 해산 조치

o 1972. 10. 17.   김종필, 국무총리 취임(1975. 12. 18. 퇴임)

o 1972. 11. 21.   유신헌법 찬반 국민투표(가결)

o 1972. 12. 23.   통일주체국민회의, 제8대 대통령으로 박
                   정희 선출

o 1973. 1.	육사 11기 4명(전두환, 손영길, 최성택, 김복동) 준장 진급
o 1973. 1. 23.	미국-월맹 정전협정 체결
o 1973. 1. 27.	미 국방장관, 베트남전 징집 종료 선포
o 1973. 2. 27.	제9대 국회의원 선거
o 1973. 3. 8.	박정희, 강창성 보안사령관에게 윤필용-이후락 커넥션 수사 지시
o 1973. 3. 9.	박정희, 윤필용 수경사령관 해임(보안사령관, 윤필용 연행)
o 1973. 4. 15.	김형욱, 미국 망명 목적 출국
o 1973. 4. 28.	육군보통군법회의, 윤필용과 손영길에 징역 15년 선고
o 1973. 6.	주미 대사관 공보관장 이재현, 미국 망명
o 1973. 7. 6.	한국민주회복통일촉진국민회의(약칭 '한민통') 발기인대회(워싱턴)
o 1973. 8. 8.	김대중, 일본에서 피납(8.13 동교동 자가 귀가)
o 1973. 8. 14.	박정희, 강창성 육군보안사령관 해임(후임 김종환)
o 1973. 10. 25.	중앙정보부, 유럽 거점 간첩단 사건 발표
o 1973. 10. 26.	김대중 연금 해제
o 1973. 11. 2.	김종필 총리, 일본 방문 다나카 총리에게 김대중사건 사과
o 1973. 11. 8.	김대중지지 인물 문명자 MBC 특파원 미

국 망명

o 1973. 12. 3.   이후락 중앙정보부장 해임

o 1974. 2. 24.   김형욱, 미국 영주권 취득

o 1974. 8. 15.   육영수 여사, 조총련소속 청년(문세광)에
의해 암살

o 1975. 4. 30.   월남 패망

o 1976. 10. 24.   미 워싱턴 포스트지, 박동선을 한국중앙
정보부 에이전트라고 보도

o 1976. 11. 23.   중앙정보부 워싱턴 파견 근무자 김상근,
미국 망명

o 1977. 5. 25.   카터 미 대통령, 박정희 대통령에게 주한
미군 완전철수 방침 통보

o 1977. 6. 22.   김형욱, 미 하원 국제관계위산하 국제기
구소위(프레이저 청문회)증언

o 1978. 12. 12.   이후락, 제10대 총선에서 무소속으로 당
선(울산)

o 1979. 12. 10.   이후락, 해외 출국(1980. 3. 14. 귀국)

o 1980. 7. 21.   합동수사본부, 강창성 구속

o 2009. 10. 31.   이후락 사망(향년 85세)

정주진 박사의 〈이후락과 그의 시대〉를 읽고

채성준 서경대 군사학과 교수

정보의 취득과 축적은 개개 인간에게도 중요하지만 어떠한 집단이든지 그 집단이 생존하기 위해서는 필수적이다. 이와 같은 정보 중에는 경쟁 관계에 있는 집단이나 국가가 숨기려 하는 정보, 대신에 그 정보를 얻을 시에 상대적으로 자신이 속한 집단이나 국가를 유지하고 보호하는 데 유리하거나 이득이 되는 것들이 있다. 이런 정보를 취득하는 활동을 스파이 활동이라 하고, 그런 활동을 전문적으로 하는 사람을 바로 스파이라고 한다.

그런 측면에서 스파이 또는 스파이 활동이라고 하면 왠지 어둡고 음습한 느낌이 난다. 남의 비밀을 훔쳐낸다는 것 자체가 잘못되고 불법적인 일로 여겨지기 때문이다. 숨기려는 자와 얻으려는 자 간의 싸움은 치열할 수밖에 없다. 때로는 목숨까지 걸어야 한다. 개인과 개인, 집단과 집단 간은 물론이고 그것이 국가 차원에서 이뤄질 때는 더더욱 그러하다.

오늘날과 같이 국가안보가 군사력 위주의 경성국력(hard power)만으로 확보되지 않고, 이른바 국정관리력, 경제력, 정치력, 외교력, 문화력, 사회자본력, 변화대처력 등으로 구성되는 연성국력(soft power)이 크게 작용하고 있는 현실에서 국가 차원의 스파이 활동의 중요성은 아무리 강조해도 지나치지 않다.

국가안보는 물과 공기와 같다. 굳건한 국가안보 없이는 우리가 안심하고 살 수 없지만, 평화 시기가 오래되다 보면 그 중요성을 망각하기 쉽다. 이러한 안보를 지탱하는 핵심적 요소 중의 하나인 스파이 활동에 대한 인식은 더욱더 그러하다. 스파이라는 것 자체가 갖고 있는 떳떳하지 못하다는 이미지 때문에 부정적으로 비치기까지 한다.

우리나라는 과거 군사정권의 권위주의적 통치 시대에 이러한 스파이 활동이 '정보정치'라는 이름하에 정권 유지의 수단으로 이용되어 왔다는 인식을 갖고 있다. 민주화 이후 이른바 '역사 바로 세우기'나 '과거사 진상규명' 등의 노력을 통해 그런 사실들이 상당수 드러나기도 하였다.

하지만 국가정보의 중요성을 잘 아는 입장에서 볼 때 그러한 일탈은 빙산의 일각에도 미치지 못한다. 세계에서 가장 가난한 나라였던 대한민국이 오늘날 선진국 반열, 그것도 인구 5천만 명 이상으로 국민소득 3만 달러 이상을 달성한 7개 나라인 '5030 클럽'에 들기까지는 무엇보다 우리 국민의 피땀 어린 노력이 있었지만, 숨 막히는 정보전쟁에서 오로지 국가를 위해 음지에서 헌신한 스파이들의 숨은 역할도 무시해서는 안 된다.

사마천은 남자로서 가장 치욕스러운 궁형(宮刑)을 받고서도 동양 최고의 역사서로 칭송받는 《사기》를 완성하였다. 서양 역사학의 아버지 헤로도토스는 불후의 명저인 《역사》에서 "훗날 인간의 업적이 망각 되거나 그리스인과 비그리스인 모두의 위대하고 경이로운 행적이 기록되지 않고 지나가는 일이 없도록 이 역사서를 썼다"고 하였다.

정주진 박사는 그동안 대한민국 현대사에서 숨겨져 있던 국가정보의 역사를 찾아내고 고찰하는데 헌신해 오면서 많은 연구 실적과 함께 여러 권의 저서를 남겼다. 이는 불모지나 다름없던 우리나라 국가정보 연구에 있어 그 누구에게도 비할 수 없는 큰 업적으로서, 같은 분야에 관심을 갖고 있는 한 사람으로 감사와 더불어 존경을 표하는 바이다. 역사를 기록하는 일, 더구나 세인들의 관심에서 비켜나 있는 분야에 종사하는 일이 얼마나 외롭고 고단한지를 잘 알기 때문이다.

이번에 출간되는 《이후락과 그의 시대》는 이후락 전 중앙정보부장을 중심으로 그 시대에 일어났던 사건들을 객관적이고 중립적인 시각에서 풀어내고 있다. 이 책의 머리말에서 밝혔듯이 이후락 전 부장의 발자취는 그에 대한 세간의 평가가 어떠하던 대한민국 국가정보 역사의 한 획을 긋고 있음은 부인할 수 없는 사실이다.

우리나라는 현대사의 역사적 인물을 평가하는 데 있어 지나치게 인색하다. 이는 우익 진영의 인물에 있어서는 더욱더 그러하다. 건국의 아버지인 이승만 전 대통령과 산업화의 주춧돌을 놓은 박정희 전 대통령의 사례가 대표적이다. 중국인들은 마오쩌둥의 온갖 실책에도 불구하고 하나의 중국을 만들었다는 공로만으로 오늘날까지 추앙하고 있다.

역사적 인물과 그가 살던 시대를 오늘날 잣대로만 재단하는 것은 온당하지 못하다. 우리나라는 제2차 세계대전 이후 독립한 피(彼)식민지 국가 중에서 산업화와 민주화를 동시에 이룩한 드문 사례에 속한다. 원조를 받던 나라가 원조를 하는 나라가 되었다는 자랑스러운 역사를 지니고 있다. 이후락 전 부장 역시 대한민국 현대사의 한편에서 치열한 삶을 살아온 장본인이다. 그렇지만 1980년대 신군부를 거쳐 민주화 시대에 이르기까지 일방적으로 왜곡 평가되어 왔던 인물 중 하나이기도 하다.

정주진 박사의 저서 《이후락과 그의 시대》는 많은 사람들의 증언과 숨겨져 있던 사료들을 꼼꼼하게 찾아내 대한민국 현대사의 흐름을 바꾼 많은 일들이 일어났던 이후락 전 부장의 시대를 흥미진진하면서도 균형 있게 기록함으로써 독자들의 시각을 넓혀주고 있다. 특정 진영의 논리가 판치는 우리 사회의 숨 막히는 분위기 속에서 학술적이며 가치중립적인 입장에서 한 시대의 역사를 다룬 용기와 노고에 다시 한번 경의와 박수를 보낸다.

권력 핵심 안에서 본 현대사의 기록

김건연 전 국정원 정책분석관

"글로벌 국력순위 6위, 군사력 6위, 경제력 13위"(2023년 통계). 우리나라의 현재 성적표이다. 현대사의 압축성장 과정에 대한 공과 평가가 여전히 진행 중이고, 보수·진보 진영 간 주도권 싸움이 치열하게 전개되는 중이지만 드러난 객관적인 지표이자 놀라운 결과물이다.

에드워드 기번은 "역사는 단순한 과거의 기록이 아니라 현재를 이해하는 열쇠이다."라고 얘기했다. 역사에는 공과가 있다. 공은 배우고 과는 반면교사로 삼아야 한다. 이 책에서 보여주는 현대사는 한때 2인자로 불렸던 이후락의 삶을 중심으로 5·16 이후 신군부 등장까지의 과정을 파노라마처럼 보여준다. 탐욕과 배신과 음모와 불신의 질곡 같은 과정을 여과 없이 보여준다.

인간군상의 역사이고 변질되는 삶의 과정을 보여주지만 단 하나 그들에게는 먹고사는 문제를 해결하지 않으면 자유민주주의 체제를 유지할 수 없다는 자각이 깔려있다. 미국에 의존해서는 언제든 제2의 6·25 전쟁이 일어날 수 있다는 역사인식과 사명감도 살아있다. 미성숙한 시대에 불완전한 인간들이 이끈 역사였으나 국가 성장의 씨앗을 잉태하고 키운 시기인 것은 분명하다.

논란은 끝이 없다. 그러나 결과물을 근거로 소급해서 공과를 다시 보면 희생과 헌신 그리고 국가와 국민에 대한 책임감이 보인다.

이 소용돌이의 역사의 중심에 이후락·김형욱이 이끈 중앙정보부가 있다. 훗날 국가안전기획부-국가정보원으로 이름이 바뀌게 되면서 안정적인 국가정보기관으로 자리 잡게 된다. 당시 중앙정보부는 국가권력의 핵심이자 동시에 정권 안정의 도구였다. 그러나 이 시기에도 국가안보와 체제수호 일념으로 일생을 바친 정보·수사관이 월등하게 많았음에도 정치와 결탁하여 영달을 꾀한 몇몇 인사들에 가려 퇴색되게 된다. 비록 이름 없는 다수의 희생이 역사에서 간과되고 있지만 알 필요가 있다.

농경사회에서 최단기간에 4차산업 선도국가가 되는 과정에는 정보기관의 정책조정 기능이 숨어있다. 지금의 잣대로 보면 국정농단으로 비칠 수도 있지만 당시에는 국가발전의 핵심 기능이었다. 이 책이 보여주는 기간에는 특히 중요했다. 국가가 성장·발전하기 위해서는 중추적인 힘, 그리고 그 힘을 운용하는 세력이 필요했다. 당시 중앙정보부의 시대적 소명이었다. 이제 창업이 아닌 수성이 시대이기에 필요성은 줄었지만 여전히 국론을 하나로 모으는 역할이 필요하다.

이 책은 이후락과 몇몇 권력 핵심 인물들의 이야기를 중심으로 전개되지만 현대사의 숨은 전모를 보여준다. 70년대 초 남북대화를 시도할 때는 남북한 간 상황이 지금과 반대였다는 것도 새삼스럽게 다가온다. 경제·군사력이 앞선 북한의 위협을 지연시키려는 의도가 깔려있었다는 점은 입장이 바뀐 지금 북한의 심리와 다르지 않을 것이다. 그래서 현대사를 새롭게 알게 된다는 점에서 일독을 권한다. 국가를 반석 위에 올려놓으려는 힘겨운 과정들이 그들의 탐욕과 배신으로 많이 희석되지만 지금의 결과물의 밑거름이었음을 간접적이나마 체험하는 기회가 될 것으로 본다.

한국정보역사 연구의 새로운 지평

최성규 고려대학교 연구교수

이번 정주진 박사가 저술한 "이후락과 그의 시대"는 한국 현대사의 중요한 전환점이었던 1970~1973년의 격동기를 중앙정보부장 이후락의 행적을 중심으로 재조명한 역작이다. 이 시기는 박정희 정권의 장기집권이 본격화되고, 남북관계의 대전환이 이루어지는 등 한국 현대사의 흐름을 결정지은 중대한 변화들이 응축된 시기였다.

이처럼 한국 현대 정치사에서 가장 뜨거웠던 시대 그 중심에 있었던 이후락에 대해, 저자는 방대한 사료를 바탕으로, 그간 단편적으로만 알려져 있던 그의 행적과 그가 주도했던 주요 정책 결정 과정을 체계적으로 재구성했다. 특히 주목할 만 한 점은 이 책이 기존의 민주화나 산업화라는 이분법적 잣대에서 벗어나, 당시 주요 행위자들의 증언과 비밀 해제된 공식문서들을 교차 검증하는 실증적 방법론을 통해 보다 객관적인 역사상을 그려내고자 했다는 점이다.

특히 이후락이라는 인물을 통해 당시의 정치적 역학관계와 의사결정 과정을 들여다볼 수 있는 점은 매우 흥미롭다. 박정희의 3선 개헌과 장기집권 과정, 닉슨 독트린 이후 한반도 안보위기 속에서 전개된 남북대화와 평양 밀행, 유신체제 수립과 그 소용돌이 속에서 벌어진 권력집단 내부의 역학관계, 이 과정에서 이후락이 수행했던 역할들을 상세히 추적한 것은 흥미진진하다. 동시에 그의 부상과 몰락을 담담하게 그려낸 저자의 인문학적 소양은 '인생은 공수래 공수거'를 저절로 되뇌게 한다.

그러나 무엇보다 이 책의 가장 큰 의의는 그간 베일에 가려져 있던 한국 정보기관의 역사와 권력기관 간의 관계를 객관적 시각에서 재조명했다는 점이다. 특히 1987년 민주화 이후 진영 논리에 매몰되어 있던 한국 현대사 연구의 지평을 넓히고, 보다 균형 잡힌 역사 서술의 가능성을 보여주었다는 점에서 중요한 학술적 가치를 지닌다고 볼 수 있다.

미국 예일대 역사학 교수 출신인 셔먼 켄트(Sherman Kent)는 미국 중앙정보국(CIA)에서 근무한 현장경험을 토대로 미국의 정보역사에 관한 글을 많이 남겼는데, 현장감 있는 그의 정보역사 저술은 미국의 역사학, 국제관계학, 정보학계에 큰 영향을 미친 것으로 평가받고 있다. 이번 정주진 박사의 저술도 정보현장에서 근무한 생생한 경험과 학문적 식견이 어우러져 앞으로 한국의 정보역사, 한국 현대 정치사 연구의 새로운 지평을 열 것으로 기대된다.

일류 정보기관을 위한 성찰과 전진의 길잡이

변경석 전 국정원 정책정보관

정보의 중요성은 아무리 강조해도 지나치지 않습니다. 손자병법에서도 언급했듯이 적을 알고 나를 알면 위태롭지 않다고 했습니다. 중동전쟁에서 이스라엘 모사드와 신베트의 활약상을 보면서 우리나라도 유능한 정보기관을 가졌으면 하는 국민적 소망이 느껴집니다.

문재인 정부 이후 국정난맥이 어지럽습니다. 요소수 사태는 물론 엑스포 유치 실패, 잼버리 파행, 의정 갈등 등에서 보듯 정보의 실패는 국정운영 실패로 귀결됩니다. 고스란히 국민의 고통, 부담, 손실로 연결됩니다. 이스라엘 모사드와 신베트였다면 어땠을까요?

과거 중앙정보부는 국정운영의 중심에서 온갖 궂은일을 하였습니다. 이 과정에서 인권유린도 있었습니다. 부작용도 상당하였습니다. 그렇지만 북한의 안보위협 속에서 급속한 경제성장만이 국가와 국민들이 살아남는 길이었기에 효율적인 국정운영을 위해 지름길을 택할 수밖에 없었을 것입니다.

민주화 이후 정보기관에 대한 가혹한 문책이 있었습니다. 정권교체 때마다 적폐청산이 이뤄졌습니다. 유능한 스파이들은 소리 없이 현장을 떠났고 세계 각지에 뻗어있던 촉수들은 예민함을 잃어가고 있습니다.

정주진 선배께서 정보기관의 과거사를 정리한 책자를 내놓는 것은 국가와 국민을 위해 정보기관이 무엇을 해야 하고 하지 말아야 할지를 분명히 함으로써 국민의 사랑과 애정을 바탕으로 일류 정보기관으로 거듭날 수 있도록 하려는 충정이라고 생각합니다. 반세기 이상 지난 해묵은 과거사를 짜 맞추는 작업은 참으로 고단한 작업입니다. 퇴직 후 일신의 평안을 포기하고 숱한 날들과 영혼을 갈아 넣어도 쉽지 않은 일입니다. 대한민국과 정보기관에 대한 애정이 없으면 불가능한 과업입니다.

그간의 노고와 정성에 깊은 감사를 표하며, 많은 분에게 영감을 주는 명저가 될 것을 확신합니다. 이 책이 정보기관에 대한 국민의 관심과 신뢰가 되살아나는 계기가 되기를 바라며 현직에 복무 중인 후배들의 건승과 건강을 함께 기원합니다.

54년 전 중앙정보부장이었던
이후락의 행적이 우리에게 주는 의미

김민상 중앙일보 기자

정주진 연세대 국가관리연구원 연구교수는 국가정보기관에서 30년간 정책정보 분야를 담당하다 퇴직했다. 그는 일제 시대 초대 한국 주차(駐箚·주재) 헌병대장이던 아카시 모토지로(明石元二郞)가 쓴 제정 러시아 파괴 공작서 '낙화유수(落花流水)'를 2018년 번역해 주목을 받았다.

낙화유수는 아카시가 러·일 전쟁(1904~1905년) 시기 유럽에서 러시아 배후를 교란하고자 반(反)러시아 세력을 규합해 전개한 공작을 기술한 보고서다. 보고서는 1938년 세워진 일본 육군 정보학교 '나카노 학교'의 교재로 활용됐다는 점은 알려졌으나 번역된 내용이 한국에 소개된 것은 처음이었다. 공작의 시작과 전개 과정, 첩보수집, 비밀 연락, 대인 접촉 방법 등이 구체적으로 담겼다.

아카시는 러·일 전쟁이 일본 승리로 끝난 직후인 1905년 일본으로 돌아갔다가 2년 뒤 초대 한국 주차 헌병대장으로 부임했다. 그는 러시아를 상대로 개발·활용한 공작수법을 한반도에 그대로 적용했다. 1910년 경술국치 이후 한국 주차군 헌병사령관으로 승진했고, 일제 경찰 최고책임자인 경무총감까지 겸임하며 독립운동 탄압과 무단통치의 기틀을 만드는 데 앞장섰다.

정 교수는 "아카시는 한·일 강제병합 기안자 중 한 명이었을 뿐 아니라 3·1운동을 촉발할 정도로 의병들을 무수히 죽이고 민족을 탄압하는 기초 틀을 만들었다."며 "당시 얼마나 잔학했는지 행위에만 분개할 것이 아니라 그가 기획한 거대한 정보공작의 개념과 흐름을 차갑게 분석할 필요가 있다."고 지적했다.

정 교수의 새로운 저서 '이후락과 그의 시대'에도 1970~80년대 당시 정보 공작의 개념과 흐름이 자세히 소개된다. 그의 저서에 따르면 1970년 10월 주한미군사령부가 경기 운천에 주둔하던 미 7사단 제1여단 사령부 캠프 카이저를 폐쇄할 때 한국 정부 수뇌부는 각 기관에 "이런 정보를 왜 미리 보고하지 못했느냐"며 추궁했다. 지금의 국방부와 외교부, 국가정보원에 해당되는 기관들 사이에 벌어지는 미묘한 신경전이 고스란히 느껴지는 대목이다.

군 정보기관은 박정희 전 대통령이 시해된 당시 시대에서도 자주 등장한다. 1979년 10월 박 전 대통령 시해 사건 직후 강창성 보안사령관은 전두환 전 대통령에게 "군은 이제 정치적 중립을 지켜야 한다."며 "박 대통령이 정치적으로는 실패하여 총격을 받아 숨졌는데, 전 장군이 군인으로서 정권을 잡는다면 그 이상 가는 실패나 불행을 당하지 않는다고 누가 보장할 수 있겠느냐"고 직언한 장면은 현재 시대 상황과 겹치며 돋보인다.

정주진 교수는 머리말을 통해 "이후락의 발자취는 곧 한국 국가 정보의 역사"라고 강조했다. 그는 비밀 시효가 끝난 정부 문서와 격변의 시기가 지난 이후 출간된 김대중·김영삼 전 대통령, 김종필 전 국무총리 자서전들을 종합적으로 분석해 이후락의 발자취를 다시 기록했다. 그의 책을 정독하며 국가정보의 중요성과 앞으로 나아가야 할 방향을 다시 고민하는 시간을 갖게 됐다.

참고 자료

단행본

강창성.
『일본/한국 군벌정치』. 해동문화사. 1991.

강태호·존 딜러리.
『김대중과 그레그의 운명적 만남』. 연세대학교 대학출판문화원. 2014.

국정원 과거사건 진실규명을 통한 발전위원회.
『과거와 대화 미래의 성찰』. 국정원. 2007.

국정원 과거사건 진실규명을 통한 발전위원회.
『과거와 대화, 미래의 성찰-학원·간첩편(IV)』. 국가정보원. 2007b.

김대중.
『김대중 자서전 1』. 삼인. 2010.

김대중 선생 납치 사건 진상규명을 위한 시민의 모임.
『김대중 납치 사건의 진상』. 푸른 나무. 1995.

김대중.
「내란음모 사건 피의자진술서(1980.5.25.)」. 월간조선 엮음.
『총구와 권력-월간조선 1999년 1월호 별책 부록』. 조선일보사. 1999.

김동조.
『김동조 전 외무장관 회고록 -냉전시대의 우리 외교』. 문화일보. 2000.

김 문.
『장군의 비망록 Ⅰ』. 도서출판 별방. 1998.

김삼웅.
『김재규 장군 평전 : 혁명가인가, 반역자인가?』. 두레. 2020.

김석규.
『코리아게이트의 현장에서』. 예지. 2005.

김성은.
『전 국방장관 김성은 회고록 - 나의 잔이 넘치나이다』. 아이템플 코리
    아. 2008.

김성진.
『박정희를 말하다 - 그의 개혁 정치, 그리고 과잉충성』. 삶과 꿈. 2007.

김영삼.
『김영삼 회고록 - 민주주의를 위한 나의 투쟁 1』. 백산서당. 2000a.

김영삼.
『김영삼 회고록 - 민주주의를 위한 나의 투쟁 2』. 백산서당. 2000b.

김용규.
『영웅칭호를 받은 남파공작원의 고백 - 태양을 등진 달바라기』. 글마당.
    2013.

김용식.
『희망과 도전 - 김용식 외교 회고록』. 동아일보사. 1987.

김용직.
『사료로 본 한국의 정치와 외교: 1945-1979』. 성신여자대학교 출판부.
    2005.

김재홍.
『박정희 살해사건 비공개진술 상』. 동아일보사. 1994.

김정렴.
『항공의 경종』. 대희. 2010.

김정렴.
『한국경제정책 30년사』. 중앙일보사. 1991.

김정렴.
『아, 박정희』. 중앙 M&B. 1997.

김종필.
『김종필 증언록 1』. 미래엔. 2016.

김재홍.
『박정희살해사건 비공개진술 ㊤』. 동아일보사. 1994.

김진.
『청와대 비서실』. 중앙일보사. 1992.

김충식.
『남산의 부장들 ①』. 동아일보사. 1992.

김충식.
『남산의 부장들 ②』. 동아일보사. 1993.

김학민.
『만들어진 간첩』. 서해문집. 2017.

김형욱·박사월.
『김형욱회고록 제Ⅱ부』. 아침. 1985b.

김형욱·박사월.
『김형욱 회고록 제Ⅲ부』. 아침. 1985c.

노태우.
『노태우 회고록 상권 - 국가, 민주화 나의 운명』. 조선뉴스프레스.
    2011.

대통령비서실.
『새마을운동: 박정희 대통령 연설문 선집』. 대통령비서실. 1978.

도널드 P. 그레그. 차미례 옮김.
『역사의 파편들 도널드 그레그 회고록』. (주) 창비. 2015.

문명자.
『내가 본 박정희와 김대중』. 월간 말. 1999.

미 하원 프레이저위원회. 김병년 역.
『프레이저 보고서』. 레드북. 2014.

박철언.
『바른 역사를 위한 증언 1』. 랜덤하우스 중앙. 2005.

서울신문사 편.
『주한미군 30년』. 행림출판사. 1979.

손기웅.
『구술로 본 통일정책사』. 통일연구원. 2017.

송의섭.
『비록 신군부 비사 별들의 공화국』. 고려서적. 1994.

신평길.
『김정일과 대남공작』. 북한연구소. 1996.

안병훈 편.
『북한, 그 충격의 실상 월간조선 1991년 1월호 부록』. 조선일보사.

안치용.
『박정희 대미 로비 X파일 (상) 도청-로비 편』. 서울: 타커스. 2012.

연세대학교 김대중도서관 편.
「납치와 연금속에서 민주화운동의 상징으로 떠오르다」.
『김대중전집II 제7권』. 연세대학교 대학출판문화원. 2019.

오원철.
『박정희는 어떻게 경제강국 만들었나』. 동서문화사. 2006.

오효진.
『정상을 가는 사람들 오효진의 인간탐험 ②』. 조선일보사 출판국.
    1987.

월간조선 엮음.
『한국현대사 비자료 1백 25건』. 조선일보사. 1996.

월간조선.
『12·12, 5·18수사기록 14만 페이지의 증언 - 총구와 판결』. 조선일보사.
    1999.

유영구.
『남북을 오고간 사람들』. 도서출판 글. 1993.

유재흥.
『격동의 세월』. 을유문화사. 1994.

이건개.
『말하는 대통령, 일하는 대통령』. 월간조선사. 2001.

이경재.
『코리아게이트』. 동아일보사. 1988.

이도성.
『남산의 부장들 ③』. 동아일보사. 1993.

이동원.
『대통령을 그리며』. 고려원. 1992.

이만섭.
『5·16과 10·26 박정희, 김재규 그리고 나』. 나남. 2009.

이상우.
『비록: 박정희 시대(3)』. 중원 문화. 1985.

이종찬.
『숲은 고요하지 않다 이종찬 회고록 1』. 한울. 2015.

이환의.
『키신저 회고록-백악관 시절』. 문화방송·경향신문. 1979.

이흥환.
『미국 비밀문서로 본 한국현대사 35장면』. 삼인. 2002.

이희호.
『이희호 자서전 동행』. 웅진씽크빅. 2009.

장경순.
『나는 아직도 멈출 수 없다』. 오늘. 2007.

장욱 등.
『폭력에 대한 철학적 고찰』. 철학과 현실사. 2006.

전두환.
『전두환 회고록 3권-황야에 서다』. 자작나무 숲. 2017.

전인권.
『박정희평전』. 이학사. 2006.

정대철.
『장면은 왜 수녀원에 숨어 있었나?』. 지식공작소. 2001.

정승화.
『12·12사건: 鄭昇和는 말한다』. 도서출판 까치. 1987.

정주진.
『박정희와 김일성의 스파이 전쟁』. 북랩. 2021.

조갑제.
『박정희 10 - 10월의 결단』. 조갑제 닷컴. 2006.

조갑제.
『박정희 13 - 초인의 최후』. 조갑제 닷컴. 2006b.

조갑제.
『김대중의 정체』. 조갑제닷컴. 2006c.

지성한.
『반추』. 비전과 리더십. 2022.

채명신.
『채명신 회고록 베트남 전쟁과 나』. 팔복원. 2010.

통일연구원.
『구술로 본 통일정책사』. 통일연구원. 2017.

함윤식.
『동교동 24시』. 우성. 1987.

해리 서머스. 민평식 역.
『미국의 월남전 전략』. 병학사. 1983.

신문, 잡지

"간첩단 상보-교포 모국 유학생에도 마수", 「경향신문」, 1971.4.20., 7면.

"김일성 제2 남침준비 1965년 중국에 파병 요청", 「문화일보」, 2013.10.24.

"남북 「가족찾기운동」제의, 「동아일보」, 1971.8.12., 1면.

"남북대화 중단선언 철회하라", 「조선일보」, 1973.8.30., 1면.

"내가 확인한 김대중씨 납치 사건", 「조선일보」, 1974.12.8.. 4면.

"미, 사건 다음날 박정희에 구명요청, 이후락씨 공명심에 일 벌인 듯",
「동아일보」, 1998.2.20., 4면.

"실록 하나회". 「경향신문」. 1996.9.30.자.

"역사가 하나회를 제거했다". 『월간조선』. 1993.9월호.

"유럽거점 간첩단 적발", 「경향신문」, 1973. 10. 25., 1면.

"이용택 전 중앙정보부 수사국장 증언". 『월간조선』. 2004년 4월호.

"이후락 증언 - 김대중 납치 내막". 『신동아』. 1987년 10월호.

"이후락 씨의 「김대중납치 사건」증언 진위불문 실정법 위반",
「경향신문」, 1987.9.24., 1면.

"인물연구: 민주당 12·12 진상조사위원회 간사 강창성 의원".
『월간조선』. 1993년 9월호.

"책임추궁 생각없지만 진상 반드시 밝혀져야", 「동아일보」, 1998.2.20.